부를 설계하다

행동투자학에서 찾아낸 3가지 진정한 부의 법칙

부를 설계하다

The Geometry of Wealth

브라이언 포트노이 지음

조성숙 옮김

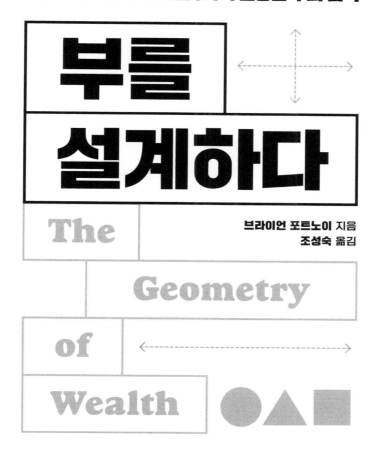

청림출판

한 그루의 나무가 모여 푸른 숲을 이루듯이
청림의 책들은 삶을 풍요롭게 합니다.

"서두르지 말라, 쉬지도 말라."

요한 볼프강 폰 괴테
Johann Wolfgang von Goethe

투기의 시대,
진정한 부의 의미를 찾아서

우리는 투기의 시대에 살고 있다. 가상화폐, '밈' 주식**meme stock**(인터넷상에서 일시적으로 많이 회자되며 유행이 되는 주식. 대표적인 예로 게임스톱**Game Stop**이 있다 - 옮긴이), NFT**Non-Fungible Token** 코인(이더리움 기반의 대체 불가능한 암호화 디지털 자산 - 옮긴이), 기타 새로운 투자상품이 수많은 투자자의 관심을 끌고 있다. 우리는 바야흐로 '일확천금'의 시대에 살고 있다. 우리 개미들은 이런 시기를 어떻게 헤쳐나가야 하는가?

한 가지 질문에 어떤 답을 하느냐에 따라 우리 개미들 각자의 행동도 달라질 것이다. '내가 이기려는 것은 어떤 게임인가?' 이것은 질문인 동시에 답이다. 결국 게임의 종류는 수도 없이 많을 수 있기 때문이다.

그 게임이 '트레이딩'인가? 그렇다면 비트코인, 게임스톱, 그 밖에 하루에도 수십, 수백 퍼센트씩 치솟기도 하고 내려가기도 하는 극도로 변동성 높은 자산들이 모두 여기에 해당한다. 트레이딩 게임을 하는 사람들은 하루아침에 큰돈을 벌 수도 있고 몇 시간 만에 원금을 모두 잃을 수도 있다. 짜릿한 환희를 맛볼 수 있지만 동시에 모든 것을 걸어야 하는 아주 위험한 게임이다. 트레이딩은 고도의 실력과 기술이 필요하고, 어떤 사람들은 트레이딩 실력을 갈고닦기 위해 모든 경력을 다 걸기도 한다. 트레이딩으로 성공하기는 쉽지 않다. 무엇보다도 밀리세컨드의 속도로 추세를 읽는 알고리즘 프로그램의 시대에 개인 트레이더가 성공하기는 대단히 어렵다.

그 게임이 '투자'인가? 트레이딩이 뜀박질이라면 투자라는 게임은 걷기이고, 당연히 여기에서 얻는 짜릿함도 훨씬 적다. 게다가 단기간으로만 놓고 보면 이익이 아주 적거나 심지어는 손해도 감수해야 한다. 주식이든, 채권이든, 부동산이든, 투자라는 게임에서 이기려면 몇 년이나 몇십 년이라는 대기 시간은 각오해야 한다. 투자의 기본 전략은, 느리지만 점진적인 속도로 이익에 이익이 쌓이는 '복리'다. 투자로 돈을 몇 배로 불릴 수도 있지만, 그러기 위해서는 트레이딩과 다르게 인내심이 필수적이다.

《부를 설계하다 **The Geometry of Wealth**》에서 말하는 게임은 완전히 다른 제3의 게임이다. 이 책에서 게임은 '인생'이다. 부를 가진 인생을 얻기 위해 중요한 출발점은 '돈이 많은 것'과 '부'를 구분하는 것이다. 돈이 많다는 것은 '더 많이' 가지고 있다는 것이다. 돈이 많은 인생에서는 계속해서 돈을 불리고 늘리는 것을 추구한다. 이것을 나쁘다고 말할 생각은 없지만, 더 많은 것을 원하는 갈증은 아무리 많이 들이켜도 채워지지 않는다. 부를 가진 인생은 반대로 균형을 추구한다. 물론 다다익선이라고 돈이 많으면 좋기는 하겠지만, 부를 가진 인생에서는 양보다는 질을 추구한다. 진정한 부란 '당신'이 의미 있는 삶을 누릴 수 있게 해주는 능력을 의미한다. 시류에 휩쓸리는 비트코인 트레이딩과는 다르다. 진정한 부를 가진 인생에서는 당신의 운명을 통제하는 사람이 당신 자신이다. 인생은 제로섬 게임이 아니다. 버는 사람이 있으면 잃는 사람이 있는 트레이딩 게임과 다르게 '인생'이라는 게임에서는 모두가 승자가 될 수 있다.

우리는 언제나 빠르고 요란하게 움직이는 것에 먼저 눈이 간다. 인간의 마음은 그렇게 움직이도록 설계되어 있다. 한 번의 게임으로 큰돈을 딸 수도 있지만 한순간에 꿈이 부서질 수도 있는 카지노를 드나드는 발길이 끊이지 않는 것도 그런 이유에서다. 우리는 그처럼 한탕을 노리는 카지노를 벗어나 회복성과 목적과 의미를 가진 마음의 사원으로 향해야 한다. 그리고 그런 여정에 조금이나마 도움을 주고 싶다는 것이 이 책에 담은 내 나름의 원대한 포부다. 이 책이 한국의 독자들에게 진정한 부를 설계할 기회를 선사하길 바란다.

돈의 세상에서
길을 잃지 않기 위한 세 도형

"우리에게는 땅보다 지도가 더 진짜 같다."
– **D. H. 로렌스** D. H. Lawrence

돈은 희한한 수수께끼다.

어떻게 돈을 벌고, 쓰고, 저축하고, 투자를 해야 하는가? 우리는 매일같이 이 수수께끼를 현실에서 부딪히며 풀려고 노력한다. 이런 수수께끼 풀기를 좋아하는 사람은 별로 없겠지만, 돈이 인생의 중요한 사건마다 지워지지 않는 자국을 내며 만드는 온갖 감정은 피하고 싶어도 피할 수가 없다. 두려움, 흥분, 스트레스, 혼란, 시기심, 지루함, 희망, 그리고 행복도.

그렇게 중요한 것인데도 우리는 어지간해서는 돈 문제를 내색하지 않는다. 돈이라는 주제는 대다수가 두려워하며 언급을 피하는 볼드모트다. 사람들과 어울리는 자리에서는 물론이고, 배우자나 부모, 자녀와도 돈 문제는 거의 말하지 않는다. 이유는 많지만 결론은 하나다. 돈은 분석하기 복잡하고 감정적으로 버겁다. 둘 중 하나에만 해당되어도 숨이 턱 막힐 정도로 알아볼 것도 많고, 알게 되는 것도 많다. 복잡하고 어려운 돈 문제에 감정까지 개입되면 제3의 고압선이 만들어진다. 이 선을 잘못 만졌다가는 큰일 난다.

그러다 보니 우리는 월급이나 예산, 주택담보 대출, 은퇴, 보험, 기부 같은 당장 닥친 문제만 처리할 뿐 더 큰 질문은 건드리지도 않으려 한다. 더 큰 질문을 던지는 순간 더 어려운 문제를 다뤄야 하고, 더 깊이 조사해야 한다. 돈과 즐거운 삶은 얼마나 관련이 있는가? 많은가, 적은가, 아예 관련이 없는가? 돈으로 행복을 살 수 있는가? 있다면, 얼마나 살 수 있는가? 돈과 삶의 의미가 어떤 관계인지는 쉽게 설명되지 않는다.

나는 《부를 설계하다》를 통해 이 모든 질문에 대한 답을 구해보려 한다. 나는 개인적인 성장과 자신이 가진 부를 유지하고 싶은 사람에게 계획을 제시하려 한다. 하지만 내가 제시할 계획은 다수가 생각하는 계획과는 다를 것이다. 부로 향하는 여정에는 길목마다 이정표가 뚜렷이 세워져 있지만, 그 이정표는 방향을 맞게 잡았을 때나 보인다. 그리고 3가지 중요한 단계를 실천하려는 의지가 확고하게 서 있을 때나 보인다.

1. **목적 정의하기**: 후회 없는 인생의 준비물이 무엇인지 깨닫는다.
2. **우선순위 정하기**: 해야 할 일을 해야 할 순서대로 하는 데 초점을 두고 전략을 세운다.
3. **결정하기**: 더 좋은 결과를 이끌기 위해 전술을 단순화한다.

위의 세 단계를 거치면서 우리는 달라지는 상황에 적응하고, 명확하고 실천 가능한 우선순위를 정하고, 단순화한 행동을 통해 어려운 결정을 더 쉽게 내릴 수 있게 된다. 대다수의 책은 돈을 철학적 주제나 순간마다 바꿔야 하는 기술적 세부 사항으로만 논한다. 이런 세상의 지도에는 대개 부를 향한 여정의 일부만이 담겨 있다. 하지만 이 책에서는 어디서나 통용되는 지도를 그리려 한다.

부를 찾아 떠나는 여행은 '돈이 많다는 것rich'과 '진정한 부wealth'를 구분하는 데서 시작한다. 돈이 많다는 것은 더 '많이' 가진다는 뜻이다. 더 많이 가지려는 욕구의 쳇바퀴에서는 만족감이 순식간에 사라진다. 더 많은 돈을 가지려는 여행에서는 여행을 끝내고 싶어도 끝낼 수가 없다. 반대로 부는 '먹고살기에 충분하다는 만족감funded content-ment'이다. 부는 무엇을 삶의 의미로 정했건, 그 의미에 당당해질 수 있는 능력이다. 부를 얻는 것은 뜬구름 잡기가 아니다. 그것이 내 결론이다. 자기 능력 밖이라며 절망하는 사람도 부를 얻을 수 있다. 그렇더라도 조심해야 한다. 진정한 정의의 부는 목적과 실행을 신중하게 조정하고 융합하는 삶을 살 때에만 얻을 수 있다. 목적과 실행이 따로 논다면 아무리 깊이 고민하고 할 일 목록을 작성해도 부를 달성하지 못한다. 부를 이루려면 확고한 마음과 현실의 수고가 병행해야 한다.

문제없이 잘 살 수 있을까 ━

《부를 설계하다》는 내가 돈을 이해하기 위해 저술했던 전편의 후속작이다. 나는 첫 책《투자자의 역설The Investor's Paradox》에서 시작이 아니라 결말부터 이야기를 진행했다. 지금에야 인정하지만 책을 애초부터 엉뚱하게 썼다. 그 책은 좋은 투자 결정을 내리기 위한 세부 사항, 이를테면 적절한 뮤추얼펀드나 헤지펀드를 고르는 등의 내용을 설명하는 데 주력했다. 인간으로서 투자 결정을 내릴 때의 약점을 진지하게 설명하기는 했지만, 그러면서 부를 이루는 방법에 대한 가장 중요한-그리고 가장 재미있는- 내용을 크게 건너뛰었다. 그 책은 복잡한 투자상품을 설명하고, 최적의 포트폴리오를 구축하는 방법을 자세히 설명한 기계나 다름 없었다. 또한 그 책은 의도하지는 않았지만, 고전경제학의 따분하고 복잡한 '효용 극대화 추구자utility maximizer' 가정을 그대로 차용해 '더 많이' 가지는 것이 인간의 일차적 동기부여가 된다고 주장했다. 내 첫 책은 부를 이루는 것이 아니라 돈을 많이 가지는 것을 설명했다.

오늘날은 세상이 달라졌다. 개인적으로 나는 내 아이들을 보면서 이 아이들이 수십 년 뒤 어떤 삶을 살게 될지가 궁금하다. 나도 부모인지라 내 아이들이 자신만의 행복과 충만감을 얻을 수 있을지도 걱정된다. 내가 걱정하는 것은 그 아이들이 언젠가 가질지도 모르는 채권과 주식이 괜찮을지가 아니다. 그보다는 급변하는 세계 노동시장에서 아이들이 원하는 만큼 넉넉하고 여유로운 삶을 살 수 있을지가 걱정스럽다. '숲' 아니면 '나무'라는 식으로 하나만 설명하는 것으로는 부족하다. 그리고 둘 다 설명하려면 숲과 나무가 어떻게 연관되어 있는지도 같이 설명해야 한다.

학자에서 투자자로, 그리고 다시 교육자와 작가로 여행 경로를 바꾸면서 과거에는 눈여겨보지 않았던 우주가 내 눈에 띄었다. 지금 나는 전국을 돌며 수천 명의 재무 설계사와 그 고객들에게(당신과, 그리고 나와 다를 것이 없는 사람들이다) 더 좋은 재무 결정을 내리는 방법에 대해 강연을 하는, 특권이라면 특권을 누리고 있다. 내가 만난 사람들은 서로 다른 점도 많았지만 비슷한 점은 더 많았다. 그들은 생활방식도, 말투도, 정치 성향도, 좋아하는 스포츠 팀도 각양각색이었다. 그러나 가족을 잘 돌보고 싶고, 건강을 되찾거나 유지하고 싶고, 타인에게 관대하고 싶고, 취미를 즐기고 싶고, 일을 잘하고 싶은 마음은 다 같았다.

그들이 원하는 이 모든 관심사는 결국 가장 큰 질문으로 이어진다. '문제없이 잘 살 수 있을까?' 이 질문에는 돈이라는 단어는 등장하지 않지만 돈의 그림자가 길고 짙게 드리워 있다. 슈퍼리치도, 최저임금 생활자도, 퇴직자도, 사회 초년생도 이 문제에 답을 얻고 싶어 한다.

나는 전통적 재무 지도는 엉뚱한 북극성을 따라가고 있었다는 것을 깨달았다. 출발점을 맞게 정하고 보니 우리가 진짜로 여행하게 될 땅은 지도와는 전혀 달랐다. 이제는 진짜 나침판을 들고 더 정확한 지도를 그려야 한다. 이 책은 그런 지도를 그리려는 시도다.

이제, 진짜 출발점에서 시작해보자.

세 도형 이야기

이 책에서는 원과 삼각형, 사각형이라는 3개의 도형을 기본으로 세 부분으로 나눠 내용을 서술한다. 세 도형은 목적에서 우선순위, 전술로 이르는 여정을 대표한다. 여행의 단계를 의미하는 도형마다 일차적으로 선행해야 하는 행동이 있다. 첫 단계인 원에서는 적응이다. 두 번째인 삼각형에서는 우선순위를 정하는 것이고, 세 번째인 사각형에서는 단순화다. 이 일차적 행동이 마인드와 실행을 잇는 다리가 되어준다. 이 책에서는 더 중요한 것에서 덜 중요한 것으로, 가장 추상적인 것에서 가장 실행 가능한 것으로 이야기를 진행한다. 우리가 여행을 끝까지 마칠 수 있게 해주는 엔진은 이른바 '단순 적응 시스템adaptive simplicity'으로, 이 엔진이 잘 작동하는 한 우리는 함정을 피하고 잡음을 털어낼 수 있다.

목적   우선순위   전술

목적

먹고살기에 충분하다는 만족감은 자신을 정의하는 스토리가 무엇인지 이해하는 것에서 출발한다. 무엇에 의미를 부여해야 하고, 부여할 수 있는지 알려주는 일반 공식은 존재하지 않는다. 가족, 일, 지역사회, 믿음, 국가, 그 밖에 열정이나 흥미가 있는 모든 것이 목적과 의미를 제공할 수 있다. 그러니 우리 개개인이 가장 고민해야 하는 문제는 무엇이 자신을 정의하는지 알아내고 선택하는 방법이다.

그러나 삶의 필연적인 부침을 순탄히 항해하는 과정에는 일반 공식이 있다. 원은 그 항해의 과정을 알려주는 공식이다.

아무리 계획을 잘 세우고 실행하더라도 적응은 필요하다. 모든 역경을 다 피할 수는 없다. 순탄한 여행길마저 앞으로 나아가기만 해도 변화가 생겨난다. 자신의 스토리 서술 방식을 재조정하고 방향을 바꿔야 할 필요나 기회가 수시로 생겨난다. 그리고 그런 변화의 필요와 기회는 언제나 다르게 찾아온다. 고대 그리스 철학자 헤라클레이토스의 말처럼, 우리가 같은 강에 들어갈 일은 절대로 없다. 강물은 계속 흐르기 때문이다. 따라서 조금씩 적응하면서 자신을 이해하고 그 결과를 받아들이는 것은 타협의 여지가 없는 사명이다.

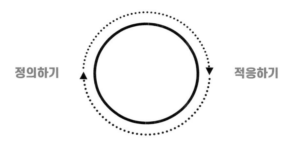

이 물고 물리는 과정을 이해하기 위해 해야 하는 한 가지 작업이 '돈'과 '행복'이라는 2가지 추상적 개념의 관계를 탐구하는 것이다. 돈도, 행복도 자연에는 없는 허구의 개념이다. 땅을 판다고 해도 나오지 않고, 나무에서 딸 수 있는 것도 아니다. 돈과 행복의 정의와 가치는 독자적으로 매겨지기도 하지만 집단적으로 규정되기도 한다.

인간의 뇌 회로가 작용하는 방식 때문인지는 모르겠지만, 통장 잔액과 만족감은 대체로 상충 관계에 있다. 우리가 타고난 이중처리dual process 뇌는 직관과 이성이 동시에 움직인다. 뇌에 대한 기본적 이해는 돈과 행복의 복잡한 관계를 이해하는 데 조금이나마 도움이 된다.

돈이 많을수록 행복한 사람도 있긴 하지만, 돈이 더 많다고 반드시 더 행복한 것은 아니다. 더 많은 돈은 기쁨을 북돋우기보다는 슬픔을 줄이는 역할을 더 크게 한다. 어느 정도 소득 수준을 넘어서면 더 많은 돈은 일상의 행복을 늘리는 데는 도움이 되지 않는다. 그러나 연구에 따르면, 삶의 목적이 있고 적응적 자아adaptive self를 가진 사람은 인생의 만족감도 더 높다고 한다. 적응적 자아를 가진 사람들은 현명하게 돈을 씀으로써 인생에 긍정적 변화를 만들어낸다.

조금 뒤에 현대 과학이 주장하는 내용을 취합해 당신만의 결론을 도출할 수 있겠지만, 한 가지 중요한 진실은 거의 변하지 않는다. 돈은 부를 향한 우리의 여정에서 반드시 거쳐야 하는 여행지다. 돈은 생활비를 대주기도 하지만, 감정의 채점표이기도 하고 사회적 신분을 드러내는 표식이 되기도 한다. 그리고 기쁨을 불러오거나 두려움을 증폭시키는 잠재력도 지니고 있다. 돈을 별것 아니라고 무시하려는 노력은 헛짓일 뿐이다.

우선순위

충족감이 있는 삶을 상상한다고 해서 그것을 실현할 계획이 저절로 세워지는 것은 아니다. 사명에서 방법으로 옮겨 가는 도형인 삼각형에서는 3가지 목표 순위에 따라 벌고, 쓰고, 저축하고, 투자하는 머니 라이프money life의 바다를 항해하는 엔진에 본격적으로 시동을 건다. 목표의 순위를 명확히 정하는 이유는 더 중요한 일에 집중하고 그렇지 않은 일은 적절히 피하기 위해서다.

삼각형의 1순위 목표는 위험 관리다. 위험 관리는 손실로부터, 특히 회복 불가능한 영구 손실로부터 우리를 보호하는 것을 의미한다. 인간의 정신은 이득보다 손실에 훨씬 더 큰 무게를 매기기 때문에 위험 관리는 당연히 1순위가 되어야 한다. 이 단계의 목표는 탁월한 실적을 내는 것보다 실수를 피하는 것을 더 중요하게 생각하는 적절한 마인드를 구축하는 데 있다.

그런 다음에는 일상적으로 진행해야 할 머니 라이프를 계획하기 위해 가진 것과 갚아야 할 것을 정확히 기록한 일람표를 작성한다. 이 일람표는 작성하고 유지하기가 쉽지만, 우리가 돈과 관련해 습관적으로 하는 행동을 교정하고 균형을 잡아준다는 점에서 효과는 아주 크다. 재산과 채무를 정리한 일람표는 지출과 저축을 두고 갈등할 때 어떤 결정을 내려야 할지 도와주며, 불균형한 행동의 결과를 명확히 정리해준다. 정확한 일람표를 작성했다는 것만으로도 하고 싶었던 신나는 일들을 추구하고 큰 꿈을 꾸기 위한 자격을 갖춘 셈이다. 꿈을 이루기까지 아직 많이 모자랄 뿐이지 비참에 젖을 필요는 없다.

올바른 마인드와 정확한 일람표를 갖추었다고 해서 먹고살기에 충분하다는 만족감을 얻는다는 보장은 없다. 바로 이 부분에서 끼어드는 것이 투자다. 투자란 돈을 무위험 은행 계좌에 모셔두는 것이 아니라 약간의 위험에 거는 것을 말한다. 투자는 미지의 미래에 거는 일련의 도박이다. 그리고 불확실성과 벌이는 이 교전은 우리 뇌에 내재된 기질을 자극한다.

또 하나의 삼각형은 우선순위 계획에서 투자 결정으로 넘어가는 다리다. 우수한 투자 실적을 만드는 요소는 3가지다. 3가지 중 가장 중요한 요소는 우리 자신의 행동이다. 인간은 뇌 구조상 인지적·감정적 실수를 수도 없이 저지를 수밖에 없다. 증시가 급락하면 패닉에 빠진 투자자들이 손절매를 했다가 나중에 증시가 반등하고는 땅을 치고 후회하는 것이 이런 실수의 전형적 예다. 우리가 비이성적 동물은 아니지만, 그래도 인간이기 때문에 어쩔 수 없다. 복잡한 재무 개념을 낯설어하는 마음과는 별개로, 머니 라이프의 방향을 올바로 잡을 때 가장 중요한 것은 우리 개개인의 행동이다. 그리고 이 책 전체에서 강조하는 주제이

세부 내역

포트폴리오

행동

기도 하다.

위험을 관리하고 자본을 키우는 데 행동 다음으로 중요한 것은 포트폴리오 전반의 구성이다. 두 번째 요소인 포트폴리오 관리는 전체에 영향을 미치는 몇 가지 중요한 투자 결정에만 초점을 맞춘다. 포트폴리오의 세부 내역 – 우리의 눈길을 잡아끌고 맥박이 빨라지게 하는 주식, 채권, 펀드 – 도 재무적 성공을 이끄는 중요한 요소이지만, 그것보다는 전체를 이해하는 것이 더 중요하다.

전술

사각형은 기대치라는 렌즈를 끼고 전술적 투자 결정에 접근한다. 사각형에서는 시장이라는 바다를 머리로는 물론이고 감정적으로도 순항할 수 있도록 투자 기대치를 합리적으로 설정하는 데 목표를 둔다. 기대치를 효과적으로 관리하기 위한 현명한 자세는 전술의 단순화다. 우리는 대개 기대치를 충족하면 잠깐 행복해지고, 기대치에 못 미치면 잠깐 슬퍼한다. 인간의 정신은 이득 추구보다는 손실 회피loss aversion를 더 중시한다. 그러므로 전술 부분인 사각형에서는 미래의 상승 잠재력을 최대화하는 것보다 후회할 소지를 최소화하는 것이 더 중요하다.

사각형은 투자 결정에 영향을 미치는 요소를 4개의 모서리로 구분한다. 첫 번째 모서리는 원하는 만큼의 가치 성장growth이다. 미래 이익에 대한 합리적 추정은 과학이라기보다는 기술이고, 어느 정도는 자연스러운 사고에 위배되는 확률적 관점이 필요하다. 두 번째 모서리는 가치 성장을 얻기 전에 치러야 하는 감정적 고통pain이다. 시장의 가격 변동이 클수록 고통도 늘어나며, 시장 변동성은 나쁜 결정을 내리게 만드는 촉매제가 되기도 한다. 세 번째 모서리의 보완fit은 추가적인 투자 결정에 따라 포트폴리오 가치가 어떻게 올라가거나 내려가는지를 말한다. 마지막 모서리의 유연성flexibility은 - 전문가들은 유동성liquidity이라고 부른다 - 자율적인 결정권에 따르는 가치와 대가를 보여준다. 재량권은 양날의 칼이다.

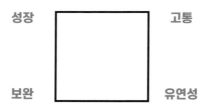

흔히 재무는 정밀과학이고 돈에 대한 질문, 특히 투자 관련 문제는 '정답'이 있다고 생각한다. 그렇지 않다. 사각형은 투자 게임이 우리의 생각보다 복잡하지 않으며 승률도 높다는 것을 보여준다. 그러나 복잡한 것에서 단순한 것으로 이동하기는 쉽지 않다. 그렇기 때문에 체계적인 방법을 세워서 잘 따르는 것이 성공의 문을 여는 열쇠다.

●▲■

진정한 부는 의미 있는 삶을 만들어나갈 수 있게 해주고, 명확히 정의된 3개의 도형은 이정표가 되어 우리가 목적에서 우선순위로, 전술로 이동하며 진정한 부로 나아가는 여정에서 우리의 길을 밝혀준다. 그리고 단순 적응 시스템은 돈의 세상에서 우리가 하는 모든 노력을 전체적으로 통합하면서 여정을 이어나가도록 만들어주는 엔진이다.

우리는 충분히 가졌다는 마음과 더 많이 원하는 마음의 영원한 긴장 관계를 인정하고 그 사이를 잘 헤쳐나가야 한다. 두 마음 모두 자연스러운 진화적 본능이다. 그러나 우리의 정신 속에서 불편하게 동거하는 사이이다 보니, 현재의 자아와 미래의 자아(앞으로 되려는 자신)는 언제 절교를 해도 이상하지 않다. 우리에게는 현재에 대한 충실함도, 미래를 향한 전진도 모두 중요하다. 두 마음은 우리가 의미 있는 삶을 살도록 서로 다른 방식의 충격요법을 가해주기 때문이다.

현재를 뜻하는 존재being와 미래를 뜻하는 생성becoming으로 갈린 철학자들의 케케묵은 격전지에서 어느 한쪽의 손을 들어주는 것은 우리의 목표가 아니다. 이것은 애초부터 승자가 나올 수 없는 싸움이다. 그러나 존재와 생성의 긴장 관계를 인식하고, 준비하고, 전망하는 시각까지 갖춘다면 우리는 만족감을 향해 경쾌하게 나아갈 수 있다.

The Geometry of Wealth

PART 1

부의 설계에
도형이
필요한 이유

The
Geometry
of
Wealth

진정한 부를
이해하기 위한
출발선

CHAPTER 1

재무적 문맹인
사람들

> "재무적 고난이 찾아왔을 때, 아무 말도 못하고 고통을 겪어야 하는 우리 대다수에게 위험해지는 것은 통장 잔액만이 아니다. 우리의 삶도 경각에 처한다."
>
> **– 닐 게이블러**Neal Gabler

> "차분한 정신마저도 위안을 찾지 못한다면, 그것만큼 쓰라린 일은 없다."
>
> **– 세네카**

머니 라이프란?

일상의 평범한 결정이든 일생일대의 중대한 결정이든, 언제나 돈이 개입한다. 돈은 일상을 굴리는 엔진이 마모되는 것을 막아주는 엔진오일이다. 엔진이 가야 할 방향으로 가고 있는지와는 별개로, 엔진이 굴러가려면 돈이라는 오일이 있어야 한다.

소득	지출
저축	투자

이 책 전체에서 수도 없이 나오는 머니 라이프는 소득, 지출, 저축, 투자라는 4가지 차원으로 이루어져 있다.

머니 라이프의 시작은 수입원이다. '생계를 꾸리다'라는 말이 강조하는 것은 생업 유지의 엄중함이다. 자신과 가족의 부양이 생업을 유지하는 유일한 목적은 아니어도 첫째 목적인 것은 맞다. 소득을 벌지 못하면 미래가 암담하다. 소득원이 생기면 그다음으로는 선택의 망망대해를 항해하는 방법을 알아야 한다. 가장 처음 항해해야 하고 가장 크기도 한 선택의 바다는 지출이다. 기본 생활비가 전부가 아니다. 우리가 선택하고 결정해야 할 소비의 바다는 점점 커지고 다양해진다. 다행히 쓰지 않고 남은 소득이 있으면 저축할 기회가 생긴다. 머니 라이프의 마지막 차원은 투자다. 남은 소득을 은행 통장이나 현금으로 묶어 두지 않고, 더 높은 수익을 내기 위해 위험을 감수하는 과정이 투자다. 소득 수준이 어떻든 상속 재산이 얼마이든, 머니 라이프를 이루는 4개의 차원은 누구에게나 다 복잡하고 스트레스를 안긴다.

고민거리도 비슷하고 궁금한 것도 비슷한데도 우리는 돈 문제를 이해하기 위해 머리를 모으지 않는다. 돈에 관한 문제는 각자 알아서 이해해야 한다고만 생각한다.

우리가 공통으로 부딪히는 문제는 무엇인가? 내가 보기에 우리가 해결해야 할 커다란 도전은 크게 3가지다.

1. 우리는 자신의 재무에 대한 통제권이 필요 이상으로 많다.
2. 우리는 돈에 대해 잘못된 결정을 내리는 뇌 구조를 타고났다.
3. 우리가 실수해도 되는 여지는 생각보다 적다.

3가지 문제점을 차례대로 설명하면 다음과 같다.

첫 번째 도전:
당신 돈이니 당신이 책임지세요

정보와 선택의 홍수, 유례없는 디지털 연결성에도 불구하고 점점 희박해지는 사회적 유대감, 모든 문제를 직접 해결해야 한다는 DIY식 접근법. 이런 것들이 현대의 시대정신을 정의한다. 외로운 군중의 세상에서는 우리에게 주어진 자율재량권이 크고 그만큼 책임도 높다.[1] 기술 발전 덕분에 우리는 미디어 거물이 되는 것도 요리 전문가, 여행 에이전트, 전문의, 기상학자, 또는 위키피디아에서 순간이나마 학자가 되는 것도 다 가능해졌다(또는 가능해졌다고 생각한다). 시장 전문가와 포트폴리오 매니저가 되는 것도 가능해졌다. 우리는 전보다 더 많은 분야에서 더 많은 자율권을 누린다. 우리는 정보의 시대에 산다. 우리는 열망의 시대에 살고 있다.

우리는 돈이라는 분야에서도 전에는 불가능했던 온갖 방법을 시험해보고 있다. 장기적 재무 건전성 유지의 부담감이 젊은 세대로 옮겨갔다. 특히 은퇴의 성격이 변했는데, 여기에는 전통적 연기금의 꾸준한 몰락이 크게 작용했다. 연기금 몰락만큼 머니 라이프와 투자 '민주화'를 추동하는 강력한 구조적 힘은 거의 찾기 힘들다.

'은퇴'는 사실 유구한 역사를 가진 개념이 아니다. 현대 문명은 몇천 살밖에 되지 않았고, 특정한 나이가 되면 자발적으로 일을 그만두고 저축과 투자로 먹고산다는 개념도 비교적 최근에 생겼다. 그렇게 말하는 이유는 간단하다. 역사의 대부분 동안 인간은 죽기 직전까지 일했다. 자신이 가진 인적 자본을 다 쓰고도 죽지 않은 사람은 부양을 책임져 줄 전통적 가족 구조가 있었다. 뮤지컬 영화 〈찰리와 초콜릿 공장〉에서 자리보전하는 조 할아버지와 조지핀 할머니는 연금 수령자가 아니었고, 사회보장제도나 그 밖의 정부 혜택에 의지할 수 있는 처지도 아니었다. 그들의 보호자는 찰리 버킷의 엄마다.

19세기에 유럽을 시작으로 정부들은 노령 인구를 위한 사회안전망을 세웠고, 회사들은 직원들이 노년의 생계에 문제가 없도록 퇴직연금 제도를 마련했다. 이런 제도들은 나중에 미국으로도 전파되었다. 제2차 세계대전 후 미국에서는 민간기업과 공기업 근로자들이 확정급여형 연금에 참여하는 제도가 오랜 기간 이어졌다. 확정급여형 연금은 바꿔 말하면 퇴직 후의 월급이나 다름없었다.

하지만 지난 20~30년 동안 이런 집단 퇴직연금 제도는 사실상 동결되거나 전면 폐지되었다. 그 자리로 밀고 들어온 것이 '401(k)' 같은, 알아서 해야 하는 DIY형 은퇴 플랜이었다. 예를 들어 1980년대 이후

집단 연기금에 가입한 직장인 비율은 62%에서 17%로 줄어든 반면에, 401(k) 제도에만 가입한 직장인들의 비율은 12%에서 71%로 늘었다.[2] 은퇴를 위한 투자를 본인이 알아서 책임져야 하는 시대가 되면서 전문가들은 퇴직연금의 황금기도 끝났다고 말한다.

안락한 노후를 즐길 수 있을 것이라는 자신감도 전체적으로 줄었다. 2017년에, 일을 그만둬도 돈이 넉넉할 것이라 '아주 자신한다'고 대답한 근로자는 18%에 불과했다. 미국인의 약 4분의 1은 미래의 재무적 안전을 자신하지 못하며, 나머지 근로자들은 '자신한다'와 '자신하지 못한다'의 사이를 오간다.[3] 미래에 정부 연금을 제대로 받을 수 있을지 의문을 품게 된 것도 자신감을 더욱 잠식한다. 은퇴 후 유일한 소득원이 되도록 설계한 것도 아니고 그럴 의도도 없었지만, 사회보장제도는 수백만 시민에게 유일한 소득원이 되었다.

사회안전망의 그물이 여기저기 삭고 끊겨졌으니 안락한 노후에 대한 자신감이 줄어든 것도 당연하다. 노후 대책 데이터를 보면 심란하다. 미국 직장인의 거의 40%는 은퇴 후를 대비하는 저축을 하지 않고 있다. 바꿔 말하면, 수천만 명의 미국인들은 노후를 위해 땡전 한 푼 저축하지 않고 있다는 뜻이다. 절반 남짓한 근로자들이 저축을 하고는 있지만 충분히 많이는 아니다. 그들의 저축액을 분석해보면, 1000달러 이하는 24%, 2만 5000달러 이하는 47%, 그리고 10만 달러 이하는 65%다.[4] 현명하게 투자를 한다고 해도, 10만 달러를 저축했을 때 쓸 수 있는 한 달 노후 생활비는 고작해야 몇백 달러다.

반강제로 떠안게 된 장기 재무 건전성에 대한 책임은 우리가 돈이라는 주제에 대해 가지는 일반적 불안감과 충돌한다. 조사에 따르면, 돈은 가장 민감한 주제다. 다른 역린이 되는 주제보다도 훨씬 민감한 주제다. 돈 문제는 말을 꺼내기도 께름칙한 주제다.[5]

심리학자 대니얼 크로스비**Daniel Crosby**는 이렇게 설명한다. "돈은 할 말이 너무 많은 주제다. 돈이라는 포장 속에는 세부적 의미도, 숨은 의미도 너무 많다. 행복, 힘, 개인적 역량의 축약판인 돈은 대단히 무서운 것일 수밖에 없다."[6] 크로스비는 우리가 돈에 관한 대화를 꺼리는 이유에는 3가지가 있다고 말한다. 돈에 관한 대화는 스트레스를 안기고, 사회적으로 금기이며, 우리 대다수가 숫자를 어려워하기 때문이라는 것이다. 그는 2004년 미국심리학회 조사를 인용해, 미국인의 73%가 가장 큰 스트레스원으로 돈을 꼽는다는 것을 보여준다. 돈 때문에 받는 스트레스는 죽음, 정치, 종교에서 비롯한 스트레스보다도 크다.[7]

우리는 대부분 돈에 관한 대화는 민망하고, 격이 떨어지거나, 적절하지 못하거나, 혼란스럽거나, 위축되게 하거나, 비도덕적이거나, 따분하다고 생각한다. 이런 느낌을 모두 뒤섞어 느끼기도 한다. 부부 사이에도 돈에 대해 터놓고 말하는 것을 힘들어한다. 성년의 자녀와 노년의 부모 사이에도 꺼내기가 힘든 주제이고, 자녀들에게는 돈에 대한 교육은 고사하고 거의 말도 꺼내지 않는다. 다른 연구를 보면, 이혼의 가장 결정적이거나 두 번째인 원인은 돈이다. 많은 부부는 가족의 재정 상태를 관리하는 방법이나 소득 수준에 대해 말하는 것보다 외도를 말하는 것이 차라리 낫다고 생각한다.[8]

가장 친한 친구의 부부 관계나 건강, 일에 대해서는 서로 허심탄회하게 말할 기회가 많지만, 그 친구의 주머니 사정에 대해서는 거의 아무것도 알지 못한다. 가장 친한 친구의 월급은 얼마인가? 그 친구가 빚이 많은가, 아니면 노후 대비로 저축을 충분히 해두었는가? 친구가 먹고살 돈은 넉넉한가? 크로스비는 이렇게 설명한다. "우리는 친구가 돈이 넉넉하지 않으면 위로의 말을 하고, 세금을 많이 내야 하면 같이 불평을 해주고, 복권에 당첨되면 어디에 돈을 쓸지 함께 상상한다. 그러나 일상을 더 진지하게 파고들어 실제 재무 생활의 근본이 되는 주제로 들어가면, 우리는 침묵을 지키도록 조건화되어 있다."

자기 돈을 자기가 통제하는 것을 불편해하는 이런 태도의 근원에는 누구에게나 존재하는 재무적 문맹 financial illiteracy이 깔려 있다.[9] 다음의 세 질문을 풀어보자.

1. 저금통장에 100달러가 있고, 이자율은 연 2%다. 그 돈을 꺼내지 않고 그대로 둔다면 5년 후 이 계좌의 돈은 얼마로 불어나 있을까?
   (A) 102달러 초과. (B) 102달러. (C) 102달러 미만.
2. 저축 계좌의 이자율은 연 1%이고, 인플레이션은 연 2%다. 1년 후 이 계좌에 든 돈으로 살 수 있는 물건은 얼마나 될 것인가?
   (A) 오늘보다 많다. (B) 오늘과 같다. (C) 오늘보다 적다.
3. 다음의 설명은 참인가, 거짓인가?
   어떤 회사의 주식 1주를 사는 것이 주식형 뮤추얼펀드를 사는 것보다 대체적으로 더 안전한 수익률을 낼 수 있다.

이 퀴즈를 만든 재무 문해력 financial literacy 분야의 두 전문가가 조사한 결과, 50세 이상 미국인 중에서 세 문항의 정답을 다 맞힌 응답자는 3분의 1에 불과했다.[10] 처음 두 문항을 다 맞힌 응답자도 절반에 불과했다. 우리 대다수가 돈을 직접 관리하는 것을 그토록 어려워하는 이유가 드러나는 순간이다. 그러나 이유가 어떻건 현실은 엄연하다. 자기 돈은 자기가 직접 관리할 수밖에 없다.

두 번째 도전:
우리는 전진해야 할 때 후진 버튼을 누른다

두 번째 도전은 훨씬 엄중하다. 우리의 큰 문제는 바로 우리 자신이다. 인간의 뇌에 무수히 깔린 감정 편향과 인지 편향은 우리가 잘못된 재무 결정을 내리도록 방향을 조종한다.

돈을 관리하는 게임의 가장 중요한 기본 규칙은 단순하다. 저점일 때 사고, 고점에서 팔라는 것이다. 이 규칙만 잘 지키면 차익은 저절로 따라온다. 전혀 어렵지 않은 규칙이다. 하지만 안타깝게도 정반대로 하는 사람이 너무나 많다. "우리는 고점에서 사고, 저점에서 판다."[11]

왜 그럴까? 뇌가 무엇보다도 중점을 두는 것이 생존이기 때문이다. 수만 년 동안 진화는 기회가 오면 공격하고 위험하면 피하는 기술을 가진 사람을 편애했다. 이 '투쟁-도피 fight or flight'의 본능은 강력하고 변하지 않는다. 문제는, 우리의 '나이 든' 뇌와 현대의 금융시장은 서로 엇박자로 움직인다는 것이다. 탐욕과 두려움의 사이클은 좋은 수익률을 방해한다.

다음의 조합을 보자. 시장의 상승이 펼쳐지면 - 실제로는 상승한다고 느끼는 것이지만 - 우리는 재산이 불어나고 자신감도 같이 올라가

탐욕, 두려움, 투자자 행동

	매수	매도
걱정	아니오	예
흥분	예	아니오

면서 마음이 차분해지고, 심지어는 엄청난 흥분까지 느낀다. 그 순간에 우리는 투자를 늘리려 한다.

시장이 하락하면 우리의 자신감도 줄어든다. 손실에 대한 걱정이 우리의 정신을 흐리게 하고, 우리는 하락세가 이어지지는 않을까 노심초사한다. 지금 보유한 종목을 계속 가지고 있어도 되는지 불안한 마음이 커지고, 매수하려는 생각은 접은 지 오래다. 우리는 가격이 높을수록 덥석 사고, 가격이 떨어질수록 얼른 판다.

이것은 '정상적인' 소비자 행동이 아니다. 우리는 상품들의 가격이 일제히 오를 때 마트로 총알처럼 달려가지도 않고, 전 품목 세일에 들어갈 때 마트를 멀리하지도 않는다. 그런데 투자 세계에서는 이런 집단행동이 벌어진다. 가격이 상승하면 수요가 하락하고, 가격이 하락하면 수요가 상승한다는 것은 경제학 수업을 한 번만 들어도 다 아는 사실이다. 투자에서는 그 정반대의 현상이 자주 벌어진다.

믿기지 않는다면, 2008년에 본인이 어떠했는지를 떠올려보라. 증시가 50% 이상 폭락하던 상황에서 당신은 마음을 차분히 가라앉히고 집단 자유낙하 중인 주식을 사려고 했는가? 아니었을 것이다. 열광이 끝난 뒤에 주식을 사는 역발상투자와 가치보다 저가에 거래되는 주식

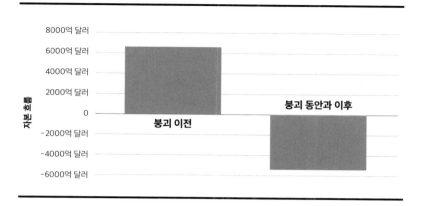

을 사는 가치투자는 이론적으로는 멋진 투자이지만, 거기에는 어지간한 사람은 가지지 못한, 감정을 이겨내는 뚝심이 필요하다.

증시 붕괴 전후의 투자자 행동을 분석한 실질 데이터를 보면 실제로 벌어진 결과를 이해할 수 있다. 위의 표는 증시 붕괴 이전의 5년(2003~2007)과 붕괴 이후의 5년(2008~2012) 동안 미국 주식형 뮤추얼펀드의 자본 흐름을 보여준다.[12]

그 10년의 중반까지 시장이 꾸준히 상승하면서 투자자들은 미국 주식형 뮤추얼펀드에 약 6600억 달러의 순자산을 새로 투자했다. 증시 붕괴 때와 이후에 투자자들이 인출한 순자산은 5000억 달러가 넘는다. 여러 해 동안 더 좋은 투자 기회를 찾지 못했다는 사실은 까맣게 잊은 듯했다. 우리의 최악의 적은 우리 자신이다.

세 번째 도전:

실수할 여지가 많지 않다

마지막으로, 오늘날 글로벌 자본주의에 구조적 변화가 일어나면서 성공으로 향하는 활주로도 좁아졌다. 소득과 투자가 제공하는 잠재적 수익도 만만치 않은 도전에 직면했다.

인적 자본

잘 먹고 잘 살기가 힘들어졌다. 1970년대 이후로 평균 실질임금은 정체 상태였다. 경제적·사회적 계층 이동 가능성은 쪼그라들었고, 세계 노동시장의 구조적 변화는 인적 자본 계발의 전망마저도 암울하게 만들었다.[13] 우리의 머니 라이프는 소득 잠재력에 닻을 내리고 있기 때문에 사회구조의 변화는 아주 걱정스럽다.

　뜨거운 토론 주제가 된 구조적 변화로 가장 먼저 손꼽을 수 있는 것은 직장 내 자동화가 불러올 결과다.[14] 점점 빨라지는 자동화 추세에 여기저기서 절망과 경악의 소리가 들린다. 하위 계층과 중위 계층만이 아니라 심지어 상위 계층에 속한 직종군마저도 위협받고 있다. 공장 근로자들에 이어 회계사, 변호사, 의사, 포트폴리오 매니저들도 위협받는 직종군에 새로 합류했다. 진짜 문제는 보수도 좋고 신나는 일자리가 현재도 앞으로도 없을 것이라는 사실이 아니다. 일자리 자체가 크게 줄 것이라는 점이 진짜 문제다.

　마틴 포드Martin Ford가《로봇의 부상 Rise of the Robots》에서 비교하는

수치를 눈여겨봐야 한다. 1979년 제너럴모터스의 임직원 수는 84만 명이었고, 영업이익은 약 110억 달러였다. 반면 2012년에 구글에서 일하는 임직원의 수는 3만 8000명이 되지 않았고, 영업이익은 140억 달러 정도였다. 놀랍게도, 제너럴모터스의 영업이익은 인플레이션을 반영한 수치다.[15] 따라서 단순 수치로만 비교한다면, 높은 이익을 내는 데 필요한 노동력이 급감했다. 구글과 제너럴모터스의 영업이익은 비슷하다면 비슷한 수준이었지만, 일자리의 수는 구글이 제너럴모터스의 20분의 1도 되지 않았다. 불행하게도, 오늘날 상대적으로 적은 직원만으로 사업 활동을 하는 기업의 사례를 찾기는 어렵지 않다.

1942년에 정치경제학자 조지프 슘페터Joseph Schumpeter는 이런 현상을 일컬어 자본주의의 '창조적 파괴creative destruction' 과정이 진행되는 것이라는 유명한 말을 남겼다. 그때에도 충격적인 개념이었지만, 지금도 많은 것을 시사하는 개념이다. 그는 이렇게 적었다. "낡은 것을 부단히 파괴하고 새로운 것을 끊임없이 창조하면서 경제구조를 안에서부터 변혁하는 산업 돌연변이의 과정, 이것이 자본주의다."[16] 변화, 그리고 실패한 적응까지 포함한 반강제적 적응은 자본주의의 버그가 아니라 특징이다. 슘페터는 창조적 파괴를 자본주의의 '본질적 속성'이라고 일컬었다.

변경지의 농장에서 서버팜server farm(수백, 수천 대의 서버가 집결되어 있는 곳 – 옮긴이)에 이르기까지 '변혁'은 결코 멈추지 않는다. 우리가 또는 우리의 아이들이 잘 먹고 잘살 수 있게 하는 것을 개개인의 노력으로만 떠넘기는 오늘날의 동향은 세계의 정치·경제에서는 가장 깊은 시름의 원천이 되었다고 해도 과언이 아니다. 그런 동향이 저숙련·저임금 일자리에만 영향을 미치는 것이 아니라는 점도 시름이 깊어지는 데 한 몫을 한다. 법률과 의료 같은 전문 서비스직마저도 수입 정체와 일자리 감소를 겪고 있다.

게다가 우리 중 대다수는 원래도 재무적으로 튼튼하지 못한 상태에서 이런 변혁의 시대에 들어서고 있다. 닐 게이블러는 많은 미국인이 '금융 취약성 financial fragility'[17]의 상황에 있다고 말한다. 그는 2016년 〈애틀랜틱Atlantic〉에 크게 공감이 가는 글을 올렸다. 그는 한때 성공한 작가였던 자신이 개인적으로 부딪혔던 문제는 다른 많은 사람도 겪는 문제인데도 대놓고 논의된 적은 없었다고 적었다. "나는 심지어 절친한 친구에게도 내 재무적 어려움을 털어놓은 적이 없었다. 그러다가 나만이 아니라 다른 수백만 미국인들도 나와 똑같다는 것을 깨닫게 되었다." 게이블러는 응급실 비용 1000달러를 문제없이 지급할 수 있는 미국인은 38%밖에 되지 않는다고 지적한다. 그는 퓨 자선신탁 Pew Charitable Trust의 보고서를 인용해, 미국 가구의 55%는 한 달 수입이 끊겼을 때 당장 찾아서 쓸 수 있는 현금이 넉넉하지 않다고 말한다.[18]

금융 자본

돈을 벌기도 저축하기도 힘들어진 데다, 앞으로의 자본시장은 과거 세대보다 현저하게 낮은 수익률을 제공하게 될 공산이 농후하다. 1980년대 초부터 현재까지 주식시장과 채권시장의 수익률은 장기적인 역사적 추세보다 아주 많이 높은 편이었다는 사실을 무시해서는 안 된다.

다음의 자료는 세계적 분석 기관인 맥킨지앤드컴퍼니McKinsey & Com-

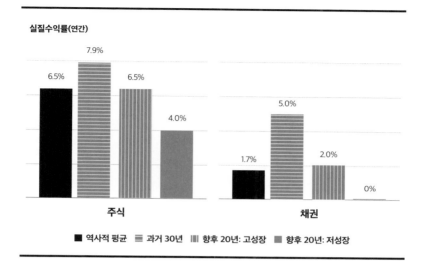

주식과 채권의 어두운 투자 전망

실질수익률(연간)

주식
- 6.5% (역사적 평균)
- 7.9% (과거 30년)
- 6.5% (향후 20년: 고성장)
- 4.0% (향후 20년: 저성장)

채권
- 1.7% (역사적 평균)
- 5.0% (과거 30년)
- 2.0% (향후 20년: 고성장)
- 0% (향후 20년: 저성장)

■ 역사적 평균　▤ 과거 30년　▥ 향후 20년: 고성장　■ 향후 20년: 저성장

pany가 제출한 것이다. 과거 30년 동안 미국 주식과 채권의 실질수익률(인플레이션 조정 수익률)은 장기적인 역사 평균을 크게 웃돌았다.[19]

원쪽의 막대그래프는 과거 30년 동안 주식 수익률이 장기적인 역사적 평균보다 훨씬 높았다는 것을 보여준다. 오른쪽 막대그래프는 채권 수익률을 비교한 것이다. 채권시장은 지난 30년 동안 대단한 강세장이었고, 수익률은 역사적 평균의 거의 3배나 되었다.

다음 세대 투자자들이 이에 필적하는 수익률을 거둘 수 있을까? 아마도 아닐 것이다. 특히 채권시장의 전망은 암울하다. 금리가 내려가면 채권 가격은 오르고, 1980년대 초 이후로 금리는 계속해서 가파른 내리막이었다. 믿기 힘들겠지만 1980년대 초에는 금리가 무려 17%까지 올랐다. 폴 볼커**Paul Volker** 전 미국 연방준비제도이사회 의장이 고금리와 고인플레이션에 선전포고를 한 것을 시작으로 자본비용의 하향세는 오랫동안 꾸준하게 이어졌다. 그리고 저금리 기조는 채권시장에 역사상 가장 강력한 강세장을 불러오는 방아쇠가 되었다.[20]

지금 금리는 더는 낮아질 수 없는 수준이다. 역사상 최저 금리라는 것은 채권 가격이 올라간다는 뜻이고, 그러면 채권시장에서는 최근의 역사에 비견되는 수익을 낼 가능성도 없다. 주식시장 예측은 더 깜깜한데, 30년 동안의 고평가는 즉 앞으로는 가격 상승이 초라한 수준에 그칠 공산이 크다는 뜻이다. 맥킨지의 데이터는 미래 수익률에 대한 기대치를 크게 낮춰야 한다고 말한다. 다른 진지한 관찰자들도 주식과 채권으로 포트폴리오 균형을 맞춘다고 해도 한 자릿수 중반대의 수익률이 고작일 것이라고 예상한다.[21]

낮아진 기대치는 한 자릿수 후반대 또는 두 자릿수의 연평균 수익률을 목표치로 잡은 일부 투자자들의 드높은 기대치와 충돌한다.[22] 불가능하다고 말할 수는 없지만, 실현 가능성은 낮은 기대치다. '좋은' 투자란 기대치를 충족하는 투자다.[23] 그리고 미래에 대한 기대치가 현실로 달성되지 않을 때, 우리는 결국 절망하고 좌절한다. 재무적 절망을 넘어 감정적 좌절감에 빠진다.

●▲■

우리의 현재 상태를 다시 정리해보자.

- 그 어느 때보다도 우리의 재무 생활을 스스로 책임져야 하는 상황

이 되었다.

- 우리는 돈이라는 주제에 대해서는 말하는 것도, 배우는 것도 불편해한다.
- 우리의 기대수명이 크게 늘면서 돈과 관련된 모든 문제를 고민해야 하는 기간도 같이 늘었다.
- 우리는 뇌 구조상 재무적으로 나쁜 결정을 내리기 십상이다.
- 유례없는 정보와 선택의 홍수 속에서 올바른 결정을 내리기는 더 어려워졌다.
- 많은 사람이 금융 취약성의 상황에 살고 있다.
- 소득을 얻고 저축을 할 수 있는 가능성이 과거보다 줄었다.
- 높은 투자 수익률은 현실적으로 가능성이 작고, 시장은 우리를 구해주지 않을 것이다.

별로 긍정적인 상황은 아니다. 그러나 역경을 만났을 때 우리가 흔히 하는 말이 약이 될 수 있다. "어쩔 수 없지. 최대한 해보는 거지."
자, 해볼 수 있는 것은 최대한 해보자.

CHAPTER 2

단순 적응 시스템이라는 엔진에 올라타는 법

"인간에게는 의식적으로 노력해 스스로 삶을 드높이는 능력이 확실하게 존재한다. 내가 아는 한 이것만큼 용기를 크게 북돋는 사실도 없다."

– **헨리 데이비드 소로**Henry David Thoreau

"우리의 과제는 세상 모든 일을 다 하는 것이 아니라 제대로 된 일 몇 가지를 하는 것이다."

– **찰리 멍거**Charlie Munger

인간은 아주 뛰어난 문제 해결자다.

우리의 뇌와 신체는 어떤 놀라운 환경도 헤쳐나갈 수 있도록 수천년을 진화했다. 인간은 고도의 언어 구사, 협동 의지, 이야기와 신화 창조, 미래 예측과 과거 고찰까지 많은 능력을 갖추고 있다. 이만하면 지상을 지배하는 우점종이라고 말하기에 충분하다.

이런 성취의 뿌리가 된 것은 수십억 인간이 생존하고 번성하는 데

원동력이 된 '이중처리' 뇌다. 이 장에서는 이중 뇌가 부를 향한 탐험에서 얼마나 중요한 역할을 하는지 살펴본다. 앞으로 보겠지만, 뇌의 강력한 심사숙고 능력은 몇 가지 요인에 가로막혀 비실거리기도 한다. 그래도 괜찮다. 해야 할 일에서 최선을 다하고 최상의 결과를 보기 위해 이제 막 튼튼한 초경량 시스템 착공에 들어갔다고 생각하면 된다.

우리의 머니 라이프를 이해하는 시스템에 나는 '단순 적응 시스템'이라는 명칭을 붙였다. 단순 적응 시스템은 변화와 복잡성이 우리의 일상에서 벌어지는 불가피한 특징이라는 사실을 인정하고, 거기에 맞서기 위해 곳곳의 함정을 피하고 수시로 들리는 잡음을 차단하는 것을 대응 전략으로 삼는 마인드를 의미한다. 단순 적응 시스템이라는 엔진에 올라탈 때 우리는 먹고살기에 충분하다는 만족감으로 향하는 도로를 달릴 수 있게 된다.

이중 속도의 정신 ▬

우리는 모두 이중 속도의 정신을 가지고 태어난다. 한쪽은 직관의 속도로 달린다. 다른 쪽은 이성의 속도로 달린다. 두 정신은 별로 힘들이지 않고 문제도 거의 일으키지 않으면서 힘을 합쳐 가장 정교하고 복잡한 유기체인 우리 인간을 작동시킨다. 그렇다, 그것이 바로 당신이다.

이중처리 뇌 이론**Dual Process Theory**은 인간의 사고를 '시스템 1'과 '시스템 2'로 구분한다. '시스템 1'과 '시스템 2'는 개개인이 돈과 관련해 내리는 결정을 연구하는 학문인 행동경제학의 창시자 대니얼 카너먼 Daniel Kahneman 을 통해 대중에게도 널리 알려진 개념이다. 카너먼은 명저《생각에 관한 생각 Thinking, Fast and Slow》에서 '빠르게 생각하기(시스템 1)'와 '느리게 생각하기(시스템 2)'의 관계를 자세히 설명했는데, 나 역시 이 책 전체에서 두 사고 시스템을 자주 언급할 것이다.

빠른 뇌의 전원 스위치는 언제나 켜져 있다. 그것은 우리가 인식하기도 전에 자동으로 켜진다.[1] 빠른 뇌 스위치는 대개 의도적으로 노력하거나 의식하지 않아도 작동한다. 이 스위치는 꺼지지 않는다.

시스템 1은 주위 환경을 수시로 감시하고 점검하면서 무엇이 '정상'이고 무엇이 이상해 보이는지 관찰한다. 인간은 세상을 이해해야 하고, 그것을 가능하게 하기 위해 시스템 1은 꺼지지 않고 계속해서 주위를 살핀다. 빠른 뇌는 초보 스토리텔러다. "시스템 1은 현재를 최근의 과거와 가까운 미래에 대한 기대치와 비교함으로써 당신과 주위 세상에서 벌어지는 일을 암묵적으로 해석한다."[2] 세상이 '돌아가는' 방식을 이해하는 모델이 존재하는 곳도 시스템 1이다.

더 결정적으로 말해, 위험과 기회 감지도 빠른 뇌에 장착된 기능이다. '투쟁 – 도피'의 본능에는 호모 사피엔스 Homo sapiens 가 수십만 년의 진화를 거쳐 우리의 신경망에 새겨 넣은 암호가 담겨 있다. '투쟁 – 도피'의 본능이 거의 곧바로 작동하는 덕분에 우리는 위험을 피할 수 있다. 위급 상황을 인식한 빠른 뇌는 초고속 모드로 돌아간다. 차가 갑자기 말을 듣지 않고 미끄러지던 순간이 있었는가? 당신은 아마도 '심사숙고'고 뭐고 일단은 차의 방향을 꺾는 행동부터 했을 것이다. 마찬가지로 빠른 뇌는 이득을 내기보다는 손실을 피하는 데 더 열심이다. 생존은 무엇보다 중요하다.[3]

빠른 뇌는 일관성을 사랑한다. 빠른 뇌는 신념을 굳히고 존재하지도 않는 패턴을 보려는 편향이 있다. 그것은 모호함과 의심에는 고개를 돌린다. 빠른 뇌는 정해진 범주를 받아들이고, 확률적 관점에서 사고하는 것을 좋아하지 않으며, 구체적 예측을 선호한다. 빠른 뇌는 당신이 알고 있다고 생각하는 것에 닻을 내리고 있으며, 찾기 어려운 증거는 무시한다. 카너먼의 말처럼 빠른 뇌에서는 "보이는 것이 존재하는 전부다." 여기에 우리 뇌 구조의 아이러니가 있다. 세상을 안전한 곳으로 바라보려 하고 이해하고 싶은 것만 이해하려는 편향은 우리를 잘못된 선택으로 이끌 수 있다.

빠른 뇌는 사물에 대한 인상, 애정, 직관, 충동, 감정이 거주하는 집이다. 그것은 점증적 변화에는 민감하지만 단계의 변화에는 오히려 덜 민감하다. 무리보다 앞서나간다 해도 지금의 위치에서 전진한다는 느낌이 들지 않는 한 딱히 유쾌하지는 않다. 그러나 목표를 향한 전진은 이제 막 출발선에서 발을 떼었을지라도 행복의 원천이 된다.

시스템 1은 작동 에너지도 거의 필요 없이 대단히 효율적으로 가동한다. 그러나 시스템 1은 힘에 부친다 싶은 순간이 오면 자기보다 강력한 파트너를 소환한다. 실제로 시스템 1과 시스템 2의 관계는 굉장히 복잡하고 미묘하지만, 둘이 충돌하는 관계라고 생각해서는 안 된다. 둘은 서로를 보완해 정보를 처리한다.[4]

정신의 조종석이 시스템 1에서 시스템 2 사고로 옮겨간다는 것은 자동조종을 끄고 수동 통제 상태로 넘어간다는 의미다. 조종석 전환은 순식간에 우리가 깨어 있는 동안 수도 없이 일어난다. 지금 있는 방이 편한지에 대한 질문을 받으면 당신의 시스템 1은 이미 답을 알고 있다.

이 페이지의 단어 수가 몇 개냐는 질문을 받으면 당신의 느린 뇌에 전원이 들어온다. 단어 수를 세는 것은 어렵지 않지만, 빠른 뇌는 그런 일은 하지 못한다.

시스템 2는 이렇게 노력이 많이 드는 정신 활동에 특화되어 있다. 카너먼은 느린 뇌가 가동하는 데는 글루코스나 다른 화학물질 등 정신적 에너지가 훨씬 크게 소요된다는 점에서 이런 노력을 주의를 '소진'하는 것이라고 설명한다. '정신적으로 바닥이 났다'라는 말은 은유적 표현이 아니다.[5] 저명한 행동경제학자 댄 애리얼리**Dan Ariely**가 말했듯이, "생각하는 것은 어렵고, 때로는 불쾌한 일이다."[6]

느린 뇌는 우리가 의도적으로 생각하고 선택할 때 가동된다. 그것이 우리가 복잡한 규칙을 따르고, 한 번에 한 가지 이상을 기억하고, 연속된 데이터를 관찰하고, 그런 데이터를 인과관계 논리로 변형하는 방식이다. 걸으면서 껌을 씹는 것과 같은 기술적 문제는 시스템 1이 동시에 처리할 수 있다. 그런데 여기에 걸음 수를 세는 작업을 추가한다면 시스템 2가 개입한다. 실행 기능**executive functioning**, 다시 말해 조직하고 계획을 짜는 기능(십 대 자녀를 둔 부모라면 다 다뤄야 하는 문제) 역시 시스템 2의 영역이다.

느린 뇌에서는 충동이 자발적 행위**agency**로, 인상이 믿음으로 바뀐다. 카너먼의 설명에 따르면, '게으른' 느린 뇌는 빠른 뇌의 직관에 웬만하면 토를 달지 않는다. 그러나 "시스템 1이 답을 제시하지 못하는 문제가 제기되면" 시스템 2가 움직인다. 시스템 1은 세상이 평평하다고 말한다. 시스템 2는 더 자세히 알아봐도 된다고 말한다.[7]

우리는 왜 굳이 우리의 머릿속을 들여다봐야 하는가? 우리의 기본적인 사고방식을 이해하지 못하면, 돈과 의미가 함께 있는 삶을 만들려는 노력이 빛을 보지 못하기 때문이다. 두 시스템이 공조해서 전달하는 감정과 직관, 믿음, 결정이 우리의 정체성을 만들고 좋은 삶을 영위할 수 있는 능력을 형성한다. 시스템 1과 시스템 2의 역할과 관계에 대한 기본적 이해는 우리가 내리는(또는 내리지 않는) 결정과 그 결정에 우리가 감정적으로 어떻게 반응하는지를 이해하는 데 꼭 필요한 도구다.[8]

40%의 해답

이런 배경 지식을 갖추면 한 차원 더 높은 질문이 나온다. 우리의 행복에서 자발적으로 행위하고 통제하는 부분은 얼마인가? 우리는 전체가 아니라 일부만을 통제할 수 있다. 시스템 1은 대다수 자극에 자동으로 즉시 반응해 직관과 감정을 만든다. 예를 들어 연봉 인상이 수락되거나 춤 신청을 거부당했을 때 어떤 '감정적' 반응이 나올지는 뻔하다. 그러나 강력하지만 게으른 시스템 2는 간간이 끼어들어 의도적 사고에 따라 이해와 선호, 정체성을 형성한다. 시스템 1이 비자발적으로 발산하는 상당한 영향력을 무시해서는 안 되지만, 단순 적응 시스템이라는 대전제가 의지하는 것은 시스템 2다. 자신에게 맞다고(적어도 어느 정도까지는) 생각되는 스토리를 만들려면 시스템 2가 동원되어야 한다.

캘리포니아대학교의 심리학 교수 소냐 류보머스키 **Sonja Lyubomirsky**는 3가지 요소가 인간의 충족감을 결정한다고 주장한다.[9]

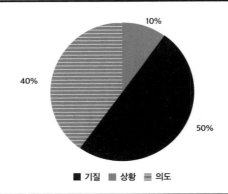

- **기질** Disposition: 당신이라는 사람
- **상황** Circumstance: 당신이 처한 환경
- **의도** Intention: 당신이 하려는 행동

    세 요소 각각도 중요하지만 더 눈여겨봐야 할 것은 세 요소의 상대적 중요도다. 위의 원그래프에서 볼 수 있듯이, 우리가 타고난 유전적 '기질'에 따라 우리가 경험하는 행복(그리고 전체적 감정)의 절반이 좌우된다. 우리의 나이나 성, 또는 바깥 날씨와 같은 '상황'이 차지하는 비중은 높지 않다. 우리는 그 나머지만 통제할 수 있다. 세 요소는 우리의 서사에서 기승전결 내내 중요하게 작용한다.

기질

기질은 타고 태어난 특징과 태도이며, 어떤 점에서는 그렇게 예정된 모습이기도 하다. 본성과 훈육의 공방전에서 본 기질은 순수한 본성이나 유전형질을 의미한다. 누구는 타고나기를 깡마르고, 누구는 건장하다. 누구는 타고나기를 키가 크고, 누구는 작다. 똑똑한 것과 둔한 것, 빈둥거리는 태도와 성실한 태도, 거만함과 겸손함, 활발한 성격과 심술궂은 성격도 모두 기질적 문제라고 생각할 수 있다.

모두에게는 행복의 '설정값'이 있다.[10] 우리는 실망이나 환희에 휩싸였다가도 비교적 빠르게 설정값으로 돌아간다. 연구에 따르면, 좋은 인생을 이루기 위한 태도의 절반은 후천적이 아니라 선천적이다. "지능이나 콜레스테롤 유전자처럼 타고난 설정값의 크기는… 우리가 인생 행로에서 느끼게 되는 행복감의 크기를 지배한다."[11]

쌍둥이 연구는 이 주장을 강력하게 입증한다.[12] 태어나자마자 떨어져서 서로 다른 환경에서 자란 쌍둥이도 인생관과 태도가 굉장히 흡사했다. 설정값의 중요성은 다른 사례에서도 증명된다. 버지니아대학교 심리학과의 조너선 하이트Jonathan Haidt는 인간의 도덕성과 정치 성향이 어떻게 형성되는지를 검토하는 흥미로운 연구를 진행했고, 대부분 유전적으로 타고난다는 결론을 내렸다. 우리가 자신과 세상에 대해 가지는 믿음은 상당 부분이 태어날 때부터 이미 프로그래밍되었다는 것이다.[13] 뭘 해도 우울해하는 사람에게 '즐겁게 살라'라고 말하거나, 진보적 성향인 사람에게 보수적 신념을 강요해봤자 쇠귀에 경 읽기일 수 있다.

상황

유전자의 힘이 크기는 하지만 한 사람을 정의하는 데는 성이나 나이, 민족성, 매력, 건강, 결혼 생활, 교육 수준, 일에서의 성공, 재산 등 외적인 상황도 큰 부분을 차지한다. 이런 외적 조건들은 후회 없이 잘 사는 인생을 만드는 중요한 요소라는 신념에 토를 달 사람은 거의 없다.

그러나 결론부터 말하면, 그렇지 않다.

삶의 만족감이 만들어지는 데에서 외적 조건이 결정하는 부분은 아주 작다. 고작해야 10%다. 이것은 아주 중요한 통찰이다. 우리가 자신을 정의하면서 원인이 되는 특징이라고 말하는 것들의 상당수는 잘 살기 때문에 부수적으로 얻은 결과에 불과하다. 교외의 널찍한 저택에 사는지 아니면 원룸에 사는지, 완벽한 외모를 가졌는지 아니면 평범한 얼굴인지, 가정 생활이 더없이 행복한지 지긋지긋한 이혼 과정을 거쳤는지, 또는 우등생인지 공부와 담을 쌓았는지는 다 부수적인 결과들에 불과하다. 그뿐 아니라 다른 무수한 외적 상황들 역시 우리 평생의 행복에는 큰 영향을 미치지 못한다.

당신을 정의하는 중요한 요소라고 생각했는데, 실제로는 그렇게 중요하지 않았다. 왜 그런가? 우리는 좋은 상황에도, 나쁜 상황에도 금세 익숙해지기 때문이다. 뇌는 우리가 어떤 상황에 처해도 금세 적응하는 능력을 구조적으로 타고났고, 그 적응은 우리의 생각보다도 빨리 일어난다. 적응은 우리가 부딪히는 대부분의 장애를 초월하게 해주는 놀라운 방어기제다. 불행도, 슬픔도 우리가 전진하는 것을 막지 못한다. 이 말을 반대로 뒤집으면, 멋진 결과나 행운이 심리에 미치는 영향 역시 눈 깜짝할 새에 증발한다는 뜻이다. '쾌락 적응**hedonic adaptation**(아무리 행복한 일이라도 시간이 지나면 의미가 희석되어 일상이 된다는 것 - 옮긴이)'의 증거는 도처에 널려 있다.[14]

그렇다고 해도 인구통계와 환경 요인이 만족감의 지속과 무관하다고 생각해서는 안 된다. 우리는 아름다움, 명예, 부유함, 성공, 지위 등 많은 것을 열망한다. 우리의 정신은 덧없는 의미를 추구하는 전투를 벌이며 풍차를 향해 돌격한다. 류보머스키의 말처럼, "우리는 거의 모두 '행복에 대한 통념'을 믿는다. 어른이 되어 이루는 어떤 성취(결혼, 아이, 직장, 부)는 우리를 영원히 행복하게 해줄 것이라는 믿음, 어른이 되어 만나는 어떤 실패나 역경(건강 문제, 인생의 배우자를 구하지 못하는 것, 돈이 없는 것)은 우리를 영원히 불행하게 할 것이라는 믿음 말이다."[15] 하지만 증거는 다른 방향을 가리킨다.

의도

유전과 환경처럼 통제하지 못하는 요인이 있기는 하지만, 우리는 우리의 운명을 어느 정도 통제할 수 있다. 연구에 따르면 우리가 통제할 수 있는 부분도 40%나 된다.[16] 의식해서 내리는 결정과 신중하게 생각해서 하는 행동은 경험의 질이 달라지는 데 크게 영향을 미친다. 어떤 생각과 행동을 선택하는지가 큰 차이를 만든다.

내가 이 40%라는 숫자에 힘이 솟는 이유는 2가지다. 첫째, 40%는 아주 충분히 높은 비율이다. 우리가 어떤 특정한 유형의 사람이 되게 하는 강한 기질을 선천적으로 가지고 태어나는 것은 맞다. 그러나 우리의 미래에는 계획이라는 요소도 거의 비슷하게 영향력을 발휘한다. 지금 당신의 처지가 이렇게 된 것에 유전자와 운명의 변덕을 탓할 수는 있다. 하지만 그렇게 탓하는 것 역시 당신의 선택이다. 모든 인간은 자기계발이라는 훌륭한 공구함을 가지고 있다는 사실을 깨달은 사람은 유전과 운명을 탓하지 않는다.

둘째, 의도의 큰 영향력은 우리가 할 수 있는 것과 없는 것, 현실적으로 가능한 것과 불가능한 것에 대해 합리적인 기대치를 정하게 해준다. 카를 마르크스Karl Marx가 한 유명한 말이 있다. "인간의 역사는 인간이 만들지만, 원하는 식으로 만드는 것은 아니다."[17] 인생을 한 방에 뒤집을 로또를 찾아 헤매서는 안 된다. 우리가 생물학적 부모로부터 물려받은 유전적 설정값은 강력하다. 이 설정값의 중요성을 무시해서도 안 되고, 축소해서도 안 된다. 물론 상황이 무슨 문제냐는 태도도 안 된다.

우리가 통제할 수 있는 것과 없는 것은 언제나 균형을 이룬다는 사실을 알고 나면, 순수한 의지력만으로도 우리가 완전히 다른 사람이 될 수 있다는 식의 압박감이 크게 줄어든다. 순전히 의지만으로는 전혀 다른 사람이 되지 못하므로 턱없이 높은 기준을 세우고 맞춰야 할 필요도 없다. 이 장의 첫머리에 인용한 소로의 말은 내가 평소에도 무척 좋아하는 표현이지만, 이 독립적 사색의 수호성인도 빨래는 노모에게 다 맡겼다.[18] 월든 호수에서의 조용한 산책은 산책이고, 더러운 빨래는 빨래였다. 우리는 다 한계가 있다. 우리는 우리가 할 수 있는 것을 해야 한다.

단순하되 명확하게 정의된 몇 가지 원칙

완전한 통제는 불가능하지만 자신의 운명을 어느 정도 스스로 통제할 수 있다는 것은 축복이다. 신경세포와 유전자, 상황의 강력한 힘이 삶의 결과를 일부 좌우하지만, 그렇다고 자발적 행위의 중요성이 줄어들지는 않는다. 계획을 세우고 실행하는 것은 그 자체로 행복의 원천이다.[19] 우리는 현대 사회심리학자들이 임파워먼트empowerment의 개념으로서 받아들인 프랑스 화학자 루이 파스퇴르Louis Pasteur의 이른바 '준비된 자prepared mind'가 되기 위해 노력해야 한다.[20]

티모시 윌슨Timothy Wilson은《스토리: 행동의 방향을 바꾸는 강력한 심리 처방Redirect》에서 이렇게 말했다. "인생을 더 잘 사는 사람들은 역경에 맞서서 더 잘 대응하는 전략을 가진 사람들이다. 그들은 문제를 피하지 않고 직시하며, 미래를 위한 계획을 세우고, 통제하고 바꿀 수 있는 것에 집중하며, 장애물에 부딪혀도 포기하지 않고 끈질기게 버틴다."[21] 준비된 자가 되려고 진지하게 노력하는 사람은 더 좋은 삶을 살게 된다.

시작은 시작일 뿐, 우리는 살면서 무수히 여러 번 그 시작을 반복할 수 있다. 회복력은 많은 위대한 것이 탄생하는 배경이다. 적응하는 사람은 무수한 사건에 대응해야 한다는 것을 인정한다. 예상하지 못한 사건에도, 바라지 않았던 사건에도 대응해야 한다. 윌슨의 설명이 딱 들어맞는다. 적응은 "우리가 인생 지침으로 삼는 스토리를 바꾸는 것"[22]을 의미한다.

우리의 머니 라이프가 질서를 유지하게 해주는 원칙인 단순 적응 시스템은 변화에서 힘을 얻고 명확성에서 영감을 얻는다. 정신적 에너지는 비유적 표현이 아니다. 그것은 말 그대로 제한된 신체적 자원이고, 우리는 '에너지 먹는 하마'인 뇌를 가능한 가장 효율적인 방식으로 활용해야 한다.

정신없이 복잡한 현대 생활에서 우리는 단순성을 추구하고 잡음을 차단하려 노력한다. 그런데 아이러니하게도 우리는 천성적으로 복잡한 것에 이끌린다. 특히 돈처럼 기술적으로 어려운 영역에서는 더 그런 편이다. 가끔 우리는 어려운 문제일수록 정교하고 복잡한 해결책이 최상의 해결책이라고 착각한다.

그러는 과정에서 원하는 정보도 늘어나지만, 연구 결과가 보여주듯이 정보가 늘어날수록 우리는 더 나쁜 선택을 한다.[23] 게다가, 정보가 쌓이면 결정을 해야 한다는 강박감도 커진다. 새로 정보가 추가되는 것은 싫지만 거기에 대해 할 수 있는 일이 없다. 해봤자 헛짓 같기 때문이다. 결국, 지나친 심사숙고는 만족감에 방해가 된다. 우리가 해답을 얻으려는 것이 무엇이건, 과도한 생각과 고민은 우리가 원하는 것의 가치를 떨어뜨리는 결과를 가져온다.[24] 소비자에게는 비교 쇼핑이 가장 깊은 슬픔의 원천인 것과 같다. 무수한 제품의 무수한 장단점을 일일이 따지고 비교하다 보면, 정신적으로 지치고 가끔은 기분마저 우울해진다.[25]

우리의 머니 라이프를 단순하게 유지한다는 것은 시끄러운 세상을 이해하고, 날카롭고 이성적인 판단을 내리기 위해 몇 가지 개념만 명확하게 설정한다는 것을 의미한다. 그리고 명확하게 정의한 몇 가지 개념이 마련되어 있다면 철저히 준비한 계획을 도루묵으로 만드는 불가피한 변화의 힘도 얼마든지 이겨낼 수 있다.

도형이 그려나갈 길

3개의 도형은 각자 길을 그린다. 단순 적응 시스템은 우리를 여행의 끝까지 전진하게 해주는 엔진이다.[26] 첫 단계에서 우리는 목적, 즉 사명을 정의한다. 첫 단계가 인생에 딱 한 번만 찾아오는 것은 아니다. 첫 단계는 잊을 만하면 우리 앞에 가끔 등장하고, 그때마다 경로가 수정된다. 우리는 적응한다. 사명을 정의한 다음에는 전략을 명확히 정립하고, 그 전략에 따라 의미 있는 삶을 걷기 시작한다. 우리의 머니 라이프에서 '할 일' 목록은 끝도 없어 보인다. 그렇기 때문에라도 이 목록의 순서를 정해야 한다. 마지막으로, 우리는 많은 것을 결정해야 한다. 이때 중요한 것은 단순화다.

　돈과 의미가 함께하는 삶을 위한 계획은 지금부터가 진짜 시작이다.

단순 적응 시스템의 실행

도형		행동
◯	⟶	적응하기
△	⟶	우선순위 정하기
☐	⟶	단순화하기

PART 2

원

목적을
정의하기

The

Geometry

of

Wealth

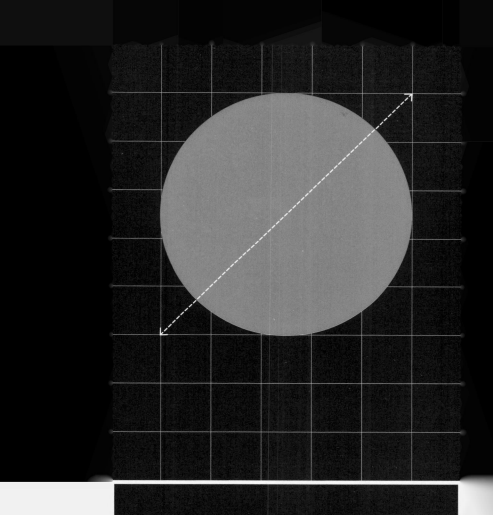

행복과 돈이
교차하는 지점

CHAPTER 3

경험된 행복 VS. 자성적 행복

"가장 강하고, 가장 똑똑한 종이 아니라 변화에 가장 잘 적응하는 종이 생
존한다."

– **찰스 다윈**Charles Darwin

"일곱 번 넘어져도 여덟 번 일어나라."

– **속담**

별로 좋지 않은 거리와 희한한 새들

'닥터 수스'라고도 불리는 시어도어 수스 가이젤Theodor Seuss Geisel의 마
지막 책은《네가 갈 곳Oh, The Places You'll Go!》이다. 이 책은 1990년에 출
간된 즉시 〈뉴욕타임스New York Times〉 베스트셀러 상위에 오르며 명작
의 반열에 들었지만, 50년 동안 이색적이고 심오한 이야기로 독자들을

매료했던 수스의 작가 이력에는 찬사가 하나 더 추가된 것에 불과했다.

그 이후로 《네가 갈 곳》은 수백만 권이 팔렸는데, 월별 판매량에서 재미있는 추이를 보인다. 이 책은 고등학교와 대학교 졸업 시즌 무렵인 봄이면 판매량이 급증한다.[1] 그럴 만도 하다. 이 책은 '위대한 장소'로의 대모험을 이제 막 시작한 주인공(그 주인공은 당신이다)의 이야기를 들려주는 '어른을 위한 동화'라고 여겨지기 때문이다. 수스가 한 치의 실수도 없이 따발총처럼 쏟아내는 말장난의 운율과 형형색색의 그림 속에서 주인공(이번에도 당신이다)은 번번이 성공과 도전을 마주한다.

— "네가 어느 곳으로 날아가든 너는 최고의 최고가 될 거야. 네가 어디로 가든 너는 모두의 위에 오르게 될 거야. 네가 안 하면 아닌 거고. 가끔은 너도 안 할 테니까. 물론 이상한 것들을 잔뜩 만나게 될 거라는 건 알고 있겠지. 가다가 희한한 새들을 많이 만나게 될 거야. 그러니 걸을 때는 잘 살피고 걸어. 조심해서 요령껏 잘 걸어야 해. 인생이란 위대한 균형 잡기라는 거 잊지 마. 어설프게 어기적대며 걷지 않도록 조심해. 오른발, 왼발이 꼬여서는 절대 안 돼."

수스의 현란한 말솜씨가 돋보이는 이 초등학생용 동화책은 인생이라는 여행의 부침을, 좋은 결정과 나쁜 결정을 340개도 안 되는 단어에다 담고 있다. 그럼에도 확연하게 드러나는 진지한 메시지에는 무수한 감탄사가 나온다. 인생이 항상 뜻대로 되는 것은 아니고, 뜻대로 된다고 해도 찰과상 정도는 각오해야 하고, '별로 좋지 않은 거리'에서 막다른 골목에 부닥치는 일이 허다하다는 것을 알려준다. 닥터 수스는 우리에게 인생이라는 여행은 좋아지기도 하고 나빠지기도 하며 돌고 돈다는 것을 가르쳐준다. 위대한 장소에 이르는 길은 일직선이 아니다. 우리가 전진하는 순간마저도 인생의 길은 직선이 아니라 원으로 돌고 돈다.

《네가 갈 곳》이 세대를 넘어 인기가 있는 이유는 어린 졸업생들에게 확실한 교훈을 전달해서가 아니라 그것을 선물하는 사람들이 그 책에서 심오한 의미를 얻었기 때문일 것이다. 우리는 어른이 되어 '별로 좋지 않은 거리'와 '희한한 새들'을 많이 만나게 된다. 우리는 녹다운되어 쓰러지는 때도 많지만 다시 일어설 때 일생일대의 성공이 찾아오기도 한다는 것을 잘 안다.

《네가 갈 곳》의 책장을 덮는 어른들의 머릿속은 온갖 '큰' 질문들로 가득 찬다. 내 인생을 건 여행은 무엇인가? 나는 어디로 향하는가? 거기에 도착하기 위해 나는 어떤 길을 걸어야 하는가? 그곳에 도착하면 어떤 일이 생길 것인가? 도달하지 못한다면?

우리 삶의 저 깊은 곳에서는 이 질문들에 답을 구하려는 암류들이 휘돈다. 일상에 방해가 될 만큼 강박적으로 답을 궁리하지는 않을지라도 우리는 때때로 걸음을 멈추고 의문에 젖는다. 문제는 우리 대부분은 답을 알지 못한다는 것이다. 처음일수록 더 그렇다. 그것이 무엇일지 아예 짐작조차 할 수 없다. 고지가 저기인 것 같았는데 모든 것이 허사가 된다. 회복력이 필요한 순간이다. 일곱 번 쓰러져도 여덟 번 일어나야 한다. 가장 중요한 것은 전진하는 뚝심이다. 적응의 기술을 갖춰야 한다.

현실 세계에서는 어느샌가 돈이 스토리의 핵심을 장악한다. 이 돈을 다 어떻게 마련하지? 이 여행을 할 가치가 있을까? 의미 있는 삶을 살 여유가 있을까? 이도 저도 아닌 일에 돈을 써봤자 남는 것은 실망이다. 그러나 이런 불안감이야말로 우리의 머니 라이프가 그토록 복잡해지는 이유다. 머니 라이프를 이루는 4개의 차원인 소득과 지출, 저축, 투자는 결국 우리가 가치 있게 여기면서 얻으려고 노력하는 무언가를 이루어내려는 시도다.

《부를 설계하다》의 첫 단계는 바로 당신이 가고 싶은 곳이 어디인지를 알아내는 것이다. 그리고 돈은 당신이 거기까지 나아가는 데 큰 도움이 된다.

이것은 물고기를 낚는 방법을 직접 가르쳐주는 것과 비슷하다. 이해하는 것은 전적으로 당신의 몫이다. 나도, 다른 누구도 당신의 최종 목적지가 어디인지 알아내줄 수 없다. 어느 산에 오를지는 당신만이 결정할 수 있다. 사실 누군가가 모험지를 통보하듯 정한다면 크게 화가 날지도 모른다. 그렇다고 여행 중에 누군가 내미는 도움의 손길까지 거절해야 한다는 뜻은 아니다.

우리는 두 종류의 도움을 받을 수 있다. 의미 있는 삶의 '내용'과, 여행의 속도와 경로를 유지하는 '과정'에 대해서는 얼마든지 도움을 받아도 된다. '원'은 우리의 이해 작업에는 끝이 없다는 것을 상징한다. 예측 불가능하면서도 화려하게 펼쳐지는 인생의 퍼레이드에 적응해야 한다. 예측 불가능성은 여행의 필수 동반자이자 큰 기쁨 중 하나다.

그리 길지 않은 행복학의 역사

수천 년의 문명이 우리에게 남긴 수만 권의 책은 가치 있는 삶이라고 여겨지는 것을 심도 있게 파헤치고 있다. 무수한 철학자와 사제, 권위자들은 번영을 누리며 산다는 것의 의미와 그렇게 살기 위한 조건들을 설명한다.

체크리스트를 작성하며 재무 설계를 하는 오늘날의 세상에서, 우리가 흔하게 말하는 주제는 '목표'다. 기본적인 생활 수준을 달성하고 나면 다음에 나올 목표는 빤하다. 좋은 동네에 좋은 집을 마련하고, 아이들에게 충분한 지원을 해주고 바른 방향으로 이끌고 가능하면 대학 등록금도 대준다. 그리고 멋지게 은퇴하고 우아한 노후를 즐긴다. 다 돈으로 살 수 있는 목표들이다. 남들도 다 똑같이 추구하는 것이지만 절대로 시시껄렁하지 않은 중요한 목표다. 이런 것들은 현대사회에서 잘 사는 삶을 나타내는 지표다.

그렇다, 지표다. 그러나 핵심은 아니다. 핵심은 행복을 추구하고 달성하는 것이다.

아리스토텔레스는 행복은 "삶의 의미이자 목적이고, 인간 존재의 온전한 목표이자 끝이다"라는 유명한 말을 남겼다. 행복은 인간의 활동이 최종적으로 추구하는 것이며, 오랫동안 인류의 상상을 점유해온 것이다. 오늘날로 2000여 년을 빨리감기 하면 '긍정심리학'이나 '행복학'이라는 방대한 학문 분야가 존재한다. 놀랍게도, 고대에 정립된 인간 행복의 공식과 현대 심리학과 신경과학이 제시하는 공식이 거의 완벽하게 맞아떨어진다.

아리스토텔레스의 《니코마코스 윤리학Ethika Nikomacheia》과 미국심리학회의 신임 회장이며 긍정심리학 창시자로 널리 알려진 마틴 셀리그만Martin Seligman이 1998년에 발표한 명저 사이에는 2339년이라는 시차가 존재한다. 셀리그만은 "우리는 삶을 가치 있게 만드는 것에 대해 아는 것이 거의 없다"라는 의견에서 출발해 행복을 다시 한번 과학적으로 엄격하게 이해해야 한다는 메시지를 학계에 뚜렷하게 전달한다. 철학과 문학, 심리학, 종교를 비롯해 많은 학문이 가치 있는 삶에 대해 이미 방대한 통찰을 마련했다는 것을 감안하면 꽤나 도전적인 주장이었다. 그렇다면 고대와 지금의 행복학을 단절시킨 것은 무엇인가? 이 실존에 대한 근본적 물음을 이해하기 위해서는 역사를 되짚을 필요가 있다.

쾌락주의와 에우다이모니아

무엇보다도, 우리가 지나치지 말아야 할 것은 '행복'의 의미론이다. 기쁨, 쾌락, 황홀함, 충만, 만족, 활기, 환락, 흥, 즐거움, 안녕, 환희, 생동감, 흥분. 행복이라는 주제에서 유의어는 끝도 없이 많다. 위키피디아의 '행복' 페이지만 해도 3000명의 저자와 6000명의 에디터가 존재한다. 행복학 분야에서 내가 읽은 모든 철학자와 과학자는 한 명도 빠짐없이 행복이 무엇인지 정의하려고 노력한다.

　위의 모든 단어의 의미를 정확히 정의하고 다 구분하려고 시도해봤자 지식적으로나 감정적으로나 막다른 골목에 부딪힐 뿐이다. 아리스토텔레스와 그 시대의 사람들은 '에우다이모니아eudaemonia'의 의미를 파악하려 노력했다. 에우다이모니아는 기술적으로는 행복이나 안녕을 의미하지만, 최상의 자아를 실현하는 '인간 번영human flourishing'이라는 것이 더 확실한 해석이다.

　기원전 4세기에 아리스토텔레스는 에피쿠로스를 비롯한 쾌락주의

hedonism 학파가 행복이란 쾌락을 달성하고 고통을 피하는 것이라고 정의한 이론에 정면으로 반박했다.[2] 아리스토텔레스는 더 가치 있는 행복을 실현하기 위해서는 덕이 있는 삶을 살아야 한다고 주장하면서 이렇게 적었다. "인간의 기능은 특정한 종류의 삶을 사는 것이다… 그리고 어떤 행동이건 잘하기만 한다면 거기에는 합당한 수준의 뛰어난 성과가 따른다. 정말로 그렇다면, 행복이란 덕이 수반하는 영혼의 활동을 의미한다."[3]

아리스토텔레스가 주장하는 행복 추구는 덕이 있는 삶을 실천하는 것이다. 행복이란 정의, 용기, 절제, 영예, 자비, 인내 등 선행을 추구하면서 절정을 만끽하는 경험이었다. 이런 관점에서 본다면 행복은 감정이라기보다는 행동에 가깝다. 행복은 어떻게 보면 실력이고 기술이다.

에우다이모니아의 중요성을 주장한 사람들은 쾌락의 순간을 높이고 고통의 순간을 최소화하는 것에 방점을 둔 쾌락주의 이론을 거부했다. 그들은 행복은 한평생 자신의 잠재력을 충분히 발휘하는 삶을 살았는지를 자성하면서 얻어지는 더 묵직한 무언가라고 생각했다. '좋은 삶'은 잠깐의 쾌락을 추구하는 것이 아니라 더 의미 있고 덕이 있는 활동을 추구하는 것과 관련이 있다. 순간의 쾌락과 오래도록 묵직하게 지속되는 의미 있는 경험은 전혀 다른 것이다.

65쪽의 스펙트럼은 우리가 행복이라는 말을 떠올릴 때 연상하는 특징과 감정의 범위를 보여준다.

스펙트럼의 한쪽 끝은 경험된 행복**experienced happiness**이다. 이것은 쾌락주의 학파가 말하는 행복이고, 감정이나 정서와 관련이 있다. 오늘 당신은 기분이 좋은가, 우울한가? 푹푹 찌는 날 아이스크림콘을 먹었

경험된 행복	자성적 행복
쾌락	만족감
좁은 범위	넓은 범위
짧게 지속	길게 지속
향락 추구	인간 번영 추구
지역적	세계적

고, 블록버스터 영화를 홀린 듯이 보았다. 버킷리스트에 적은 코스타리카 집라인 일주를 마쳤거나 옐로스톤 하이킹을 완주했다. 또는 방금 배우자와 싸움을 했거나 좋아하는 농구팀이 게임에서 졌다. 이 기쁘거나 슬픈 순간은 모두 시스템 1의 '빠른' 뇌에서 나온다. 경험된 행복이나 슬픔은 노력 없이도 흘러나온다.

스펙트럼의 반대쪽에는 아리스토텔레스의 에우다이모니아인 자성적 행복reflective happiness이 존재한다. 이것은 더 깊은 곳에서 느껴지는 충만감이다. 다음 장에서 설명하겠지만, 자성적 행복은 타인과 깊은 관계를 쌓고, 좋아하는 일에서 실력을 갈고닦고, 스스로 선택할 자유를 요구하고, 더 큰 선善에서 목적을 찾을 때 얻어진다. 자성적 행복이 만들어내는 만족감은 의식적 성찰이 필요하다는 점에서 시스템 2의 사고가 요구된다.

자성적 행복은 그 말에서도 경험된 행복보다 무게감이 있다. 듣기만 해도 더 중요하다는 것을 알 수 있다. 그러나 우리는 대부분의 시간을 경험된 행복을 추구하는 데 쏟는다. 신경과학자 탈리 샤롯**Tali Sharot**은 이렇게 적었다. "지나온 삶을 반추하는 것은 우리의 삶에 크게 영향을 미치지는 않는다. 그보다는 우리 안에서 계속해서 만들어지는 감정의 홍수가 더 크게 영향을 미친다."[4]

쾌락과 만족이라는 양극단을 구분하는 것은 시간적 차원이다. 경험된 행복은 지금 당장의 행복이다. 이 행복이 미치는 영향은 오래 지속되지 않으며, 행복을 일으키는 대상(아이스크림콘이나 집라인 일주)은 범위도 좁다. 더 깊은 곳에서 느껴지는 만족감은 더 넓은 범위에서의 활동과 관련이 있기 때문에 지속 기간도 더 오래가는 편이다.

고대 그리스 철학자들의 토론이 벌어지던 시대에는 개인의 자유, 기술·산업에 대한 현대식 개념은 용어조차 존재하지 않았다. 그럼에도 그들이 남긴 유산은 강하다. 현대 행복학은 쾌락주의와 에우다이모니아로 갈라져 싸움을 벌이면서 그 둘이 뇌에서 어떻게 작동하고, 어떤 관계를 맺는지를 탐구한다. 물론 현대 행복학은 신경의 길을 그냥 둘로 나누는 것보다 훨씬 복잡한 학문이지만, 오늘날의 긍정심리학에서도 알 수 있듯이 쾌락과 에우다이모니아를 구분함으로써 우리는 많은 것을 깨달을 수 있다.

현대의 행복학

고대에서 현대로 이어지는 아득한 시간 동안 행복학에는 별다른 변화가 없었다. 그리스 로마 문명이 쇠락하고 찾아온 암흑기의 거의 1000년 동안 행복에 대한 토론은 전면 정지되었다(적어도 서구 문명에서는 그랬다). 그러다 많은 일이 일어났다. 종교개혁, 르네상스, 계몽주의는 행복에 대한 담론을 재개했을 뿐 아니라 그 토론에 불을 붙이고 범위를 넓혔다.

행복에 대한 근대식 논의가 진지하게 시작된 것은 개인에 대한 근대식 개념이 등장하고 나서였다. 급진적 사회 개편이 16세기에 서서히 조짐을 보이다가 18세기에 들어서서는 속도가 붙기 시작하면서, 이 시대의 개인들도 (적어도 원칙적으로는) 전통적 사회질서 안에서나마 국가와 신에게 대치하는 발언을 할 수 있는 힘이 조금씩 생겨났다. 개인주의 시대가 오고 나서야 행복학 연구도 현대적 면모를 띠기 시작했다. 가톨릭교회의 교리 개혁, 자본주의와 근대과학의 태동, 소외받고 무시당하던 계층의 참정권 운동 등 여러 힘이 작용하면서 개인의 정당한 행복을 설명하는 책도 다양하게 쏟아져나왔다.

18세기 후반의 대규모 혁명은 그전까지 이론적으로만 정립되었던 개인의 자유를 정치적으로도 추구하게 만드는 결정타가 되었다. 예를 들어, 제러미 벤담Jeremy Bentham의 공리주의는 최대의 행복을 추구하는 것이 도덕적 행동이고 더 많은 사람이 행복을 누릴 때 사회도 개선된다는, 최대 다수의 최대 행복을 주장했다. 이것은 당시에는 아주 급진적인 사고였다. '자유'와 수세기 후의 '인권'에 대한 범세계적 논의는 모두 이 시대부터 시작되었다.

계몽주의 사상을 표출하는 데 가장 중심에 선 나라는 미국이었다. 비약일지는 모르지만, 미국 계몽주의의 출발점은 단 한 문장이었다.

— "우리는 다음과 같은 진실을 자명한 것으로 받아들인다. 모든 인간은 평등하

게 태어났고, 창조주로부터 몇 가지 양도될 수 없는 권리를 부여받았으며, 그 권리에는 생명과 자유 그리고 행복 추구권도 포함된다."

독립선언문의 두 번째 문장으로 인간 역사에 분수령이 그어졌다. 이 문장은 미국 문화에 워낙 뿌리 깊이 배어 있기 때문에 역사상 가장 혁명적인 문장이라는 생각이 들지 않을 수도 있다. 이 경쾌한 문장은 전통적 정치와 사회질서의 심장부에 단검을 박았다. 개인은(여기서 개인은 물론 '남자'이고, 독립선언서 작성자들이 노예 소유주였다는 사실에 대해서는 여전히 논란이 일고 있다) 자신의 운명을 직접 정하고 에우다이모니아를 추구할 자연권을 타고났다는 급진적 사상을 만방에 천명한 문장이었다.

정치적 담론과 사회구조의 개편이라는 분위기 속에서 미래의 모든 세대에 거는 기대가 올라갔다. 노예제도의 폐지, 개인의 자유와 자결권self-determination(민족이 자의적으로 정치제도와 운명을 결정하고 타 민족의 간섭을 배제하는 집단의 권리 – 옮긴이)의 부상, 인권의 도래까지, 이 모든 것은 계몽주의와 개인의 시대가 만들어낸 자손이었다. 몇 가지 예외도 있었고 후퇴하는 시기도 있었지만, 지난 250년을 보면 개인의 만족감 추구는 개인적 차원에서도 공공 정책의 차원에서도 적법하고 바람직한 것이라는 시각이 역사의 큰 흐름이었다.

20세기 문화 강국으로서 미국의 위상은 그런 흐름에서 중요한 역할을 했다. 제2차 세계대전 이후 미국은 경제와 군사력뿐 아니라 문화도 지배했다. 물질만능주의 가치관과 현대 소비자의 탄생은 미국 문화를 떠받치는 대들보였다. 지난 세기에 미국에서는 해피버스데이 노래, 맥도날드의 해피밀, 지상에서 가장 행복한 곳,《긍정적 사고의 힘The

Power of Positive Thinking》, '자기계발' 산업, 현대 광고 산업(광고인 하비 볼 Harvey Ball이 1964년에 만든 노란색의 웃는 얼굴도 포함해서) 등 희한한 발명품들이 참 많이도 만들어졌다. 이 발명품들은 소비자로서의 인간을 중심에 두는 특정한 형태의 행복을 널리 퍼뜨렸다.

실제로도 1967년부터 이어진 한 저명한 연구는 행복한 사람을 "젊고, 건강하고, 교육 수준이 높고, 벌이가 좋으며, 외향적이고, 낙천적이고, 근심이 없고, 종교심이 투철하고, 자긍심이 높은 기혼자이고, 직업적 사기가 높으며, 실현 가능한 야심을 가지고 있는, 박학다식한 남녀"[5]로 정의했다. 〈딕 반 다이크 쇼The Dick Van Dyke Show〉나 〈아내는 요술쟁이Bewitched〉와 같은 드라마의 주연과 비슷하게 산다면 행복하게 잘 사는 것이었다.

20세기 말로 빨리감기를 해보자. 마틴 셀리그만의 행복학은 인위적으로 달콤하게만 그렸던 행복에 대한 과거의 관점을 정조준해 겨냥한다. 다른 연구자 및 현장 전문가들과 함께 셀리그만은 행복학의 중심축을 후행적인 것에서 선행적인 것으로, '잘 사는 삶을 이끄는 행동이 무엇인지를 세상에 보여주는' 것으로, 긍정적 개인으로, 번영하는 공동체로, 그리고 공정한 사회로 이동시켰다.

1998년 연설에서 셀리그만은 어떤 행동이 우리를 잘 사는 삶으로 이끄는지 알아보는 과정에서 2가지 괴로운 문제가 발견되었다고 말했다. 첫째, 유례없는 번영의 시대인데도 사회 전체적으로 우울증이 확산되고 있었다. 그는 사회 전체의 우울증 확산은 "20세기 말의 커다란 모순"이라고 하면서 이 만성적 슬픔이 많은 미국 젊은이에게 영향을 미친다고 말했다. 해피밀도, 디즈니월드도 해결책이 되지 못했다.

둘째, 셀리그만은 현대 심리학은 많은 사람이 전쟁 전의 삶으로 돌아가려고 합심해 노력하던 제2차 세계대전 후에 주로 형성되었다는 것을 문제로 지적했다. 그렇기에 정신병리학도 "정상인이 평화로운 환경에서 번영을 누리며 사는 방법"이 아니라 전쟁의 비극을 견디고 이겨내는 것에 방점을 두었다.

개인의 시대가 탄생한 지는 500년이나 되었지만, 개인의 충족감을 연구하는 학문은 새파랗게 젊다. 그럼에도 이 젊은 학문은 매혹적인 연구와 문헌을 많이 만들어냈다.⁶ 방대한 자료를 통해 일궈낸 협업 연구의 결실을 ― 그리고 잘 사는 삶에 진정으로 중요한 것이 무엇인가에 대한 해답도 ― 돌아볼 시간이다.

CHAPTER 4

무엇이 우리를
행복하게 하는가

> "인간 실존의 불가사의는 목숨을 유지하기만 하는 데 있는 것이 아니라
> 살아갈 이유가 될 무언가를 찾는 데 있다."
>
> **– 표도르 미하일로비치 도스토옙스키**Fyodor Mikhailovich Dostoevskii

4C, 기쁨의 4가지 원천

2015년, 세계의 대표적인 영성 지도자 두 사람이 인도 다람살라에서
회동을 갖고 자리에 앉아 대화를 나누고 서로의 생일을 축하했다. 이미
마음을 나누는 지기知己였던 달라이 라마와 데즈먼드 투투Desmond Tutu
대주교는 며칠밖에 안 되는 일정 동안 인생의 경이와 고난에 대해 멋진

대화를 나누었다.

《Joy 기쁨의 발견The Book of Joy》에 설명된 것처럼, 두 종교 지도자는 삶의 의미에서부터 수프가 먹기 좋게 충분히 따뜻한지에 이르기까지 주제를 가리지 않고 모든 것에 대해 대화를 나눴다(그 둘은 내 예상보다도 훨씬 유머 감각이 넘쳤다). 그들이 나눈 진지한 대화에서는 기쁨과 행복을 다른 것으로 본다는 생각이 깔려 있었다. 앞에서도 말했지만 아무리 존경받는 종교 지도자라도 인생을 주제로 한 설전에서는 의미론을 피하기가 힘들다.

투투 대주교는 이렇게 말한다. "기쁨이 행복보다 훨씬 큽니다. 행복은 외부 상황에 기대게 되는 때가 많지만 기쁨은 그렇지 않습니다." 달라이 라마도 동의했다. "기쁨과 행복은 다릅니다. 여기서 제가 말하는 행복은 어떤 점에서는 만족감을 뜻합니다."

두 사람은 아리스토텔레스가 최초로 구분한 것과는 다른 관점에서 행복과 기쁨의 중요한 관계를 소개했다. 행복('경험된 행복'을 의미한다)은 매일의 쾌락과 함께 저절로 오기도 하고 사라지기도 하지만, 기쁨('자성적 행복'을 의미한다)을 성취하는 데는 노력이 필요하다.[1] 두 사람은 자신들의 배경이 되는 가톨릭과 불교 전통의 시각에서 고난과 고통 없이는 기쁨도 없다고 말했다. 기쁨에는 입장료가 있다.

그렇다면 현대 행복학이 우리에게 알려주는, 대가를 치를 만한 기쁨이란 무엇인가? 부가 먹고살기에 충분하다는 만족감이라면, 우리가 돈을 모으고 투자하는 것은 무엇을 위해서인지부터 알아야 한다.

올바른 삶의 요소가 무엇인지는 이 책을 쓰기 전부터 들었던 고민이다. 남들처럼 나도 '행복하다는 것은 무엇을 의미하는가?', '보람 있는 삶이란 무엇인가?'와 같은 의문이 들었다. 방식만 달랐을 뿐 어린 시절부터 수도 없이 스스로 고민했던 질문이다. 당신도 마찬가지일 것이라고 장담한다. 나는 이 책을 쓰기 위해 행복이라는 거대한 주제를 논하는 다양한 책을 읽는 데만 수백 시간을 썼다. 이 책들을 읽은 후 나는 기쁨이 있는 삶에는 4가지 지속적 원천이 존재한다는 결론을 내렸다.

나는 이 4가지 기쁨의 원천을 연결Connection, 통제Control, 역량Competence, 맥락Context이라고 부른다.

- '연결'은 어딘가에 소속되고자 하는 욕구다.
- '통제'는 자신의 운명을 스스로 이끌고자 하는 욕구다.
- '역량'은 가치 있는 일을 잘하고자 하는 욕구다.
- '맥락'은 자신이 아닌 외부에서 목적을 발견하고자 하는 욕구다.

돈과 의미를 함께 추구한다면 그 바탕에는 '4C'가 깔려 있어야 한다. 4C는 먹고살기에 충분하다는 만족감, 즉 부의 심장이다.

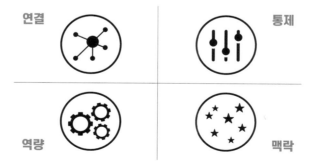

연결

아이들과 함께하는 등굣길은 즐겁다. 딸아이 손을 꼭 잡고 그 다섯 블록을 걷는 것도, 재잘대는 이야기를 듣는 것도, 아들이 스포츠를 비롯해 끝도 없이 퍼붓는 질문을 재치 있게 받아넘기는 것도 내게는 기쁨이다. 언젠가는 아이들의 수다가 지겨워지는 날이 올지도 모르지만, 설마하니 진짜 그럴지는 의문이다. 아이들하고만 있을 때만큼은 아니지만, 학교 모퉁이를 돌아 운동장에 모여 수업 시작종이 울리기를 기다리는 아이들과 부모들과 선생님들의 바다로 들어갈 때도 행복한 기분이 든다.

그 수백 명의 군중으로 섞여 들어가면서 이웃과 친구들을 보는 것이 반갑다. 그 선량한 사람들과 나는 많은 가치관과 바람을 공유하는 사이이기 때문이다. 우리가 사는 녹음이 우거진 시카고 북부 지역은 내게도, 가족에게도 특별한 곳이다. 내 아내와 나는 지역사회의 활동에 열심히 참여한다. 우리는 지역사회에 좋은 영향을 줄 사회운동과 학교 활동을 위해 기금을 모금하고 직접 시간을 투자하기도 한다. 모퉁이를 돌면 아이들은 친구들에게로 빠르게 달려간다. 초등학교 운동장의 통제된 혼란 속에 서 있을 때 내가 느끼는 것은 아마도 소속감일 것이다. 집처럼 편안하다.

인간은 사회적 동물이고, 우리 안에는 어딘가에 소속되려는 확고한 욕구가 존재한다. 살아 있다는 감정을 느끼기 위해 - 그리고 수천 년 전에는 진짜로 살아 있기 위해 - 우리는 공동체에 소속되어야 한다. 공동체는 안전과 정체성과 의미를 준다. 부족 중심주의는 인간의 삶에서 가장 기본적인 현상이다.[2] 부족 중심주의는 시대와 문화를 초월한다.

《사회적 뇌: 인류 성공의 비밀 Social: Why Our Brains Are Wired to Connect》에서 신경과학자 매슈 리버먼 Matthew Lieberman은 우리 인간의 뇌는 생각을 하고 문제를 풀기 위해서만이 아니라 타인과 연결되기 위해서도 진화했다고 말한다. "우리는 사회적 인간이 되도록 설계되어 있다." 대단히 매혹적인 논제이고, 현대 과학이 발달시킨 디지털 이미징 기술 덕분에 우리는 연결의 힘을 실제 두 눈으로 확인할 수 있다. 리버먼의 말에 따르면, 연결의 욕구는 음식과 안식처에 대한 욕구 못지않게 기본적인 욕구다.

"우리의 사회성은 진화가 포유류 역사 내내 거듭해서 깔아놓은 일련의 도박으로 엮인다. 이 도박이 선택적 적응의 형태를 띠는 이유는 그 적응이 생존과 번식을 추구하기 때문이다. 적응은 우리가 주위 세상에 느끼는 결속감을 강화하고, 타인과 더 잘 협응하고 협력할 수 있도록 그들의 마음을 예상하는 능력을 길러준다… 우리의 뇌는 타인에게 다가가 그들과 상호 작용하도록 설계되어 있다."[3]

충격적인 말이다. 인간 존재로서의 우리는 우리 대부분이 짐작하는 것과는 사뭇 다르다. 인간으로서의 우리는 처음부터 완전한 모습의 개인에서 시작해 세상에서 자신만의 길을 찾아가는 것이 아니다. 그보다는 타인과의 연결이 개인으로서의 우리를 만든다. 전통적 사고를 완전히 뒤집는 개념이다. 추론 능력이 진화한 것도 결국은 사회적 문제를 해결하기 위해서였다. "이성은 인간이 독자적으로 진화시킨 고도로 사회적인 적소適所,niche에 대한 적응이다."[4] 지극히 개인적인 기능이라고 생각했던 것이 실제로는 사회적 연결에서 비롯한다는 사실을 깨달으면, 부족 중심주의가 우리 개개인을 정의하는 데 큰 영향을 미친다는 것도 자연스럽게 받아들이게 된다.

사회적 유대가 의미 있는 삶에 중요하다는 사실을 입증하는 증거는 압도적으로 많다.[5] 심리학자 티모시 윌슨은 다음과 같이 말한다. "행복 연구에 따르면 사람들이 얼마나 행복해하는지 알려주는 제1의 예측 지표는 그들이 가진 사회적 관계의 질이다."[6] 도덕심리학자 조너선 하이트는 긍정심리학은 다음의 한 문장으로 압축할 수 있다고 한다. "남들 생각이 중요해."[7] 저명한 행복 연구자인 에드워드 디너Edward Diener는 경험적 연구를 통해 사회적 관계 – 친구, 가족, 공동체와의 강하고 빈번한 유대 – 는 행복과의 상관관계가 높다는 것을 입증했다.[8]

연결의 반대 행동 – 고립과 고독 – 에 관한 연구도 연결의 중요성을 더욱 증명한다. 한 세기 전, 집 밖은커녕 침실 밖으로도 나가지 않고 몇 년이나 은둔 생활을 한 것으로 유명한 에밀리 디킨슨Emily Dickinson은 고독을 "잴 수 없는 공포"라고 묘사했다. 디킨슨은 이렇게 충고했지만, 현대 과학은 만성 고독의 성격을 깊이 탐구하고 고독이 감정과 신체에 어떤 고통을 가져오는지 설명한 자료를 남겼다. 고독과 우울증이 신경학적으로 연결되어 있다는 것도 입증되었다.[9] 고독은 스트레스와 혈압 상승, 면역력 감소와 관련이 있다.[10] 고독은 특히 노년층의 인지력 퇴행을 재촉하고, 청소년기의 발달을 저해한다.[11]

소속의 욕구가 '일반적으로' 뿌리 깊게 존재한다고 해서 어디서, 얼마나, 누구와 그런 유대감을 공유해야 하는지 '특정되는 것은' 아니다.

혈연관계에서 누리는 결속감도, 소수의 친구들과 나누는 끈끈한 우정도, 시카고의 작은 동네에 사는 우리 가족이 느끼는 것과 같은 지역사회에 대한 소속감도 다 괜찮다.

지리적으로 같은 지역, 특히 같은 나라에 사는 사람들은 강한 동질감을 공유한다. 신앙, 애국심, 민족주의는 인간의 가장 강한 정체성에 속한다. 흥미 역시 우리를 뭉치게 한다. 환경운동이든 스포츠팀 응원이든(나는 스틸러 네이션의 자랑스러운 회원이다) 동호회 모임이든(보트 타기, 체스, 온라인 게임, 반려동물 동호회 등), 무언가에 열중하는 것은 인생의 가장 강력한 동기부여 장치 중 하나다. 수많은 모임이나 협회의 회원이 되는 것은 다양한 소속감과 사랑, 안전감, 정체성, 목적을 부여한다(그리고 사회적 유대가 약해지고 있다는 것은 지금 사회의 중요한 흐름이다).[12]

타인과의 연결뿐 아니라, 우리와 다르거나 위협적으로 여겨지는 타인에게 반대하는 것도 우리를 움직이는 동기가 된다. 블랙 유머를 던지는 코미디 그룹 몬티 파이선Monty Python의 영화 〈라이프 오브 브라이언Life of Brian〉에서도 가장 실소가 나오는 부분은 유대인민전선People's Front of Judea과 유대대중인민전선Judean Peoples' Front이라는 두 집단이 서로를 잡아먹을 듯 싸운다는 것이다. 두 집단은 목표가 똑같다(로마로부터의 유대인 해방). 이름의 기본 뜻도 같다. 그들은 생김새도 같다. 하지만 그들은 서로 못 잡아먹어 안달인 사이다. 둘이 앙숙 관계인 것은 터무니없지만, 그것이 바로 이 영화의 묘미다. 단순히 '다르다'는 그 사실 하나가 분열을 이끌었다. 다른 이유는 없었다. '치즈 만드는 사람에게 복이 있나니.'(이 대사는 영화에서 예수의 말을 주인공 존이 잘못 알아들으면서 나온 말이지만, 그 후 이 영화를 대표하는 대사가 되었다. – 옮긴이)

'내집단'과 '외집단'으로 갈라져 싸우는 것은 역사적으로도 굉장히 조심스럽고, 몬티 파이선이 다루는 것보다도 훨씬 심각한 주제였다. 하버드대학교의 신경과학자이며 철학자인 조슈아 그린 Joshua Greene 은 《옳고 그름 Moral Tribes》에서 적대적 정체성 oppositional identity 이 얼마나 강력한지를 설명한다.[13] 집단 간 경쟁은 개인 정체성이 생기는 강한 원인이 되기도 한다. 유발 하라리 Yuval Harari 는 《사피엔스 Sapiens》를 통해 이렇게 설명한다. "호모 사피엔스는 인간을 우리와 그들로 나눠 생각하도록 진화했다. '우리'는 당신 주변 가까이에 있는 집단이고, '그들'은 이를 제외한 나머지였다. 실제로 자신이 속한 종 전체의 관심사를 그만큼 충실히 따르는 사회적 동물은 또 없다."[14]

고등동물인 우리 인간은 우리와 그들을 끝없이 구분한다. 기독교인 - 이슬람인 - 유대인. 개신교 - 가톨릭. 수니파 - 시아파. 미국인 - 러시아인. 인도인 - 파키스탄인. 공화당 지지자 - 민주당 지지자. 노동 - 자본. 크립스파 - 블러드파(둘 다 미국의 유명 갱단이다. - 옮긴이). 레알 마드리드 팬 - 바르셀로나 팬. 스틸러스 팬 - 벵갈스 팬. 이런 대립 관계 목록은 1분만 있어도 수도 없이 생각해낼 수 있다.

1992년 경찰이 로드니 킹을 폭행한 이후로 로스앤젤레스 인종 갈등이 불거져 폭력 사태로 번진 것처럼, 우리 인간에게 화합은 불가능한 것인가? 그럴지도 모른다. 부족 중심주의는 우리 안에 깊이 설계되어 있고, '다른 편'이 존재하지 않는다면 집단의 단단한 결속은 불가능하다. 어떤 형태의 만족감을 추구하든 입장료가 필요하다. 조금의 출혈도 없이 의미의 정맥을 깊이 파고들기는 힘들다.

통제

인간은 통제를 갈망한다. 우리는 자기 운명은 자기가 직접 정하고 싶어 한다. 우리는 타인에게 이래라저래라 말을 듣는 것을 좋아하지 않는다. 자결권과 자기 정의를 향한 우리의 초자연적 본능은 절대로 사라지지 않는 인간 조건의 한 특징이다.

모든 생물 유기체의 절대적 본능은 생존이다. 우리는 번식을 가능케 하는 신체적 욕구(음식, 물, 산소에 대한)를 가지고 있다. 하지만 우리는 심리적 욕구도 타고났다. 하나는 바로 앞에 나온 연결의 욕구이고, 다른 하나는 자율의 욕구다. (당연히 두 욕구는 서로 충돌한다. 이 부분은 뒤에서 설명하겠다.) 우리는 우리 자신을 위해, 그리고 중요한 사람들을 위해 원하는 삶을 직접 선택할 수 있는 자유를 원한다.

철학자 이사야 벌린Isaiah Berlin은 자유의 본질에 대한 명강의에서 이런 심리적 욕구를 다음과 같이 묘사했다.

— "나는 내 삶과 결정이 어떤 종류건 외부의 힘이 아니라 나 자신에 의한 것이기를 원한다. 나는 타인이 아니라 나 자신의 의지를 행동하는 도구가 되기를

원한다. 나는 객체가 아니라 주체가 될 것이고, 내게 영향을 미치는 외부의 원인이 아니라, 나 자신만의 이유로 행동하게 되기를 원한다. 나는 아무것도 아닌 사람이 아니라 누군가 중요한 사람이 되고 싶다. 나는 결정을 당하는 사람이 아니라 결정을 내리는 행동자가 되고 싶다. 나는 사물이나 동물처럼, 또는 사람으로서의 역할을 할 수 없는 노예처럼 외적인 자연이나 타인에 의해 행동하는 것이 아니라 내가 직접 방향을 정해 행동하고 싶다."[15]

연구 결과도 벌린의 유려한 묘사에 힘을 실어준다. 에드워드 데시 **Edward Deci**와 연구자들에 따르면, 직접 목표를 정한 사람들은 무엇을 하고 무엇에 신경을 써야 하는지 지시를 들은 통제군보다 과제 수행에 더 몰두했고, 더 잘 학습했으며, 결과도 더 좋았고, 즐거워했다.[16] 자율권을 가진 사람들은 과제에 더 열심히 몰입하고, 그들의 진정한 노력은 외적으로 뛰어난 결과를 냈을 뿐 아니라 내적으로는 만족감을 높였다. 반대로, 강압을 받거나 의무적으로 한 사람들은 즐거움을 느끼지 못했고, 의욕도 발휘하지 못했다.

착각에 불과한 통제여도 통제는 소중한 것이다. 오래전 심리학자 엘런 랭어**Ellen Langer**는 사람들이 자신의 통제 능력을 과신하는 성향이 있다는 연구 결과를 발표했다. 랭어와 연구진은 이런 통제의 착각에 빠진 사람들이 어떻게 이해하지 못할 결정을 내리는지 보여주었다. 예를 들어, 복권 실험에서 피험자들을 둘로 나눠 한 집단은 무작위 번호가 적힌 복권을 주었고, 다른 집단은 직접 번호를 고르게 했다. 당첨 확률은 미리 정해져 있었고, 모든 복권의 당첨 가능성은 무작위든 아니든 수학적으로 똑같았다. 그러나 번호를 직접 찍은 사람들은 당첨을 더 자신했다. 그들은 자신들의 복권을 당첨 가능성이 더 높은 다른 복권과 바꾸는 것도 내키지 않았다. 우리는 상황을 통제하지 못한다는 것이 입증된 순간에도 상황을 통제할 수 있다고 믿는다.

개인이 인식하는 행복감과 해방감 사이에는 꽤 강한 관계가 있다고 볼 수 있다. 미시간대학교의 정치학 교수 로널드 잉글하트Ronald Inglehart는 40년 동안 이루어진 전 국민 통계조사를 분석한 후 이런 주장을 펼쳤다. "경제가 발전하고 민주화가 진행되고 사회적 관용이 확산하면서 사람들은 자신이 가진 자유 선택권도 늘어났다고 생각하게 되었고, 그 결과 전 세계적으로 행복도가 더 커졌다."[17]

직관적으로는 이해가 가는 주장이지만 이 연구 결과에는 한계가 몇 가지 있다. 첫째, 자유와 선택이 늘어나는 것 자체는 좋을지 몰라도 거기에는 수확체감 법칙이 존재한다. 인생의 많은 영역(투자, 소비, 교육, 건강, 여가 등)에는 티핑포인트(작은 것들이 쌓이다가 어느 순간 마지막 하나가 쌓이면서 폭발적인 영향력을 발휘하게 되는 상태 – 옮긴이)가 있기 마련이고, 그것을 넘어서는 과도한 선택의 자유는 행복을 잠식할 수 있다. 심리학자 배리 슈워츠Barry Schwartz의 '선택의 역설paradox of choice'은, 더 많은 선택을 갈망하지만 선택할 수 있는 것이 늘어날수록 더 비참해지는 상황을 의미한다.[18] 이 말은 전에 없는 번영을 누리는 서구 세계에 우울증의 파도가 급습했다는 마틴 셀리그만의 주장과도 상통한다.

둘째, 자율을 무제한 자유로 착각해서는 안 된다. 물론, 언제 어디서나 원하는 대로 행동하기를 원하고, 그렇게 행동하는 것을 천부권이라고 생각하는 사람도 있기는 하다. 그러나 세상과 절대로 타협하지 않는 아인 랜드Ayn Rand의 소설 속 주인공처럼 행세하는 것이 삶의 의미를 찾는 유일한 열쇠는 아니다. 가끔은 사소하거나 덧없는 자유를 누리는 속에서 왜 삶은 살아갈 가치가 있는지가 선명하게 부각되기도 한다.

자유를 강탈당한 상태에서 인간의 정신이 지닌 가치와 회복력이 진가를 발휘하기도 한다는 사실은 인류의 크나큰 모순 중 하나다. 신체의 자유와 기본권이 박탈된 삶은 인생의 소중함을 일깨우는 감동적인 예술작품과 일생을 만들기도 한다. 나에게 큰 의미를 주었던 책이 몇 권 있다.

- 나치 강제수용소의 생존자 빅토르 프랑클Victor Frankle의 《죽음의 수용소에서Man's Search for Meaning》에는 다음과 같은 구절이 나온다. "집단수용소에 살았던 우리는 숙소를 돌며 다른 사람들을 위로하면서 마지막 남은 빵조각까지 나눠 주고 다녔던 사람들을 기억한다. 그들의 수는 얼마 되지 않았지만, 인간에게서 모든 것을 빼앗아도 단 하나는 빼앗지 못한다는 사실을 증명하기에 충분했다. 인간의 마지막 자유인, 어떤 상황에서건 자신의 태도와 길을 스스로 선택하는 자유는 빼앗지 못한다."

- 소련 강제노동수용소의 생존자인 알렉산드르 솔제니친Alexander Solzhenit-syn의 《수용소 군도Arkhipelag GULAG》에는 다음과 같은 구절이 나온다. "내 안에서 처음으로 선함이 꿈틀대고 있음을 감지한 것은 감옥의 썩은 짚단 위에 누워 있을 때였다. 내게도 선과 악을 가르는 뚜렷한 길이 서서히 보이기 시작했다. 그 길은 국가들도 계층도 정당도 아닌, 오직 모든 인간의 심장만을 관통하고 있었다. … 그렇기에 나는 내 수감 생활을 돌아보며 나도 놀랄 만한 말을 던지게 된다. '내 인생에 머물렀던 감옥이여, 그대에게 복이 있을지니!'"

■ 북베트남(베트남민주공화국) 전쟁포로수용소의 생존자 제임스 스톡데일James Stockdale의 《포화 속의 용기Courage Under Fire》도 있다. 4년간 포로 생활을 하고 고문을 당하면서 고대 스토아학파와 에픽테토스에 심취했던 그는 이렇게 적었다. "개인마다 스스로 야기하는 자신만의 선과 악이, 자신만의 행운과 불운이, 자신만의 행복과 비참함이 있다. … 고난이란 고난은 다 이곳에 내려앉았다. 자신을 파괴하는 한심한 행동이었다."

■ 영화 <쇼생크 탈출The Shawshank Redemption>의 주인공 앤디 듀프레인은 이렇게 말했다. "선택은 하나밖에 없어요. 바쁘게 살든가, 바쁘게 죽든가죠."

자신에게 닥친 곤경을 정의하고, 태도를 통제하고, 역경에 대처하는 능력은 정신적 강인함을 기르는 놀라운 원천이 될 수 있다.[19]

우리는 자신의 인생사를 스스로 통제할 수 있기를 원한다. 의미가 존재하는 장소는 결국 우리 자신이 내세우는 스토리다. 우리의 사명을 만드는 사람은 우리 자신이고, 그 스토리를 결정하고 편집하는 기회도 우리에게 있다. 자신이 누구인지, 그리고 어디로 가야 하는지에 대해 좋은 스토리를 가진 사람은 그렇지 않은 사람보다 삶의 만족도가 높다.[20] 스토리는 우리에게 목적의식을 준다. 무엇보다도 우리를 전진하게 해주는 스토리는 강한 목적의식을 부여한다. 목표를 향해 제대로 나아가고 있다는 믿음이 생기는 순간 의미와 동기부여가 생긴다. 마지막 장에 나오는, 최신 신경과학이 말하는 '미래의 나future self'를 포용할 수 있게 된다.

계획과 적응의 사이클에서 중요한 것은 의지력(사건 이전의 통제력)과

회복력(사건 이후의 통제력)이다.[21] 마크 시리**Mark Seery**가 이끈 대규모 장기 연구에 따르면, "적당하게 고생을 한 사람들은 심하게 고생을 한 사람은 물론이고 고생한 일이 전혀 없는 사람보다 더 건강한 정신을 가지고 행복한 생활을 누리며 살고 있었다."[22]

심리학자 앤절라 더크워스**Angela Duckworth**도 미국 웨스트포인트 사관학교 신입생도들은 미국 내에서도 가장 성적이 우수하고 의욕적인 젊은이들이지만 상당수가 입학하고 며칠 만에 사관학교를 중퇴한다고 말한다. 더크워스는 열정과 인내심의 조합인 이른바 '그릿**grit**'을 가졌는지가 목표를 이루는 사람과 그러지 못하는 사람을 가른다고 주장했다. 끝까지 살아남는 데 중요한 것은 적절한 태도와 자세였다. '시련이 우리를 더 강하게 만든다'는 귀에 딱지가 앉도록 진부한 말이지만, 맞는 말이기도 하다.

삶의 방향을 직접 정하고 정의하는 능력은 의미의 깊은 원천이다.

역량

섀넌 멀캐히**Shannon Mulcahy**는 차량 및 모터 장비 전문 부품을 만드는 다국적회사인 렉스노드**Rexnord**에서 20년 장기근속했다. 〈뉴욕타임스〉는 현대 글로벌 자본주의의 흔하디흔한 비극을 보여주

는 섀넌의 이야기를 1면 특집 기사로 내보냈다.[23]

섀넌은 스물다섯 살 때부터 렉스노드 인디애나폴리스 공장에서 철강 노동자로 일했다. 고등학교 졸업장도 없던 그녀는 승진을 해서 고도의 기술이 필요하고 위험한 작업인 주문 제작 베어링의 전문가가 되었다.

2016년, 렉스노드는 인디애나 공장을 둘로 나눠 텍사스주와 멕시코로 이전한다고 발표했다. 섀넌은 실직으로 이중의 고통을 당했다. 무엇보다도 먹고살 일자리가 사라졌다. 담보대출 이자, 전기 요금, 휘발유 값, 식료품비에다 퍼듀대학교에 다니는 딸의 등록금과 만성질환을 앓는 손자의 병원비까지, 들어갈 돈이 한두 푼이 아니었다.

두 번째 고통은 정체성과 자부심을 잃었다는 것이다. 철강 노동자라는 일은 이혼과 학대, 그리고 가끔 차상위층으로 떨어졌을 때마다 힘든 삶을 버티게 해준 닻이었다. 섀넌에게 일은 '자긍심'의 원천이었다. 일은 그녀의 '해방자'였다. 심지어 공장 조업이 중단된 뒤에도 후임을 훈련시키는, 생각만 해도 의욕이 떨어지는 일까지도 해주었다. 그러면서 그녀는 이렇게 말했다. "일은 내게 여전히 소중하다. 왜인지는 모르겠다. 일은 내 정체성이다. 내 일부다."

무언가가 확실해지는 순간이다. 우리는 돈을 벌려고 일을 한다. 먹고살 돈을 대려고 일을 한다. 실직으로 섀넌의 소득이 사라진 것은 생활에 치명적이었다. 뒤에서도 보겠지만 안정적인 일자리로 버는 소득은 어느 수준을 넘어서면 우리를 '더 좋고', '더 행복한' 삶으로 이끌어준다.

그러나 일은 월급봉투 이상의 의미를 지닌다. 우리의 '본업'은 의미의 깊은 원천이다. 일은 우리를 정의한다. (누군가를 처음 만나는 자리에서 가장 먼저 받는 질문은 무엇인가?) 내가 중요하게 생각하는 무언가를 잘한다는 것은 충족감을 얻는 가장 깊은 원천이다. 무언가를 잘하기 위해 실력을 기르고, 실제로 잘 해내고, 그것이 나와 주변에 좋은 영향을 주는 것에 우리는 기분이 우쭐해진다.

자기가 하는 일이 무시당하고, 존중받지 못하고, 악운이나 악의로 변색된다면, 우리 영혼에는 구멍이 뻥 뚫린다. 일을 통해 자신을 표현하고 공헌하려는 욕구는 삶의 의미를 주는 원천이며, 타협의 소지가 전혀 없다.

산업 공동화, 즉 제조업 쇠락이 한창 미국을 휩쓸던 1970년대 초에 칼럼니스트이며 비평가인 스터즈 터클Studs Terkel은 미국인 근로자들과 그들의 일에 대해 면담한 내용을 정리해《일Working》을 발표했다.[24] 거의 반세기 전에 그가 받은 느낌은 오늘날 섀넌 멀캐히를 비롯한 근로자들이 전하는 감정과 아주 흡사하다. 터클은 이렇게 적었다. "일이라는 것은 일상의 양식만이 아니라 일상의 의미를, 현금만이 아니라 인정을, 무기력이 아닌 생생한 자극을, 그리고 월요일부터 금요일까지 죽어 지내는 것이 아니라 살아 있는 삶을 얻기 위한 탐색 과정이다."

그렇다면 많은 사람이 일에서 불행을 느끼는 이유는 무엇인가? 그것은 몰입하게 해주고 자극을 주고 정신을 고무하는 일을 찾지 못해서다. 20년 전에 나온 코미디 영화 〈오피스 스페이스Office Space〉는 현대 기업의 모습을 신랄하게 풍자한다. 어디서나 볼 수 있는 테크놀로지 회사 직원들의 업무에서 중요한 것은 'TPS 보고서'를 작성하고 서류를 다른 부서로 전달하는 것이다. 이 영화는 보다 보면 절로 웃음이 나온다. 현실에서 직장인들이 하는 일을 일부나마 생생하게 전달하기 때문이다. 실제로도 일에 몰입하는 근로자는 극소수에 불과하다는 연구 결과도 있다. 맥킨지 보고서에 따르면, 어떤 나라든 일에 몰입하는 근로자의 비율은 2~3%에 불과하다.[25]

그런데도 근로자들이 시곗바늘 돌듯 일하는 이유는 무엇인가? 우리는 공과금을 내야 한다. 먹고살 돈을 벌어야 한다. 이런 맥락에서 우리는 연봉이 오르거나 원하는 자리에 승진하면 더 열심히 일하고, 더 잘하고, 더 적극적으로 협조하고, 어려움도 줄어들 것이라고 기대한다. 그리고 좌천이나 연봉 삭감 위험이 있다 싶으면 반생산적인 행동을 멈추고 지금보다 더 열심히 움직일 것이라고 기대한다.

하지만 실제 상황은 이런 직관과는 다르게 흐른다. 한 유명한 연구에서, 과제를 수행하는 대가로 금전적 보상을 받은 피험자 집단은 금전적 보상 없이 똑같은 과제를 수행한 피험자 집단에 비해 나중에 갈수록 오히려 내재적 동기부여가 떨어졌다. 조직 관리 전문가 대니얼 핑크**Daniel Pink**는 《드라이브**Drive**》에서도 같은 지적을 한다. "우리가 보상과 처벌에 예측 가능한 반응을 보인다는 것은 삶에 대한 가장 큰 오해 중 하나다." 외부의 보상과 처벌에 집중하면 내재적 동기가 소멸하고, 성과가 줄어들며, 창의성이 짓눌리고, 좋은 행동이 없어지며, 부정행위를 조장하고, 중독을 불러일으키며, 단기 사고에 급급하게 된다.[26]

연구로도 입증되었다시피, 당근과 채찍은 영향력이 제한적이며 오히려 내재적 동기에 긍정적 피드백을 줄 때 아주 강력한 효과가 나타난다. "처벌과 마감, 인사고과, 감시의 위협은 내재적 동기를 저해하지만, 직원들에게 선택권을 주고 그들의 감정과 관점을 인정하는 것은 내재적 동기를 향상했다."[27] 실력을 기르고 즐겁게 일을 하고 싶어 하는 내재적 동기가 있을 때, 개인은 물론이고 조직 전체가 하늘로 높이 올라가게 된다.

투지도 필요 없고, 진정한 노력도 필요 없는 일에서는 의미를 얻지 못한다. 동기부여 전문가 캐롤 드웩**Carol Dweck**은 이렇게 말한다. "삶에 의미를 주는 것 가운데 하나는 노력이다. 노력이란 당신한테 중요하고 기꺼이 할 마음이 드는 무언가에 정성을 쏟는 것이다. 무언가를 가치 있게 생각하려는 마음도 없고, 그것을 위해 전념할 의지도 없다면 당신 이라는 존재가 궁금해진다."[28] 드웩은 노력은 그 자체로도 존중되어야 한다고 역설한다. 그리고 이 노력에는 통제를 설명할 때 나왔던 그릿과 의지력, 회복력도 중요하다.

역량은 행복과 의미가 언제 갈림길로 갈라질 수 있는지를 보여주는 예다. 우리는 대부분 일에서 의미 있는 성취를 거두기까지 열심히 노력하고 희생해야 했다. 그 성취는 '재미'와는 거리가 있다. 적어도 흔히들 말하는 재미하고는 다른 것이었다. 사실 나 역시 일에서 가장 큰 의미를 얻었던 경험들을 떠올리면, 좋은 결과를 얻기 위해 진땀을 흘리며 노력하지 않았던 적이 없었다. 대학원 졸업논문을 쓰고, 좋은 투자를 찾아 정처 없이 헤매고, CFA 자격시험을 통과하고, 첫 책을 쓰는 일까지 모두 다 그랬다. 이 고약할 정도로 즐거운(아니, 너무 즐거워서 고약한 일이었나?) 경험을 통해 나는 멋진 추억을 쌓았고, 훌륭한 교훈을 얻었다.

중요한 것은 일만이 아니다. 노력도 중요하다.

 잘하고 싶은 일을 잘하는 것은 의미의 깊은 원천이다.

맥락

1968년 4월 3일, 마틴 루서 킹 2세**Martin Luther King Jr.**는 테네시주 멤피스에 모인 대규모 군중 앞에서 역사에 남을 감동적인 연설을 했다. "우리 세상에 무슨 일인가 벌어지고 있습니다. 사람들이 일어서고 있습니다." 그가 말한 것은 전진과 연대와 투쟁이었다. 그가 결연하게 외친 것은 보복이 아니라 잘못된 것의 정정이었다. 그는 상상력과 두려움에 대해 말하고 이렇게 연설을 마무리했다.

> "무슨 일이 일어날지 나는 모릅니다. 험난한 날들이 펼쳐질 것입니다. 지금 나한테 그것은 중요하지 않습니다. 나는 정상에도 올라봤으니까요. 상관하지도 않습니다. 나도 남들처럼 오래 살고 싶습니다. 장수할 수도 있겠죠. 그러나 나는 지금 그것에 연연하지 않습니다. 나는 그저 신의 뜻대로 행동하기를 원합니다. 그리고 신께서는 내가 산 정상에 오르는 것을 허락하셨습니다. 나는 아래를 보았습니다. 약속된 땅을 보았습니다. 나는 여러분과 그 땅에 가지 못할지도 모릅니다. 그러나 나는, 우리가 인간으로서 그 약속된 땅에 가게 될 것임을 오늘 밤 여러분이 알기를 원합니다!"

다음 날 루서 킹 2세는 암살당했다. 그의 나이 불과 마흔세 살이었다. 루서 킹 2세와 함께 전국을 돌며 인권 운동을 한 앤드루 영**Andrew Young** 목사는 훗날 이렇게 말했다. "어떤 연설이건 그 연설이 마지막이 될지도 모른다는 것을 그는 언제나 잊지 않았다."[29] 영 목사도, 루서 킹 2세도 피할 수 없다는 것을 알고 있었다. 루서 킹 2세가 자기 앞에 닥친 위험을 뼈저리게 인식하고 있다는 것은 그의 말과 행동에서 그대로 드러났다. 그는 자신이 어쩌지 못하는 거대하고 위험한 무언가가 있다는 사실을 분명하게 인정하면서 눈을 크게 뜨고 앞으로 나아갔다.

희생도, 순교도 아득히 오래전부터 인류의 한 부분이었다. 우리는 숭고한 목적을 위해서라면 모든 것을 기꺼이 내준다. 우리는 우리의 삶이 더 큰 맥락을 이루는 한 부분이기를 원한다. 그리고 실제로도 그래야 한다. 마틴 셀리그만은 인간은 "삶의 의미와 목적"을 원한다고 말한다. 그 목적을 이루기 위해서는 "자신보다 더 크다고 생각되는 무언가에 소속되고 일익을 담당해야 한다."[30] 실패가 아니라 번영으로 향하는 갈림길을 만드는 것은 목적이다.

루서 킹 2세의 목적은 그의 영성 운동과 인권 운동을 위한 결단에서 잘 드러난다. 더 큰 무언가를 갈구하는 마음은 여러 형태로 등장하지만, 그중에서도 가장 강력한 모습은 종교와 영성이었다. 인간은 인생이라는 거대한 불가사의에 대한 답은 천국에 있다고 생각했다. 그것이 진짜 천국이든 아니면 상상 속의 천국이든 말이다. 유대교 신학자 에이브러햄 J. 헤셸**Abraham J. Heschel**은 "종교는 우리에게 무언가가 요구된다는 의식에서 시작한다"[31]라는 명언을 남겼다. 우리의 삶은 경이를 찾아 헤매는 과정이다. 그리고 신앙은 수천 년 동안 그 과정을 올바르게 인도해준 북극성이었다.

그러나 하늘에는 다른 별들도 있다. 많은 사람이 국가나 부족을 위해 목숨을 바치고 팔다리를 잃었다. 구전되거나 문헌으로 남은 전쟁의 승리와 희생에 대한 이야기는 셀 수 없이 많다. 현실에서도, 이야기 속에서도 좋은 사람은 타인을 위해 싸운다. 악당은 자신의 욕심을 위해 싸운다. 영웅이 되는 데는 합당한 맥락이 있어야 한다.

교차점

목적을 표현하는 수단으로서의 신앙과 애국심은 전체를 감싸는 맥락의 본질을 이해하기 위한 실마리다. 맥락이란 어떤 점에서는 에우다이모니아를 담는 '보따리'다. 아래의 그림은 4C가 어떻게 서로 겹치고 상호작용하는지를 상상하면서 만들어낸 결과물이다.

세 원은 서로 교차하지만 맥락의 원은 세 원을 감싼다. 맥락은 다른 세 원과 겹치는 네 번째 원이라고 생각할 수 있지만, 심리학적인 측면에서 들여다보면 자신보다 더 큰 무언가에 대한 갈구와 애착이 나머지를 한꺼번에 감싼다고 생각할 수 있다.

우리는 무엇이 가장 중요한지를 어떻게 정의하는가? 우리는 인생의 부침을 항해할 때마다 혼자 힘으로 넘기도 하고 남들과 협력하기도

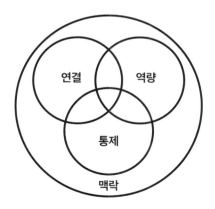

한다. 우리는 저항이 가장 적은 길로 나아간다. 일은 힘들지만 그래도 가족이 있다. 배우자와 갈라섰지만 친구는 있다. 거의 이런 식이다. 폭풍이 몰려와도 피할 항구가 있다.

교차점에는 시너지가 존재한다. 첫 번째 예로 종교를 보자면, 종교적 믿음에 종교적 결속이 더해질 때의 연결과 맥락은 언제라도 강력히 상호작용한다. 조너선 하이트는 다음과 같이 현명하게 말했다. "독실한 믿음의 기원이 무엇이건 거의 모든 종교는 서로 협력해 자신을 억누르고, 자신 이상의 무언가로 사람들을 연결하기 위해 복잡한 관행과 이야기, 규범을 문화적으로 진화시켜 왔다."[32] 두 번째 예로, 민족과 부족이 공통의 신화에 뿌리를 내리고 있는 것처럼 민족주의에도 맥락과 연결이 비슷하게 조합되어 있다. 그러나 민족 독립이나 자결권을 위한 투쟁에서는 자연스레 통제라는 주제가 대두된다. 세 번째 예로, 운동 경기는 역량과 연결을 융합한 것이다. 전직 프로 운동선수들이 인터뷰에서 하는 말은 거의 언제나 비슷하다. 그들이 현역 시절을 떠올리면서 가장 그리워하는 것은 운동 그 자체가 아니라 동료들과의 우정이었다.

앞의 그림은 4C의 시너지만이 아니라 그 사이에 존재하는 깊은 알력도 보여준다. 가장 눈에 띄는 것은 자신과 집단의 갈등, 즉 통제와 연결의 갈등이다. 당신만의 길을 그리고 싶은가, 아니면 집단을 따르고 싶은가? 이것은 생각하기에 따라 가벼운 주제가 될 수도 있고, 무거운 주제가 될 수도 있다. 십 대의 고뇌를 다룬 영화들은 거의 언제나 사회의 압력과 '너 자신이 되는 것' 사이의 알력을 다룬다. 우리는 모두 어떤 식으로든 〈조찬 클럽 The Breakfast Club〉(하루 동안 도서관에 갇혀 반성문을 쓰는 벌을 받은 십 대 다섯 명이 서로의 문제를 털어놓는 과정에서 우정을 쌓게 되는 영화 - 옮긴이)의 등장인물이었다. 이 둘의 충돌은 삶에 스트레스와 슬픔을 주는 가장 심각한 원인이 될 수도 있다.

이 갈등은 해결하고 싶다고 해결되는 것이 아니다. 이것은 우리의 유전자 코드에 각인되어 있다.《이기적 유전자Selfish Gene》의 저자 리처드 도킨스Richard Dawkins를 비롯해 일각에서는 '개개의' 유기체야말로 자연선택과 진화의 일차적 단위라고 말한다. 또 누구는 '집단'이 자연의 일차적 단위라며 설득력 있는 증거를 제시한다.[33] 나는 진화생물학자가 아니고, 따라서 어느 쪽 주장이 맞는지 말하는 것은 내 능력 밖의 일이다. 하지만 나는 개인인지 집단인지를 떠나 더 간단한 길을 주장하고 싶다. 더 깊은 만족감을 경험하기 위해서는 우리는 자기 주도를 하되 자기 이익만 챙기지 않는 사명을 내걸어야 한다. 이것은 양날의 칼처럼 위험하다. 에고를 포용하는 동시에 거부해야 하기 때문이다. 브레네 브라운Brené Brown의 글은 그 방향을 제시한다. "진정한 소속은 자신을 완전히 믿고 자신에게 온전히 소속되는 것을 요구한다. 그래야 우리는 무언가의 일부가 되고, 필요할 때는 홀로서기도 하는 것의 신성함을 깨달을 수 있다."[34]

당신은 어느 원에서 활력을 얻는가? 특정한 하나의 원인가, 아니면 여러 개의 원이 교차하는 부분인가? 그 활력의 원천은 살아오면서 얼마나 변했는가? 활력을 얻었던 경험은 신중하게 계획한 행동의 결과였는가, 아니면 우연에 의한 결과였는가? 정답도 오답도 없는 질문들이다. 91쪽의 그림은 당신에게 무엇이 중요한지를 가늠하고 그것이 시간이 지나면서 어떻게 달라졌는지를 되새기게 하는 계기에 불과하다.

자신보다 큰 무언가를 갈구하고 애착하는 마음은
의미의 깊은 원천이 된다.

의미 있는 삶과 돈

이것이 전부다. 이것이 의미 있는 삶을 이루는 내용물이다. 소속감, 자신의 운명을 통제할 수 있다는 믿음, 잘하고 싶은 일을 잘하는 능력, 그리고 자신이 아닌 무언가와 연결되어 있다는 느낌. 이것이 의미 있는 삶을 지탱해주는 뿌리다. 평생을 연구해도 어느 하나에 대해서도 속 시원한 결론을 내릴 수는 없지만, 의미와 돈을 연결하는 우리의 여정을 조금이라도 전진하게 하는 데 도움이 되었기를 바란다.

95쪽의 표는 앞의 내용을 짧게 요약한 것이다. 통제와 역량은 개인으로서의 우리와 더 밀접하게 관련 있기 때문에 내적 삶에 집어넣었다. 연결과 맥락을 추구하는 것은 개인이 아니라 사회라는 외적 삶과 관련이 있다. 내적 삶과 외적 삶 사이에는 당연히 갈등이 있다. 또한 우리는 달라이 라마와 투투 대주교의 말처럼 일상의 행복이 모여 큰 기쁨을 얻는 길은 고난과 고통으로 범벅되어 있다는 사실을 한시도 잊어서는 안 된다.

95쪽의 원은 자신만의 스토리를 쓰고 편집하는 과정을 보여준다. 이것은 적용하고 정의하는 작업의 연속이다. 이 과정은 생각만으로 이루어지는 편안한 길이 아니다. 언제라도 절망과 슬픔이라는 돌부리에

위치	삶의 원천	설명	마찰
내적 삶	통제	자율권을 가지고 삶의 방향을 잡고 정의하는 것	경쟁, 그릿
	역량	잘하고 싶은 직업이나 일에서 뛰어난 능력을 갖게 되는 것	노력, 희생
외적 삶	연결	사회관계와 공동체에 대한 소속감	집단과의 갈등
	맥락	자신보다 더 큰 것에 도움이 되려는 목적의식	우선순위의 갈등

걸려 넘어질 수 있는 험난한 길이다. 행복은 표현이기도 하지만 동시에 과정이기도 하고, 기술이기도 하다.

　이 방정식에 돈이라는 새로운 항이 들어온다. 부를 먹고살기에 충분하다는 만족감으로 정의한다면, 앞의 두 장은 공식의 절반만 설명했을 뿐이다. 당신은 의미 있는 삶을 추구할 만큼 금전적 능력이 있는가? 엉성한 공식이지만 이 복잡하고 돈도 많이 드는 세상에서 우리는 이 공식을 피할 수가 없다. 목적과 번영이 언제나 쌍으로 오는 것은 아니다.

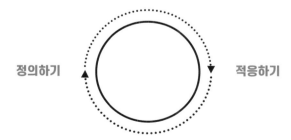

정의하기　　　　　　　　적응하기

연결이나 역량 또는 통제를 '감당할 금전적 능력이' 있다는 것은 무엇을 의미하는가? 우리는 '목적'을 위해 무턱대고 돈을 쓰지는 않는다.

아니, 그럴 수도 있지 않을까?

CHAPTER 5

돈으로 행복을
살 수 있는가

"돈이 무슨 대수인가, 돈이 사랑을 사주지도 못하는 것을."

– 폴 매카트니 Paul McCartney

"돈으로 행복을 살 수 없다고 말하는 사람은 어디서 쇼핑을 해야 하는지
도 모르는 사람이다."

– 거트루드 스타인 Gertrude Stein

더 부유해질수록 더 행복해질까?

돈으로 행복을 살 수 있을까? 이 질문의 답은 뚜렷하게 셋으로 나뉜다.

- 물론이다. 무엇보다도 돈은 치명적 의욕 상실을 불러오는 가난을
  덜어준다. 돈은 고통을 덜어준다. 돈은 짧게는 즐거움을 사준다. 그

리고 길게는 기쁨을 얻는 바탕이 되어준다.

- 전혀 아니다. 그 순간의 처지와 상관없이 행복할 수 있다. 가난한 사람이 만족하며 살기도 하고, 부자가 비참한 슬픔에 빠져 살기도 한다. 일상의 희비는 대개 돈과는 무관하다. 돈이 기쁨을 사고 고통을 줄이는 힘은 크지 않다.
- 상황에 따라 다르다. 행복학은 아직은 신생 학문이며, 확실하게 내려진 결론도 없다. 그러므로 행복을 연구하는 사람은 회색 지대와 미지의 영역이 있다는 사실을 받아들여야 한다.

돈으로 행복을 살 수 있느냐는 질문에 '대답하기 복잡하다'라는 대답은 일종의 회피처럼 보일 수 있다. 그러나 그것이 현재 연구자들이 말하는 솔직한 평가다. 게다가 확답이 없다고 해서 단순 적응 시스템 엔진이 돌아가는 데 지장이 있는 것도 아니다.

이 질문을 우선은 더 넓은 역사적 맥락에서 이해해보자. 과거 몇 세기를 따지지 않아도 지난 수십 년간 우리가 이루어낸 물질적 안녕은 눈이 부실 정도다.[1] 역사의 대부분에 인간은 힘들고 불결한 환경에서 살아야 했고, 단명했다. 산업혁명에 불이 붙은 18세기 중반만 해도 유럽인들의 평균수명은 삼십 대 중반이 고작이었고, 그나마도 높은 유아 사망률까지 따지면 그래프는 한쪽으로 확 기울었다.[2] 독립혁명 전 미국인들의 평균수명 역시 비슷했다.

생활 수준이 훨씬 좋아졌다.[3] 돈도 많아졌고, 건강도 좋아졌고, 수명도 늘었다. 벌이가 많지 않은 사람들조차 상당수는 절대 빈곤에서 벗어났다. 세계의 빈곤은 지난 두 세기 동안 급감했다. 그러나 다 좋은 것은 아니었다. 노벨 경제학상 수상자 앵거스 디턴**Angus Deaton**이 설득력 있게 보여준 것처럼, 일부의 생활 여건 상승은 더 큰 불평등으로 이어지면서 또 다른 건강과 정치·사회적 문제를 일으키고 있다. 일부는 번영된 삶을 누렸지만, 전부가 그런 것은 아니었다. 그럴지라도 이 책의 독자들이 전에 없는 안락한 시대에 살고 있는 것도 사실이다.

삶의 질이 더 나아졌다지만, 우리는 더 행복해졌는가? 어떤 사회든 사회 전체로 보면, 돈이 많은 개개인들이 더 충족감을 누리며 살고 있지 않은가? 철학자들은 이 문제에 대해서 만큼은 과학에 답을 양보해야 한다. 아리스토텔레스를 비롯한 철학자들은 나름 논리적인 주장을 펼쳤지만 결정적 증거가 없다는 것이 문제다. 이 주제를 다룬 연구가 수천 개나 되지만, 총체적으로는 여전히 "너무 방대하고 뚜렷한 결론도 없다."[4] 범세계적 연구에서도 범국가적 연구에서도, 어떤 것은 부와 행복이 관계가 있다고 말하고 어떤 것은 관계가 없다고 말한다.[5]

왜 그런가?

빠른 뇌와 느린 뇌, 행복과 슬픔 ▬

행복학 연구에서 어벤저스 팀이 탄생했다. 대니얼 카너먼과 앵거스 디턴은 행복 연구를 위한 공동 팀을 만들었다.[6] 그들의 답은 아리스토텔레스나 달라이 라마처럼 의미론에 발을 걸치고 있다. 미국인 45만여 명의 설문 데이터를 분석한 후 두 사람은 소득이 높으면 행복을 살 수는 있지만, 경험된 행복과 자성적 행복이 돈과 가지는 상관관계는 서로 다

르다는 결론을 내렸다.[7]

이 기념비적 연구에서 그들은 "개인이 자신의 인생 전반을 되돌아보면서 내리는 평가와 그날그날 경험하는 감정을 구분하는 것이 중요하다"라고 못 박는다. 다시 말해, 쾌락(경험된 행복)과 에우다이모니아(자성적 행복)의 고전적 구분이 여전히 중요하다. 또한 이 연구는 시스템 1과 관련된 만족감과 시스템 2와 관련된 만족감은 서로 다른 것이라는 사실도 보여준다.

카너먼과 디턴은 양면적인 주장을 전개한다. 첫째, 연소득이 7만 5000달러를 넘거나 중산층으로 살아갈 수 있는 수준을 넘어서면, 돈이 우리의 일상적 희비에 미치는 영향력은 줄어든다. 설문에 응한 사람들은 "자신의 삶을 즐겁게 하거나 불쾌하게 하는 기쁨, 매혹, 초조함, 슬픔, 분노, 애정"을 비롯해 전날 느낀 감정 – "응답자가 매일 경험하는 감정의 성격" – 의 빈도와 강도에 대해 대답했다. 소득은 일정 수준까지는 행복에 긍정적 영향을 미쳤다.

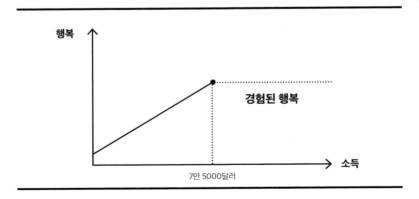

이렇게 우상향이 되는 이유를 짐작하기는 어렵지 않다. 저소득을 넘어 빈곤층인 상태에서는 기본적인 욕구도 충족하기 힘들다. 식품이나 집, 의료, 그 밖의 필요한 것들을 충족하지 못하는 한 일상에서 행복을 느낄 수 있을 리가 없다.

하지만 일정 수준의 소득을 넘어서면, 고소득이 일상의 희비에 미치는 긍정적 영향은 늘어나지 않는다. 연소득이 10만 달러인 사람이나 100만 달러인 사람이나 좋은 기분과 나쁜 기분이 오가는 속도는 똑같다. 처분 소득에 적응을 하게 되는 것이다. 중산층의 소득은 사는 데 필요한 기본적 욕구를 충족시키고 위안을 주지만, 그 이상의 소득을 번다고 해도 경험된 행복이 추가로 늘어나지는 않는다.

카너먼과 디턴의 두 번째 결론은 첫 번째 결론보다도 더 의문이 든다. 두 사람은 자성적 행복은 소득이 특정 수준을 넘어선 후에도 감소하지 않는다고 말한다. 다음 그래프를 보자.

이 결과는 캔트릴 자기평가 척도**Cantril's Self-Anchoring Scale**에 따라 응

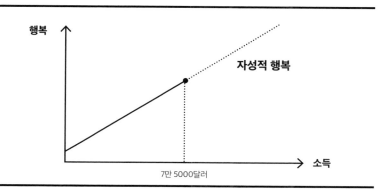

답자가 자기 삶을 직접 평가한 점수를 기반으로 한다.[8] 긍정심리학에서 캔트릴 자기평가 척도는 삶의 전체적 행복인 에우다이모니아를 평가하는 척도로 널리 사용된다.

▬ "가장 아래가 0점, 제일 위가 10점인 사다리가 있다. 사다리의 꼭대기는 본인이 누릴 수 있는 가장 좋은 삶을 의미하고, 가장 아래는 최악의 생활을 의미한다. 지금 이 순간 당신은 본인이 사다리의 몇 번째 단에 있다고 생각하는가?"

카너먼과 디턴은 일정 소득을 넘어선 후부터는 자성적 행복이 줄어든다는 것을 입증할 합당한 증거를 발견하지 못했다. 소득이 높아지면 캔트릴 사다리를 더 높이 오르는 데 도움이 되었다. 그것은 이미 충분히 잘 사는 사람들도 마찬가지였다. 다른 대규모 연구들도 소득과 자성적 행복 사이에 강한 상관관계가 있음을 입증했다. 한 연구에서는 이런 결론을 내린다. "어느 수준에 도달하면 소득이 행복에 더는 영향을 미치지 못한다는 생각에 직관적으로는 수긍이 가지만, 데이터를 보면 그렇지 않다."[9] 즉 돈으로 행복을 살 수 있다.

이것은 절대평가가 아니라 응답자 개인이 지금까지의 삶의 질을 상대적으로 평가한 수치라는 것을 명심해야 한다. 같은 1000달러 연봉 인상이어도 기업 CEO보다는 신입 직원에게 미치는 영향이 훨씬 크다. 따라서 에우다이모니아와 소득이 양의 상관관계라고 보는 것은 맞아도, 연봉 100만 달러인 사람이 연봉 10만 달러인 사람보다 '10배 더 행복하다'고는 말할 수 없다. 소득이 높아질수록 고소득의 영향력은 줄어들고, 다른 요소들의 역할이 커진다.

나는 카너먼과 디턴이 발견한 2가지 결과를 합쳐 아래의 그래프를 만들었다. 이 그래프에는 우리가 돈과 행복을 생각할 때 찜찜하게 느끼는 '그럴 것 같은 본능'과 '그렇지 않을 것 같은 본능'이 포착되어 있다.

누구는 이 그래프를 보고 한 종류의 행복이 다른 종류의 행복보다 우선한다는 섣부른 결론을 내릴 수도 있다. 아리스토텔레스는 에우다이모니아를 위해 출사표를 던졌고, 쾌락주의 학파는 그 반대편에서 출사표를 던졌다. 2000년을 빨리감기 해본 결과, 카너먼은 경험된 행복의 손을 들어주면서 일반적으로 우리의 마음을 만드는 것은 일상의 정서라고 주장한다. 나로서는 어느 한쪽이 옳다고 단정할 수 없다. 서로 한 묶음으로 얽혀 분리할 수 없는 시스템 1과 시스템 2 사고 중 어느 쪽이 더 중요하다고 말할 수 없는 것과 같다. 실제로도 마틴 셀리그만은 진정한 '번영'을 위해서는 경험된 행복과 자성적 행복을 모두 이뤄야 한다고 말한다.

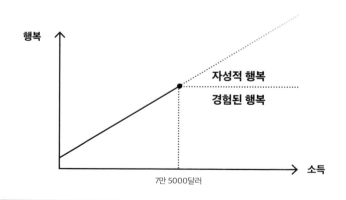

돈은 경험된 행복과 자성적 행복에
서로 다른 영향을 미친다.

분수령 이해하기

부를 향한 여행의 엔진인 단순 적응 시스템이 만들어지려면 위의 연구
결과가 왜 나왔는지부터 이해해야 한다. 소득이 일정한 수준을 넘어서
면 돈은 일상의 희비에 큰 영향을 주지 못하지만, 에우다이모니아를 향
한 여정에서는 돈이 많을수록 득이 되는 이유가 무엇일까?

위의 연구 결과를 이해하도록 도와주는 3가지 역학이 있다.

1. 우리는 일상의 안락함에는 쉽게 익숙해진다.
2. 돈은 행복을 늘리는 것보다는 슬픔을 줄이는 효과가 더 크다.
3. 현명하게 배분된다면, 돈은 자성적 행복을 구성하는 4C의 토대가
   된다.

이 3가지 역학을 더 자세히 이해해보자.

쾌락의 쳇바퀴

"행복이란 더 큰 행복을 원하기 직전의 순간이다."

2007년에 방영을 시작해 1960년대의 시대상을 가감 없이 보여준 드라마 〈매드 맨Mad Men〉의 주인공 돈 드레이퍼는 언제나 더 큰 것을 원하는 자신을 이 한마디로 표현했다. 글로코트와 재규어의 광고 캠페인에는 인간의 동기와 욕망에 대한 그의 날카로운 본능이 그대로 배어 있었다. 우리는 무언가를 원하고, 그다음에는 더 큰 무언가를 원한다.

드레이퍼는 행복 연구자들이 공통으로 발견하게 될 결과 하나를 예견했다. '쾌락 적응'은 우리가 대부분의 것에 얼마나 빠르게 익숙해지는지를 단적으로 보여준다. 결국 경험된 행복의 수명은 아주 짧다.

쾌락 적응은 미래의 행복을 위해 더 나은 선택을 내리는 능력을 침해한다. 특히 우리의 일상을 형성하는 경험된 행복을 크게 방해한다. 쾌락 적응은 거시적으로도 움직이고, 미시적으로도 움직인다. 거시적 차원에서의 쾌락 적응을 말하면, 최근 몇 세기 동안 물질적 번영은 급증했지만, 생활 수준이 올라가면서 덩달아 기대치도 높아지고, 그에 따라 잠재적 실망감을 느낄 소지도 커졌다.[10] 가장 기본적인 차원의 건강과 안녕에 실망감이 늘어났다. 예를 들어 비교적 근래까지 몇 세기 동안 높은 유아사망률은 정상적인 현상이었다. 의학과 생활방식의 발달로 유아사망률이 급감했지만, 그러면서 현재 세대는 과거 세대와는 다른 기대치를 갖게 되었다.

기술혁신은 전기, 자동차, 실내 상하수도, 비행기 여행, 냉난방, 냉장고, 세탁기, 휴대전화 등 기술적 편의를 무더기로 가져다주었다. 더 부유해진 인류는 세계를 놀라게 하는 발명품이 사치재가 되었다가 당연한 필수품이 되는, 이른바 '사치품의 덫'에 제 발로 걸어 들어간다. 나는 냉장고나 비행기가 없는 생활은 생각할 수도 없지만, 내 증조부모 시절에는 그런 것들은 없어도 괜찮은 것들이었다. 놀라운 발명품은 시간이 지날수록 흔한 물건이 된다.

미시적 차원에서 우리의 일상을 규정하는 것은 24시간 내내 돌아가는 쾌락의 쳇바퀴다. 그 쳇바퀴에 올라탄 우리가 좋은 일이나 나쁜 일을 겪으면서 느끼는 만족감은 금세 사라진다. 심리학자들은 복권 당첨자들과 하반신 마비자들이 그들의 행복을 어떻게 느끼는지 이정표가 될 만한 연구를 수행했다. 연구 결과, 두 집단 모두 자신들의 처지에 금세 적응했고 그들의 행복이나 슬픔은 전과 똑같은 수준으로 되돌아갔다.[11]

우리는 어떤 곳에 방금 도착하더라도 금세 또 나아가려는 습성이 있다. 거액의 복권에 당첨되거나 유산을 물려받은 사람들은 한동안은 '꿈에 그리던 것들을 사들이다가' 원래의 일상으로 돌아갔다. 더 큰 집이나 멋진 차에서 얻는 기쁨은 생각보다 크지도 않았고, 오래가지도 않았다. 한편으로, 벼락부자가 되는 것은 더 의미 있는 삶을 추구하는 데 방해가 되기도 한다. 떡고물이라도 챙기려는 '새 친구들' 때문에 교우 관계가 변질된다. 더는 일을 할 필요가 없기 때문에 일에 몰두하며 얻는 기쁨도 줄어든다. 자신의 삶에 대한 통제권은 커지지만, 더 큰 것에서 얻는 목적의식은 희미해진다.

일상에 금세 익숙해지는 것은 비극적 상황에서는 오히려 도움이 된다. 질병이나 고난이 닥치면 인생이 무너질 수 있다. 하지만 어느 정도 시간이 지나고 나면 '새로운 정상new normal'을 받아들이게 되고, 그다음부터는 일상에서 느끼는 희비가 새롭게 리셋된다. 저명한 천체물리학자 고故 스티븐 호킹Stephen Hawking은 이십 대에 신경질환으로 말미암아 전신이 마비되었다. 하지만 과학자로서 대성한 그는 말년에 이렇게 말했다. "내 기대치는 스물한 살부터는 0으로 줄었다. 그 이후에 얻은 것은 모두 보너스였다."[12] 빅토르 프랑클, 알렉산드르 솔제니친, 제임스 스톡데일도 가혹한 상황을 이겨내고 성공했다.

쾌락의 쳇바퀴는 우리가 일상에서 좇는 경험된 행복의 수준을 한정할지언정, 목표를 향해 전진하면서 만들어지는 충족감까지 없애지는 못한다. 우리는 희망과 꿈에 가까워지거나 멀어질 때마다 즐거움을 느끼거나 상실감을 느낀다. 지금 있는 곳에서 한 발짝 전진한 것 같을 때는 기쁨이 생겨난다. 앞줄에 서 있다가 퇴보하는 사람은 뒷줄에서 전진하는 사람보다는 행복하지 않을 것이다. 전진이 주는 만족감은 단순히 기분이 좋다, 나쁘다의 문제가 아니라 우리 뇌에 프로그래밍된 감정이다. 조너선 하이트는 이렇게 말한다. "적응은 부분적으로는 신경세포의 한 특징이다. 신경세포는 새 자극에 처음에는 강렬히 반응한다. 그러나 점차 '습관화되고' 이내 익숙해져서는 그 자극에는 반응이 무뎌진다. 활력을 일으키는 새 정보를 담은 것은 지금의 안정적 상태가 아닌 '변화'다."[13]

실제로도 우리가 목적에서 우선순위로, 그리고 전술로 여정을 나아

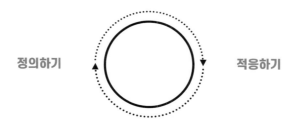

정의하기　　　　적응하기

가는 동안 여행의 첫 단계인 원을 정의하는 것은 신경이 전달하는 정보다. 하이트의 말을 빌리면, "우리는 인지적 극단에 적응한다. 우리는 습관화되는 데 그치지 않고 재조정한다." 목표 하나를 달성하고 나면 우리는 다음 목표로 나아간다. 장애물을 만나면 우리는 재정비를 한 뒤 다시 시도하거나 다음 목표를 다시 정한다.

쳇바퀴 돌기처럼 어지러울 수 있지만, 정의하기와 적응하기를 오가는 것은 전진의 모터가 된다. 건설적인 '더 많이' – 더 높이, 더 좋게, 더 똑똑하게, 더 빠르게, 더 크게 – 를 향한 욕구와 전진은 우리가 진화적 성공을 거둔 핵심 비결이다.

돈으로 슬픔을 줄일 수는 있다

행복의 반대는 슬픔이 아니다. 두 감정은 같은 감정 스펙트럼의 양극이 아니다. 슬픔(부정적 감정)을 줄이고 즐거움(긍정적 감정)을 늘리는 것은 서로 연관은 있지만 신경 반사는 따로 일어난다. 고통을 피하거나 즐거움을 누리는 것 중 하나만 선택해야 한다면, 우리는 본능적으로 고통을 멈추는 쪽으로 행동한다. 슬픔을 줄이는 것이 더 우선이다.

시스템 1 사고에 의해 수행되는 생존 본능에는 한 개인의 머니 라이프가 부를 향한 여정과 어떻게 관련되어 있는지가 고스란히 함축되어 있다. 특히 유념할 부분은 고소득과 관련하여 새롭게 밝혀진 연구 결과다. 고소득은 행복을 늘리기보다 슬픔을 줄이는 힘이 더 크다.

2014년에 연구자 집단은 돈과 슬픔의 관계를 밝히기 위한 첫 번째 대규모 연구를 수행했다. 고소득은 슬픔에 얼마나 영향을 주는가? 그리고 둘의 관계는 돈과 행복의 관계와는 다른 것인가? 심리학자 코스타딘 쿠슬레브Kostadin Kushlev와 연구진이 밝혀낸 결과에 따르면, 고소득이 경험된 행복에 주는 영향은 제한적이었다. 이것은 카너먼과 디턴의 결과와 비슷하다. 그런데 고소득은 슬픔을 줄이는 데는 효과가 컸다. 다음의 표는 쿠슬레브의 연구 결과를 정리한 내용이다.[14] 총 13개의 일상 활동에서 고소득은 슬픔을 줄이는 효과가 있었다.

고소득은 슬픔이나 행복과 얼마나 관련이 있는가?(행동별 영향)

	슬픔을 줄임	행복을 늘림
출퇴근과 여행	○	×
먹고 마시는 행동	○	×
TV 보기	○	○
식사 준비	○	×
일	○	×
휴식	○	×
아이들 돌보기	○	×
가사일	○	○
쇼핑	○	×
친목 활동	○	×
운동과 여가	○	×
종교 활동	○	×
전화로 수다 떨기	○	×

출퇴근이나 일, 운동 등의 행동에서는 고소득일수록 슬픔을 줄이는 효과가 높았다. 그런데 그 반대 효과는 대체로 없었다. 이 행동 영역에서는 소득이 높다고 해서 경험된 행복이 더 늘어나지는 않았다. "소득은 행동 분야에 상관없이 그날 하루 슬픔이 더 늘어날 것임을 예측하게 해주는 지표다. 그래서 가난한 사람은 부자보다 슬픔을 더 많이 느낀다."[15]

추운 날 아침에 일어나 보니 자동차 배터리가 나가 있어서 출근에 문제가 생기는 상황을 상상해보자. 아니면, 퇴근해서 보니 지붕이 새고 마루가 물바다가 되어 있다고 상상해보자. 돈만 있으면 금세 해결되거나 아예 그런 문제조차 생기지 않았을 것이다. 모두가 그런 것은 아니겠지만, 곤란한 일이 생겨도 돈만 쓰면 얼른 해결할 수 있다. 나이 든 부모님께 생활비를 드리고, 사춘기 자녀를 지원하고, 개인적인 불화를 해결하는 일에 걱정 없이 돈을 쓸 수도 있다. 돈만 있다면 문제 해결 방식의 선택지가 늘어난다. 그러나 벌이가 적어 돈으로는 해결할 수 없다면 이런 불행은 계속 이어지고, 더불어 무기력감과 피해의식까지 찾아온다.

결국 소득이 낮을수록 자신의 삶에 대해 느끼는 통제감의 고민도 더 깊어지게 된다.[16] 의미의 네 주춧돌 중 하나는 독립의식과 자결권이라는 자율성이다. 통제감 그 자체는 아무것도 보장하지 못하고 허비만 하다 끝날 수 있다. 그러나 통제를 하지 못한다면, 위험을 방어하고 기회를 포착하는 능력도 줄어든다.

솔직히 말해 우리 대부분의 삶을 정의하는 일상 활동 - 노동, 자녀 돌보기, 등교, 집안일, 잡일 등등 - 에서 슬픔이나 스트레스를 크게 느끼지 않는다면, 우리는 유한하고 한정된 정신 에너지를 보전해 경험된 행복과 자성적 행복에 더 많이 할애할 수 있다. 빠른 사고에서 느린 사고로 옮겨가는 것은 피곤한 일이다. 의도적 사고로 전환한다는 것 자체가 생각하는 노력을 필요로 한다는 뜻이다. 그런데 에너지 탱크가 텅 비어 있으면 빠른 사고에서 느린 사고로 옮겨가기가 더 힘들어진다.

현명한 지출

거트루드 스타인의 말처럼, 써야 할 데 돈을 쓴다면 물질적 행복도 정신적 행복도 살 수 있다. 만족감의 원천이 보장되는 일에 돈을 쓴다면 돈으로 행복을 살 수 있다. "돈은 행복으로 향하는 기회이지만, 습관적으로 허비되는 기회이기도 하다. 생각과는 달리 우리를 행복하게 만드는 것은 많지 않다."[17] 우리는 돈을 현명하게 쓰지 않는다.

어떤 물건에서 기쁨을 얻을 것이라는 생각에 지갑을 연다면, 4C를 '살 수 있는' 가능성이 3가지 범주에서 늘어나게 된다. 의미 있는 삶을 불러오는 것은 다음의 세 범주다.

- 경험
- 타인
- 시간

경험

친구들과의 저녁 식사, 아픈 가족 병간호, 콘서트 표 구입, 중고책 구입,

가족과의 게임, 개인 교습, 사막 걷기, 요리하기, 카탄의 개척자나 티켓 투 라이드(둘 다 보드게임이다. – 옮긴이), 런던 테이트모던 미술관이나 시카고 미술관 방문, 월리볼 게임, 지역사회 무료 급식 자원봉사, 도쿄 골목 식당에서 먹는 닭꼬치, 홍콩 완자이의 딤섬, 여동생이 출전하는 경기 관람, 연극 〈파운틴헤드The Fountainhead〉에 나오는 버번위스키, 아내와 함께 떠나는 장거리 자동차 여행, 아이들과 놀아주기, 가족 캠핑.

이 책이 세상에 나오기 전에도 경험이 물질보다 더 큰 행복을 준다고 말한 책은 못 잡아도 1000권은 된다. 틀린 말은 아니다. 그것을 뒷받침하는 증거는 발에 채일 정도로 많다.[18] 그렇다면, 왜 경험은 물질보다 더 큰 행복을 주는가?

첫째, 소유가 아니라 행동을 뜻하는 경험은 사회적 관계를 공고하게 다져준다. 위에 적은 활동은 전부 친목이나 사교와 관련이 있으며, 함께하는 사람이 있을 때 더 좋은 결과가 나온다. 한 연구는 십여 가지에 이르는 일상의 소비 활동을 분석했는데, 그중에서 행복과 양의 상관관계를 지닌 것은 단 한 가지, 여가였다.[19] 긍정적 감정을 불러오는 것은 어떤 활동을 했다는 것이 아니라 다른 사람과 그 경험을 함께했다는 것이었다. 물론 혼자 하는 여행에도 장점은 있지만, 우리에게 어떤 경험이 소중하게 남는다면 대부분은 누군가와 함께했던 경험이기 때문이다.

둘째, 경험은 쾌락 적응에 면역력이 강한 편이다.[20] 경험은 처음의 특징이 끝까지 가는 물질적 재화와 다르게 쉽게 익숙해지지 않는다. 경험은 여러 얼굴을 가지고 있으며, 여러 가지 즐거움을 만들어낼 수 있다. 새로 산 고급 세단은 편안하고, 조작이 쉽고, 부가 기능이 많을지라도 어쨌든 한곳에서 다른 곳으로 나를 옮겨주는 수단이다. 하지만 좋은 기억으로 남은 휴가에는 편안한 비행, 화려한 숙소, 맛있는 음식, 모험, 친구들이나 낯선 사람과의 추억 등 많은 요소가 깔려 있다. 하나의 경험에서 여러 가지 심리적 결과가 나올 수 있다.

따라서 경험은 적응의 무릎을 꿇린다.[21] 물질적 소유물과 다르게 경험은 여러 번 재탕해도 정신적으로 다른 결과가 나올 수 있다. 똑같은 경험이라도 추억할 때마다 다른 감정이 느껴질 수 있다. 같은 여행이라도 한 번은 도시 투어에 대한 즐거운 추억을 떠올리고, 다른 한 번은 여행 중에 사귄 새 친구들에 대한 추억을 떠올린다. 이런 경험들은 긍정적인 재해석으로 이어진다. 오늘 산 소파가 1년 후에는 질릴 수 있지만, 지난날의 여행에 대해서는 언제라도 재해석과 재상상이 가능하다.

연구에 따르면, 사소하지만 자주 하는 경험이 쾌락의 쳇바퀴를 이겨내는 데는 더 효과적이다. 두 가지 실험이 있다. 첫 번째 실험에서는 피험자들에게 50달러의 상금을 주되, 두 집단으로 나눠 한 집단은 25달러를 두 번에 걸쳐 주고 다른 집단은 한 번에 50달러를 전부 주었다. 두 번째 실험에서는 피험자들에게 3분 마사지를 해주었다. 한 집단은 80초씩 두 번 마사지를 받고, 중간에 20초를 쉬었다. 다른 집단은 3분 내내 마사지를 받았다. 두 실험 모두에서 길게 한 번만 경험한 두 번째 집단보다는 짧게 두 번 경험한 첫 집단에서 쾌락을 더 크게 느낀 것으로 나왔다.[22] 자주 하는 매니큐어나 주말 여행, 또는 날짜를 정해두고 하는 배우자와의 '밤 데이트'가 몇 년 만에 한 번 근사한 휴가를 가는 것보다 더 큰 쾌락을 준다. 연인에게 자주 꽃 선물을 주는 것과 다이아몬드를 선물로 주는 것 중 어느 쪽이 더 좋은 결과를 가져오는가? 과학자들은 길게 보면 전자가 후자보다 더 나은 선택이라고 말한다.[23]

경험적 재화는 우리가 선택하는 가치 – 연결, 통제, 역량, 맥락 – 에 맞출 수 있다는 점에서 물질적 재화보다 개인화하기가 더 쉽다. 이렇게 해서 경험적 재화는 우리 정체성의 일부가 된다. 대다수에게 경험이라는 것은 자아를 정의하는 성격이 짙다. 우리가 하는 '경험'은 우리가 가진 물건이 아니라 우리라는 사람의 인격과 더 관련이 깊다.[24] 경험은 당신의 스토리의 일부가 된다.[25]

타인

시내를 걷고 있는데 당신에게 낯선 사람이 미소를 지으며 다가온다.[26] 그녀는 예의 바르게 자신을 소개하고는 간단하고 손해 볼 일이 없는 실험에 참가해주겠냐고 부탁한다. 당신은 그러겠다고 말한다. 그녀는 당신에게 그날 하루 기분이 어땠는지 물은 후 봉투 하나를 건네주고는 안의 과제를 빠짐없이 다 해달라고 말한다. 봉투를 열었더니 5달러 지폐와 다음의 지시가 들어 있다.

━ "이 5달러를 오늘 오후 5시가 되기 전에 당신을 위한 선물을 사거나 필요한 데 쓰세요(임대료, 청구서, 빚 상환 등)."

그 여자가 낯선 사람들에게 건네준 봉투에 다 똑같은 과제가 담긴 것은 아니었다. 이런 과제가 적힌 봉투도 있었다.

━ "이 5달러를 오늘 오후 5시가 되기 전에 다른 누군가를 위한 선물을 사는 데 쓰거나 자선단체에 기부하세요."

당신은 지시대로 따르겠다고 약속했고, 그날 저녁 연구자로부터 걸려오는 전화를 받아주기로 한다. 전화에서 연구자는 2가지를 묻는다. 지금 얼마나 행복하십니까? 돈을 어디에 쓰셨습니까?

이것은 실제로 진행된 실험이었다. 첫 번째 유형의 봉투를 받은 사람들은 커피를 사거나, 작은 물건을 사거나, 주차 요금을 치르는 데 돈을 썼다. 두 번째 집단은 아이들이나 노숙자, 또는 다른 사람들에게 선물을 사서 주었다. 타인에게 돈을 쓴 두 번째 집단이 자신에게 돈을 쓴 첫 번째 집단보다 확실하게 더 행복감을 느끼고 있었다. 그날 아침만 해도 두 집단이 느끼는 행복의 정도에 구체적인 차이가 없었는데도 그런 결과가 나왔다. 연구자들은 돈의 액수를 다양화했다. 어떤 봉투에는 5달러가 아니라 20달러를 담았다. 그러나 돈의 액수가 커진 것은 두 집단의 행복감에 아무 영향도 미치지 않았다. 심지어 20달러를 자신에게 쓴 피험자들도 더 큰 행복감을 느낀 것은 아니었다.

개개인이 사회에서 어울리는 데 쓰는 비용은 총지출의 약 10분의 1 남짓이다.[27] 이 정도면 먹고 마시고 즐기는 데 돈을 많이 쓰는 것도 아니다. 개인 지출의 대부분은 담보대출 이자나 광열비와 수도 요금, 식료품, 기타 생필품에 사용된다. 하지만 여건이 될 때 하는 베풂의 행동은 주는 사람에게 긍정적 결과를 가져다준다.

이런 감정을 느끼게 되는 것은 친사회적 소비와 경험된 행복의 신경 연결 때문이다. 심지어 이 신경 연결은 '강제로' 베풀어야 하는 상황에도 존재한다. 한 연구에서 피험자들은 지시 때문에 관대한 행동을 해야 했는데도 실험을 하기 전보다 긍정적인 감정이 커졌다.[28] 베풂과 행복의 신경은 국가와 소득 수준에 상관없이 일관적이며 보편적으로 연결되어 있다. 부자도, 빈자도 나눔을 즐긴다. 친사회적 지출은 자성적 행복에도 많은 영향을 준다. 경험과 마찬가지로 친사회적 지출도 우리와 타인의 연결을 깊게 하는 효과가 있다.[29] 이 지출은 우리보다 더 큰 무언가에 목적을 느끼고 유대 관계를 맺으려 할 때에도 자유롭게 자신의 스토리를 만들게 해준다는 점에서 통제감과 맥락을 향상한다.

시간

우리는 '바쁘게' 살아야 하는 시대에 살고 있다. 온갖 의무와 주의를 흐트러뜨리는 것들이 우리를 압도한다. 그러다 보니 가족과의 시간이나 취미 활동 같은 인생의 즐거움을 느끼게 해주는 일에는 시간을 턱없이 적게 쓴다. 시간이 많다는 것과 가치 있는 무언가를, 특히 돈을 가지는 것에는 등가교환이 존재한다. 보통 사람들은 돈을 더 벌려고 열심히 일하거나, 즐거운 인생을 위해 소득 감소를 감내하면서 일을 줄인다. 시간과 돈, 이 둘 다를 가지는 것은 어지간한 사람에게는 그림의 떡이다.

돈으로 시간을 살 수는 있다. 불필요한 부분을 줄이거나 빠르거나 편한 방법을 돈으로 사면, 더 즐거운 일에 집중할 시간이 늘어난다. 직항 비행기표, 디즈니월드의 패스트패스, 마음대로 기간을 선택할 수 있는 넉넉한 휴가는 시간을 '만들어'준다. 경험을 만끽하려면 시간이 든다. 몇 시간이든 며칠이든 몇 주든, 아니면 더 긴 시간이 필요하다. 1주일 여행을 하루로 압축할 수는 없다. 시간의 용처는 관계를 가꾸고, 여행을 하고, 자원봉사를 하고, 취미 활동을 하고, 좋아하는 일을 하는 것이다. 시간의 빈곤과 대비되는 시간의 풍요는 기회를 만든다.

시간의 풍요는 자성적 행복을 이루는 데 필요한 정신 에너지도 보존해준다.[30] 휴식을 취하며 자신을 돌아볼 시간이 넉넉할수록 4C(연결, 통제, 역량, 맥락)도 더 많이 얻을 수 있다. 반대로 시간의 빈곤은 고통을 이중으로 가한다. 무엇보다 슬픔이나 고통을 줄일 기회를 막고, 행복을 늘릴 공간도 줄인다. 더 깊은 목적의식을 만들어주는 삶의 시금석을 무시하고 지내다가 행복이라고는 전혀 모르는 처지가 되는 일 중독자들의 이야기는 어제오늘의 이야기가 아니다.

2016년에 이루어진 연구에서 연구진은 피험자들에게 돈이 늘어나는 것과 시간이 늘어나는 것 중 하나를 선택하게 하는 5가지 실험을 진행했다.[31] 다섯 번의 실험 모두에서 시간보다는 돈을 선택한 피험자들이 더 많았지만, 정작 경험된 행복과 자성적 행복이 모두 늘어난 쪽은 시간을 선택한 피험자들이었다. 심지어 나이, 소득 수준, 직업 등 여러 조건을 통제했을 때도 마찬가지 결과가 나왔다. 돈이 아니라 시간을 선택한 피험자들은 자신을 더 많이 성찰했고, 즐거움을 주는 활동도 더많이 했다. 신경을 분산하는 일을 줄이고, 성취감을 얻을 수 있는 활동을 늘리는 것은 삶의 만족감을 불러온다.[32]

●▲■

행복은 우리의 머니 라이프에 난 구불구불한 길을 걷는다. 돈이 늘어나면 일상의 행복을 살 수 있지만 거기까지일 뿐, 그것은 더 오래 이어지는 행복이 아니다. 쾌락의 쳇바퀴를 피할 수 없다. 반면에 아주 심각하고 근원적인 고통과 슬픔이 아니라면 돈이 많을수록 고통과 슬픔이 들어설 여지도 줄어든다. 돈은 당장의 나쁜 감정을 완화한다는 점에서도 도움이 되지만, 돈이면 해결되는 불행에서 벗어나 자신을 성찰하는 행동을 더 많이 할 수 있도록 정신 에너지를 보존해준다는 점에서도 귀한 가치를 지닌다.

마음이 어수선하고 신경을 분산하는 일이 많아 더 깊은 만족감을 추구하는 활동에는 에너지를 쏟지 못할 때 신경에도 비극이 일어난다.[33] 다시 말해, 의미 있는 삶을 추구하고 진전한 부를 향한 여행을 시작할 수 없게 된다.

다음의 표는 돈이 가져다주는 만족감의 예를 보여준다.

돈이 가져다주는 만족감

위치	시금석	돈과의 관련성
내적 삶	통제	영양이 풍부한 식단과 양질의 의료 서비스를 받을 수 있다. 독립심과 시간, 유연성을 살 수 있다. 곤란한 상황을 벗어나게 해준다. 원하는 것을 마음껏 할 수 있게 되기도 한다.
	역량	자신의 실력과 잠재력을 기르는 데 투자할 수 있다.
외적 삶	연결	경험, 네트워크, 회원권, 접근권 등의 사교 활동을 살 수 있다. 기존의 친분을 강화하고 새로운 친분을 쌓기 위한 시간 또한 살 수 있다.
	맥락	시간을 살 수 있으며 통제와 역량, 연결과 합쳐져 시너지 효과를 낸다.

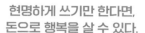

돈과 행복의 역학 관계에서 알 수 있는 것들

돈과 행복의 교집합은 여전히 많은 것이 미지수다. 기존의 연구에서는 소득과 총순자산을 전혀 구분하지 않았다. 소득이 매달 버는 돈이라면, 총순자산은 쓰고 싶은 곳에 쓸 수 있는 누적 자산을 의미한다. 소득과 자산은 서로를 강화해줄 수 있지만 언제나 같이 늘거나 같이 주는 것은 아니다. 누군가는 소득이 높지만 낭비를 하고 무리하게 빚을 져서 남은 자산은 하나도 없을 수 있다. 어떤 사람은 소득은 높지 않지만 가진 재산이 상당히 많을 수 있다. 넉넉하게 생활하는 일부 은퇴자들이 여기에 해당한다. 소득과 총순자산의 상호작용을 과학적으로 엄격하게 규명할 방법은 아직 없다.

그리고 7만 5000달러라는 숫자(이 숫자는 카너먼과 디턴의 공동 연구 결과가 발표된 후 언론에도 많이 소개되었다)에는 상황과 환경이라는 요소가 별로 반영되어 있지 않다. 시간과 장소에 맞춰 조정한다고 해도 1960년과 2010년을, 그리고 맨해튼에서의 생활과 앨라배마주 터스컬루사에서의 생활을 비교하는 것은 무리가 있다. 마지막으로, 소득과 부의 불평등이 심화하고 상대적 비교치가 두 행복(경험된 행복과 자성적 행복)에 영향을 주는 오늘날의 세상에서 돈과 행복의 역학 관계가 주관적인 평안함의 측정과 결과에 어떤 식으로 배어 있는지도 알 수 없다.

그나마 우리는 단순 적응 시스템 원칙을 지키며 여행을 계속해야 한다는 사실만은 충분히 이해했다. 이제 우리는 적응을 대원칙으로 삼는 원의 단계를 떠나 우선순위를 정해야 하는 삼각형으로 들어갈 것이다. 부를 향한 여정에서 목적과 실행을 잇는 다리는 철저한 준비다. 우리는 우리가 통제할 수 있는 몇 가지 요소에 집중해야 한다.

The
Geometry
of
Wealth

PART 3

삼각형

우선순위
세우기

The
Geometry
of
Wealth

더 나은 결정을
내리기 위한 단계

CHAPTER 6

먼저,
우선순위를 정하라

"우리 같은 사람들은 아주 똑똑해지려고 노력하는 것이 아니라 멍청하게 굴지 않으려고 꾸준히 노력할 때 얻는 장기적 이점이 얼마나 많은지 놀라울 정도다."

– 찰리 멍거

"3, 그것은 마법의 숫자다."

– 드 라 소울 De La Soul

꿈을 위한 돈을 마련하는 것은 꿈을 꾸는 것만큼 재미있지는 않다. 그러나 재미가 있든 없든, 결국 우리의 엉덩이를 밀어 부를 향한 길을 걷게 만드는 것은 준비다. 일상을 좌우하는 불확실성 속에서 고민하며 결정하는 준비 작업이 우리를 움직이게 만든다. 이제까지는 이론이었다면, 지금부터는 실전이다.

부를 이루는 전략의 시작은 삼각형을 세 부분으로 나눠 우선순위를 정하는 것이다. 첫 삼각형에서는 우리의 재무 생활에서 명확히 정리해야 하는 3가지 우선 사항을 보여준다. 이 세 우선 사항을 보호하기**Protect**, 매치하기**Match**, 도달하기**Reach**로 부를 것이다. 3개의 우선 사항은 전통적 재무계획의 핵심으로 여기는 것들로서 머니 라이프의 질서를 지켜주는 사항들이기도 하다. 이 우선 사항을 정리한 다음에는 7장에 나오는 두 번째 삼각형을 이용해 현명한 투자 결정을 내려야 한다.

돈의 세상에서는 눈에 가장 잘 보이는 것이 오히려 가장 중요하지 않은 것이다. 우리의 머니 라이프는 예산과 청구서, 주식과 채권, 저축과 지출, 담보대출과 증서, 유언장과 부동산, 보험과 세금이 뒤섞인 집합체다. 신경을 분산하는 일이 하나둘이 아니다. 그리고 반짝거리는 공에 정신이 팔린 고양이처럼 우리도 대개는 눈앞에 보이는 것에 온 정신을 쏟는다.

잘 정한 우선순위는 돌발적인 사건에도 흔들리지 않는다. 부를 키우고 유지하려면, 3가지를 지켜야 한다.

1. **보호하기:** 제일 먼저 리스크를 고려한다.

2. **매치하기:** 자원의 균형 배분을 유지한다.

3. **도달하기:** 더 많은 것을 꿈꾼다.

삼각형의 세 요소를 자세히 알아보자.

보호하기

파스칼의 내기

프랑스의 철학자이자 수학자인 블레즈 파스칼Blaise Pascal은 1662년 죽기 전까지 신의 존재 여부를 고민했다. 그런 고민을 한 사람은 파스칼만이 아니었고, 대다수 사람들이 살면서 한두 번쯤은 그런 고민을 한다. 그러나 그가 신의 존재를 고민한 방식은 350년이 지난 지금도 여전히 관심을 끌어모으고 있으며, 우리의 머니 라이프에도 시사하는 바가 굉장히 크다. 그는 전통적 신학 접근법을 피하고 대신에 초기 확률 이론을 사용해 자신의 판단이 옳은지 그른지를 파악하려 했다. 영원한 구원인가, 영원한 지옥살이인가? 중요하게 따질 것은 그 둘뿐이다.

지금은 파스칼의 내기Pascal's Wager로 알려진 이 기독교 변증법에서 파스칼은 신을 믿는 것의 기대비용과 기대효용을 비교했다. 파스칼은 이 변증론으로 어떤 구체적인 답을 얻지는 못했다. "신은 있을 수도 있고, 없을 수도 있다. 그렇다면 우리는 어느 쪽에 서야 하는가? 이성은 아무것도 결정하지 못한다…." 유대기독교에서는 삶이 끝나기 전까지 답

	신이 존재한다	신이 존재하지 않는다
신을 믿는다	무한정 이득	약간 손해
신을 믿지 않는다	무한정 손해	약간 이득

을 알 방법이 없고, 죽고 나서는 안 대로 행동한들 소용이 없다.

파스칼의 내기는 어떤 내용인가? 그는 경우의 수를 계산했다. 그는 신을 믿는 것과 믿지 않는 것이라는 2가지 선택지를 만들었고, 세상은 신이 존재하는 세상과 존재하지 않는 세상으로 설정했다. 이렇게 해서 파스칼이 만든 시나리오는 총 4개였다. 파스칼의 결정도를 요약하면 위의 표와 같다.

파스칼은 신이 존재하지 않는 세상에서 유신론자가 된다고 해도 자신이 입을 손해는 크지 않다고 보았다. 지금 당장은 물질적으로 조금 희생을 치러야 하고(사치품을 줄이고, 더 수수하게 살고, 자선도 많이 하는 생활), 영원한 복을 누리는 사후의 삶은 없다. 그러나 그가 신을 믿고 실제로도 신이 존재한다면, 사후의 영원한 구원이라는 아주 좋은 결과가 나온다. 반대로 신이 없는 세상에서 무신론자는 마음껏 탐욕을 부리며 살아도 괜찮다. 대신에 무신론자로 살았는데 신이 실재한다면, 그는 사후에 지옥의 불구덩이 속에서 영원히 살아야 한다.

파스칼이 내린 결론에서는, 이성적인 사람은 누구나 유신론자가 되어야 한다. 아니면 '믿는 척'이라도 해야 한다. 유신론자로서 치르게 되는 손해는 적고 보상은 무한하다. "딴다면 전부 얻고, 진다고 해도 아무것도 잃지 않는다. 그러니 주저 말고 신이 존재한다는 데 걸어라… 이

내기에서 따게 되는 경우의 수는 무한하고 얻는 것은 영원히 행복한 삶이지만, 잃게 되는 경우의 수는 유한하고 잃게 되는 것도 유한하다."[1] 그러나 이단에 빠진다면 그 손해는 무한히 크다.

손실 회피

이상하게 들릴 수도 있지만, 파스칼이 17세기에 제시한 이 내기는 부를 키우고 유지하는 여정에 올라서기 위한 중요한 첫걸음을 잘 보여준다. 그 역시 어떤 미래가 펼쳐질지는 알 수 없었다. 그가 상상한 2가지 세상은 기본적으로 동전 던지기와도 같았다. 그의 빛나는 통찰은 동전 던지기의 확률을 계산한 것이 아니라 앞면과 뒷면이 나왔을 때의 결과를 따로 그렸다는 데 있다.

우리가 미래를 계획할 때도 그렇지만, 파스칼의 내기도 정밀한 것과는 거리가 멀다. 그의 내기에서 신이 존재할 확률은 반반이고, 신의 실재 여부에 따른 결과는 '무한한 이득/손해'나 '약간의 이득/손해'였다. 그러나 파스칼은 단순한 어림법을 사용함으로써 '약간의 손해를 치르고 잠재적 재앙을 피한다'라는 명쾌한 결론을 내렸다. 그 약간의 손해가 훗날의 커다란 이득으로 이어진다면 더 좋은 일이었다.

파스칼을 이런 결론으로 이끈 것은 현대 행동경제학자들이 말하는 '손실 회피' 성향이다. 손실의 고통이 이득의 쾌락보다 크다는, 단순하지만 강력한 개념이 바로 손실 회피다. 우리 뇌에는 손실 회피가 프로그래밍되어 있다. 우리의 뇌는 이득을 얻는 것보다 손실을 피하는 것을 훨씬 중요하게 생각한다.[2]

손실 회피는 시스템 1 사고에서 중요한 역할을 하며, 여기에는 진화적 논리가 깔려 있다. 우리의 먼 조상들은 위험을 계산하는 능력이 뛰어난 사람일수록 생존 가능성이 높았다. 야생에서 제1규칙은 살아남는 것이다. 무언가를 얻는 것도 살아남은 뒤의 일이다.

심리학 연구 결과에 따르면, 인간은 이득보다는 손실에 2배나 민감하게 반응한다고 한다. 다시 말해, 100달러를 잃었을 때의 고통 강도는 100달러를 땄을 때의 기쁨 강도의 2배다. 그러므로 100달러를 잃으면서 생긴 고통을 중화하려면 200달러는 따야 한다. 우리 대부분은 카지노에서 몇백 달러를 따면 기분이 꽤 좋아진다. 하지만 몇백 달러를 잃으면 마치 땅이 꺼지는 기분이다. 이것은 손실 회피 성향이 작용하기 때문이다. 믿을 수 있고 확실한 길을 운전하느냐, 아니면 요행수가 따라야 하는 지름길을 가느냐를 선택할 때도 손실 회피가 작용한다. 그리고 프랜차이즈 식당에 가서 밥을 먹느냐 아니면 개인이 독립적으로 운영하는 가게에 가서 밥을 먹느냐에서도, 회사에 취업하느냐 창업하느냐를 선택할 때도 손실 회피가 작용한다.

현대 심리학자들은 파스칼의 변증론을 재현했다. 한 실험에 참여한 피험자들은 동전 던지기 실험에서 똑같은 보상을 받는 것에 거부감을 보였다. 대다수 피험자들은 '굳이 왜?'라고 생각했다. 그들은 50:50의 확률 게임에서 손실보다는 이득이 더 높기를 원했다. 대니얼 카너먼은 실험 결과를 이렇게 설명했다.

— "수업 시간에 나는 이렇게 말하곤 한다. '내가 동전을 던져서 뒷면이 나오면 여러분은 10달러를 잃게 된다. 그렇다면 이 게임에서 이겼을 때의 상금액은

얼마가 되기를 원하는가?' 학생들은 상금이 적어도 20달러는 되어야 해볼 만한 게임이라고 말한다. 나는 경영자나 부자들에게도 같은 실험을 진행했고, 동전 뒷면이 나왔을 때 손해액은 1만 달러라고 말했다. 그들은 상금이 2만 달러는 되어야 게임에 참여할 것이라고 대답했다."[3]

다른 실험들에서도 같은 결과가 나왔다. 우리에게는 이득을 얻는 것보다 손실을 피하는 것이 더 중요하다. 예를 들어, 무조건 1000달러를 받거나 50%의 확률로 2500달러를 따는 게임 가운데 선택하게 했을 때 대다수 사람들은 게임 참여를 거부한다. 물론 기본 통계학으로 따졌을 때 이 게임은 확률적으로는 이득이 더 높지만(2500달러의 50%는 1250달러다), 그것은 통계일 뿐 우리 대부분의 사고방식은 다르게 움직인다. 인간에게 확률적 사고는 자연스러운 일이 아니다. 이 부분은 중요하니만큼 8장에서 다시 살펴볼 것이다.

그러나 같은 내기를 뒤튼 실험에서 사람들은 정반대로 행동했다. 100%의 확률로 1000달러를 잃거나, 50%의 확률로 하나도 잃지 않거나 2500달러를 잃는 게임 가운데 선택하게 했을 때 1250달러의 손실이 1000달러의 손실보다 큰데도 대다수가 게임에 참여할 의사를 보인다. 앞의 실험이 위험 회피라면, 뒤의 실험은 위험 추구다. 차이는 기준점을 어디에 두느냐에 있다. 우리가 이득을 얻기보다 손실을 피하는 성향이 더 크기는 하다. 그러나 우리는 위험에 비대칭적으로 접근한다. 우리는 위험을 좋아한다. 특히 손실을 회피하게 해주는 위험은 아주 좋아한다.

손실 회피에는 '꺼짐' 스위치가 없다. 언제나 스위치가 올라가 있는 손실 회피는 계속해서 갈등 상황을 만든다. 우리는 위대한 결과를 원하지만, 그보다 더 무지막지하게 찾아올 손실의 영향에 한발 물러선다. 우리는 꿈을 꾸는 동시에 겁을 먹고, 탐욕을 부리는 동시에 두려워한다. 우리는 위험을 좋아하지만, 손실은 질색한다. 넓게 보자면 위험 추구와 위험 회피의 균형을 매일 잘 관리하는 것이 부로 향하는 첫 번째 열쇠다.

위험과 보상

위험을 제일 먼저 보는 마인드가 삼각형의 세 부분 중 '보호하기' 단계를 정의한다. 해는 서쪽으로 지고 겨울은 춥듯이 당연한 일들도 있지만, 우리가 살면서 일어나는 많은 일은 예측하기가 힘들다. 불확실성이 많을지라도 우리는 좋은 결과를 희망하며 결정을 내려야 한다. 아이를 키우거나 직업을 선택하는 것과 같은 큰일도, 마트에서 어느 줄에 설지 고르거나 영화를 선택하는 것과 같은 작은 일도 다 불확실성 속에서 내리는 결정이다.

우리는 원하는 목표에 도달하기까지 무슨 위험을 얼마나 감당하게 될지 모른다. 그것이 우리에게 끝없는 혼란을 안긴다. 너무 앞서 나가다가 섣부른 행동을 하거나, 너무 움츠러들어서는 시작조차 하지 않는다. 열에 아홉은 중요한 질문을 던지지도 않는다. '이기기 위해 우리는 얼마나 많은 위험을 감당해야 하는가?' 부자는 정말로 많아 보이는데, 그들이 그 부를 이루기까지 어떤 위험을 얼마나 감수했는지는 별로 드러나지 않는다. 대담하게 움직인 사람도 있고 신중하게 움직인 사람도 있겠지만, 진짜 어땠을지는 모르는 일이다.

답은 더 단순해 보이는 질문을 던지는 것에서 시작한다. 위험과 보상의 관계는 무엇인가? 아주 근본적인 질문이지만 동시에 돈과 관련해서든 삶과 관련해서든, 이 둘의 관계는 아직 제대로 이해조차 정립되어 있지 않다. 대충 본 사람은(그리고 가끔은 전문 투자자도) '위험이 크면 보상도 커진다'라고 대답할 것이다. '고통이 없으면 얻는 것도 없다'라거나 '공짜 점심은 없다'라는 식의 말은 귀에 딱지가 앉을 정도로 많이 들었다. 전부 위험과 보상에는 직선적 관계만 존재한다는 전제에서 나온 말이다. 이것을 단순하게 도식화하면 다음과 같다.[4]

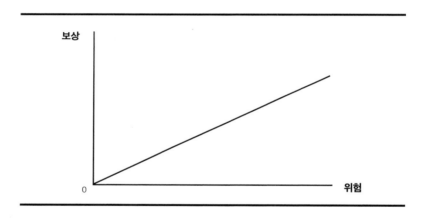

수긍은 가지만 절반의 진실이다. 뭔가 대단한 것을 성취하고, 앞서 나가고, 높은 투자수익률을 내려면, 인적 자본이든 재무적 자본이든 사회적 자본이든 아니면 어떠한 자본이든 위험을 감수해야 한다. 그 위험이라는 것은 값비싼 교육비를 내는 것일 수도 있고, 주식에 투자하는 것일 수도 있고, 학교에서 제일 인기 있는 여학생에게 데이트를 신청하

는 것일 수도 있다.

문제는 진실이 아닌 나머지 절반이다. 위험을 늘린다고 더 많은 수익이 보장되지는 않는다. 오히려 더 많은 위험은 미래 결과의 변동 가능성을 늘린다. 변동 가능성은 아무리 봐도 괜찮은 충격 방지 장치가 되지 못한다. 고위험 - 고수익 관계가 믿을 만한 것이라면 기술적으로는 위험이 늘어나지 않는다는 것과 같다. 그리고 모두가 고위험 투자에만 베팅하려 할 것이다.

위험과 보상 사이에 양의 관계가 존재하는 것은 맞지만, 위험을 높일수록 가능한 결괏값의 범위도 늘어난다. 다음의 그래프에서 알 수 있듯이, 위험 스펙트럼의 범위를 넓힌다고 해서 반드시 위험 지대에서 멀리 벗어나게 되는 것은 아니다. 단지 그 위험 지대의 다른 어딘가로 옮겨 갈 뿐이다. 고위험으로 막대한 자본이익률을 낼 수도 있지만, 반대로 모든 것을 잃을 수도 있다. 미래는 장담하지 못한다.

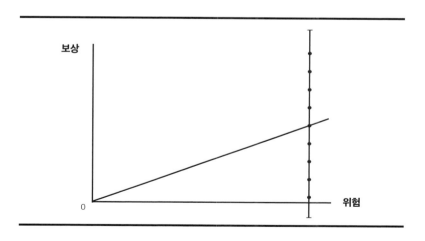

당신이 회사를 차리려 한다고 가정해보자. 기업가가 된다는 것은 돈과 시간, 노력, 심지어 평판도 큰 위험에 거는 일이다. 회사를 차리기 위해 대개는 은행 대출을 받거나 회사 지분을 판다. 성공으로 향하는 모든 길목은 실패의 길목이기도 하다. 시행착오를 거치는 사람들은 많다. 당신 본인의 경험일 수도 있고, 친구나 가족의 경험일 수도 있고, 영화에서도 흔히 나온다. 다들 처음에는 많이 실패한다.

제니퍼 로렌스가 주연을 맡았으며 실화를 배경으로 한 영화 〈조이Joy〉가 그렇다. 싱글맘인 조이는 손으로 비틀어 짜지 않아도 되는 밀대걸레를 발명한다. 그리고 실패와 우여곡절을 겪다가 결국에는 크게 성공한다. 이 영화도 전형적인 미국 영화답게 해피엔딩이지만, 실제 창업의 세계는 그렇지 않다. 창업 기업의 96%는 10년도 지나지 않아 파산한다.[5] 대부분의 사람들이 자기 회사를 차리지 않고 취직을 하는 것도 바로 이런 이유에서다. 창업의 잠재적 보상은 엄청나지만 잠재적 손해 역시 엄청나다. 잠재적 손해에 대한 두려움이 우리의 심리를 더 세게 짓누르고 있다.

이제는 위험과 보상의 관계를 더 현실적으로 그려볼 수 있다. 위험이 한 모금이 늘어나면 결과의 변동 가능성도 늘어나면서 가능한 결괏값의 분포가 만들어진다. 이 최종 그래프는 가능한 결과의 원뿔(불확실성의 원뿔)이 좋은 쪽으로든 나쁜 쪽으로든 늘어나는 것을 보여준다. 다음의 그래프는 위험과 보상의 관계를 정확히 보여준다.

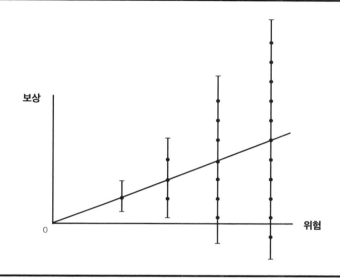

실수를 줄이는 것이 이기는 지름길이다

우리는 목표를 향해 전진하기 위해 위험을 충분히 감수하되, 화는 자초하지 않도록 계속 섬세하게 균형을 잡아야 한다. 이 균형잡기 행동의 첫째는 가능한 실수를 피하는 것이고, 둘째는 불가피한 결과의 피해를 줄이는 것이다. 승리로 나아가는 첫 단계는 잃지 않는 것이다.

실수는 인간이라면 어쩔 수 없는 부분이다. 처음부터 실수를 목표로 하는 사람은 없다. 우리는 성공하려고, 더 좋아지려고, 더 잘하려고 언제나 노력한다. 우리는 남들보다 돈 관리를 더 잘하고 싶어 한다. 남들보다 더 잘하고 싶은 마음은 대부분이 가지는 인지상정이다. 우리는 아이에게 좋은 유치원을 골라주고 싶고, 판매 예측을 더 정확히 하고 싶고, 가장 빠른 퇴근 경로를 고르고 싶고, 최고의 종목을 매수하고 싶고, 다음번 폭풍을 정확히 예측하고 싶어 한다.

그런데 더 잘하고 싶은 욕구가 커질수록 실패할 가능성도 높아진다는 데 문제가 있다. 감수하는 위험이 커질수록 가능한 결과의 범위도 늘어난다. 그러므로 적어도 처음에는 더 잘하는 것이 아니라 '실수를 줄이는 것'을 목표로 삼아야 한다. 손실을 보지 않는 것이 이기는 지름길이다.

전설적 투자자 하워드 막스Howard Marks는 '위험 회피risk avoidance'와 '위험 통제risk control'는 엄연히 다르다고 말한다.[6] 위험을 회피하기만 하면 우리는 전진할 수 없다. 따라서 위험 통제를 목표를 삼아야 한다. 위험을 충분히 감수하되 지나치게 높은 위험은 피한다는 것이다.

파스칼도 실수를 줄이려 노력했다. 미래가 어떨지는 알 수 없기 때문에 그는 어림법으로 경우의 수를 따졌다. 금융은 얼핏 보기에는 과학적 엄격함과 수학적 정밀함을 따질 것 같지만, 정작 중요한 대부분에 대해서는 계산이 불가능하다. 위험은 규정하기가 힘들고, 정밀 측정은 거의 불가능하다. 심각한 시장 붕괴는 통계학 전문가들의 주장처럼 어쩌다 한 번 일어나지만, 그래도 10~20년에 한 번은 일어난다는 사실 정도만 알면 충분하다. 블랙스완은 우리 생각보다 더 자주 등장하며, 주식시장에만 있는 현상도 아니다.

삼각형에서 '보호하기' 단계의 핵심인 '실수 줄이기'는 머니 라이프의 핵심 요소인 보험, 투자, 채무를 관통하는 철학이다.

보험: 우리가 실수를 줄이기 위해 얼마나 본능적으로 노력하는지를 보여주는 가장 확실한 예는 보험이다. 집에 불이 날 수도 있다. 안 날

거라고 장담하지 못한다. 우리는 화재 예방에 만전을 기하기 위해 연기감지기도 설치하고 소화기도 사둔다. 그러나 그것만으로는 안심하지 못한다. 우리는 화재 방지 시설을 설치하고 괜히 샀다며 후회하지도 않는다. 우리가 가입하는 주택 화재보험이나 자동차보험, 생명보험 등은 영원히 '잃는' 금액이 될 수도 있다. 하지만 우리는 그것을 돈 낭비라고 생각하지 않는다. 약간의 돈으로 우리는 마음의 평화를 얻는다. 혹여 그런 비극이 일어나도 원래대로 돌릴 수 있다고 생각하면 밤잠을 설치지 않는 데 조금은 도움이 되지 않겠는가. 파스칼도 자신의 영혼에 일종의 보험을 들었고, 기꺼운 마음으로 보험료를 냈을 것이다.

투자: 가장 뛰어난 투자서로 꼽히는 《패자의 게임에서 승자가 되는 법Winning the Loser's Game》에서 투자 관리의 현자 찰스 엘리스**Charles Ellis**는 투자자는 지지 않는 것이 이기는 것이라고 주장했다.[7] 테니스 초보자는(우리는 거의 대부분 초보자다) 샷 실수를 피하고 선 밖으로 공을 넘기지 않기만 해도 대개 승리할 수 있다. 우리는 상대 선수가 실수를 해 서브권이 넘어오기를 기다리면 된다. 프로 테니스 선수들의 게임 방식은 전혀 다르다. 그들은 공의 낙하 지점을 정확히 공략해 있는 힘껏 공을 친다. 테니스도 투자와 비슷하다. 프로 선수들이 더 잘하는 데 방점을 둔다면, 프로가 아닌 대다수 아마추어들은 실수를 줄이는 데 중점을 둬야 한다.

위대한 투자자는 거의 습관적으로 실수를 줄이려 노력한다. 워런 버핏**Warren Buffett**, 찰리 멍거, 하워드 막스, 폴 튜더 존스**Paul Tudor**

Jones, 조지 소로스George Soros, 세스 클라먼Seth Klarman은 동전 던지기 식의 투자는 하지 않는다. 그들은 투자하지 않는 것이 바보짓일 정도로 확률이 최상으로 높아질 때까지 참고 기다린다. 그들도 여러 번 실수를 하지만, 그때는 피해를 최소화하는 데 중점을 둔다. 이런 태도를 조지 소로스는 한 문장으로 우아하게 요약한다. "내 방식이 효과가 있는 이유는 예측을 잘해서가 아니라 실수를 정정할 수 있기 때문이다." 진정으로 유능한 투자자는 유연성과 적응성, 그리고 손해를 견디는 능력을 높이 산다. 그래야 다음 날 또 싸울 수 있기 때문이다.

채무: 실수 줄이기의 정신은 채무나 과도한 대출이 왜 문제인지를 새로운 시각에서 바라보게 해준다. 개인 재무 관리에서 가장 중요한 규칙은 '벌이보다 많이 쓰지 말라'다. 누구나 아는 진리다. 그러나 이 충고를 귀담아듣는 사람은 별로 없다.[8] 그 이유는 우리가 빌린 돈을 갚을 방법을 어떻게든 마련할 수 있을 것이라고 생각한다는 데 있다. 하지만 과도한 빚은 우리 생활 전체에 여파를 미치고, 결국에는 유연성마저 줄인다. 재무적 성과를 가지고 행복을 측정할 때는 어떻게 변할지 모르는 상황에 적응하는 능력이 제일 많이 필요하다. 그런데 빚은 적응 능력을 줄이기 때문에 이미 벌어진 상황조차도 훨씬 더 견디기 힘든 것으로 만든다. 빚은 우리를 재무적 구멍으로 몰아넣는 것을 넘어 선택의 폭을 줄이고, 실수를 줄이는 능력을 제한한다. 특히 여러 군데서 끌어온 빚이 쌓이면, 평소에는 절대로 하지 않을 결정마저 내리게 된다.

부를 늘리고 유지하기 위한 우선순위를 결정할 때는 위험 통제를 제일 앞자리에 두어야 한다. 물론 위험 통제는 돈의 짜릿한 매력과는 거리가 멀다. 돈을 불리는 재미는 나중이다. 그리고 위험 통제는 쉽지 않다. 전진하기 위해서는 어떻게 행동해야 하는지, 그리고 얼마나 위험을 감당해야 하는지를 아주 신중하게 고민하는 작업이 바로 위험 통제이기 때문이다.

게다가 이렇게 해야 할 것을 하고서도 보상은 잘 드러나지 않는다는 점도 위험 통제를 어렵게 하는 부분이다. 보호하기 단계에서 거두는 보상은 눈에 띄는 형태로는 전혀 드러나지 않는다. 위험 통제에는 포상도 전리품도 없으며, 신중한 행동의 보상으로 거두는 반짝거리는 새 차도 없다. 그러나 위험 통제를 하지 못한다는 것은 피할 수 없는 사고와 실수에 대처할 계획을 세우지 못한다는 것이기 때문에 부로 향하는 길도 당연히 멀어지게 된다. 아니면 기껏해야 인생의 복불복에 순응하는 신세가 되어 운이 좋으면 돈이 생기고 아니면 마는 처지가 된다.

잘못된 행동을 줄여라.

매치하기

이상한 나라의 자산

우선 사항의 1순위는 신중한 위험 관리였다. 재무 계획의 심장부로 이동하게 해주는 것은 2순위인 명료한 목표 설정과 노력이다. 우리 개개인은 모두 자신만의 스토리와 꿈이 있지만, 그 밑바탕에 깔린 재무적 목표는 대부분 일치한다. 안락하고 품위 있는 노후 생활, 근사한 집, 자녀에 대한 충분한 지원 등이다. 그 외에도 자신만의 홈바를 마련한다거나, 멋진 운동화 컬렉션을 갖춘다거나, 해외에서 산다거나, 철인 3종 경기를 완주한다거나 하는 등 개인마다 다른 꿈이 있을 수 있다.

꿈을 실천하기 위한 계획을 세운다는 것은 듣기에만 명료하고 간단할 뿐 몇 가지 함정을 헤쳐나가야 한다. 무엇보다도, 실제로 재무 계획을 세우는 사람은 많지 않다. 최근 7000여 명의 부유한 투자자들을 대상으로 한 설문조사에서 구체적인 재무 계획을 마련했다고 답한 응답자는 전체의 37%에 불과했다.[9] 응답자의 거의 3분의 2는 사실상 내키는 대로 투자를 했다. 이 부유한 투자자들은 대부분 재무관리인을 고용하고 있었지만, 그 재무관리인 중에서 고객에게 탄탄하면서도 유연한 재무 계획을 세워주는 사람은 상대적으로 소수였다. '재무 계획'이나 '재무 상담' 서비스 계약을 맺어도 실제로 받게 되는 것은 좁은 의미의 투자 조언이다. 다시 말해 '괜찮은' 주식이나 채권, 펀드 등을 추천받는 정도다.

그렇다면 재무 계획을 세우는 이유는 무엇인가? 만약 계획을 정립하지 않은 채 투자한다면, 다시 말해 명확히 목표를 정했어도 그 목표에 어울리지 않는 투자를 한다면, 이것은 투자가 아니라 투기다. 《이상한 나라의 앨리스Alice In Wonderland》에서 앨리스와 체셔 고양이가 나눈 대화는 많은 개개인이 어떤 식으로 재무 계획을 다루는지 압축해서 설명한다.

앨리스: 난 어느 방향으로 나가야 하나요?

체셔 고양이: 그건 네가 어디로 가고 싶은지에 달렸지.

앨리스: 어디든 상관없어요.

체셔 고양이: 그럼 아무 데로든 나가면 되지.

앨리스: … 어디든 닿기만 한다면야.

체셔 고양이: 틀림없이 어디든 닿을 거야. 계속 걷기만 한다면야.

목적지를 정하지 않으면 우리는 두서없이 헤맨다. 우리 대부분은 최종적으로 도착한 곳을 정당화하는 데는 능숙하지만, 그곳이 애초에 원했던 곳이 아니었다는 사실은 선뜻 인정하지 못한다.

자산과 부채의 균형 잡기

재무 관리의 핵심은 자산과 부채, 또는 가진 것과 빚진 것의 균형을 맞추는 일이다. 머니 라이프를 통제하는 작업의 첫걸음으로 개인 재무상태표를 작성하는 것보다 중요한 일은 없다.

어렵게 생각할 필요 없다. 자신의 자산 채점표를 만드는 것은 비교적 쉽다.

142쪽의 자산 채점표처럼 한 줄에는 가진 것(자산)을 열거하고, 다른 한 줄에는 빚진 것(부채)을 나열한다. 이것을 모두 더하고 빼서 나오는 값이 순자산이고, 당신의 출발점이다.

이 간단한 셈을 하는 사람은 거의 없다. 따라서 계산을 위해 종이에 펜을 올리는 것만으로도 당신은 군중과 차별화된다. 1년에 한 번 정도

자산 채점표(단위: 달러)

가진 것		빚진 것		
주택	30만	주택담보 대출	15만	
노후 준비	5만	학자금 대출	4만	
자동차	2만 5000	자동차 대출	1만	
증권계좌	1만 5000	신용카드	5000	
미수채권	5000			
	39만 5000		20만 5000	순자산 = +19만

만 업데이트해도 자신의 재무 건전성을 정확히 검토하기에는 충분하다. 결과로 나온 숫자가 마음에 들지 않을 수 있지만, 냉정하고 객관적인 시각이 무엇보다 중요하다. 모든 건전한 재무 관리는 정확한 측정에서 시작한다.

매칭 게임

순자산 측정이라는 출발점을 시작으로 우리가 원하는 재무 목표점을 그린 지도를 만들 수 있다. 나는 이 지도 그리기를 매칭matching이라고 부른다. 우리는 개개의 재무 목표를 가능한 정확하게 겨냥하고 싶어 한다. 매칭 게임에서는 정밀함을 추구하지 않는다. 완벽함을 추구하다 좋은 결과를 놓치는 실수를 저질러서는 안 된다.

단순함이 생명인 이번 여정에서 우리가 세울 재무 목표는 2가지다.

1. 최종 목표: 미래의 어느 순간이든, 목돈이 필요할 때가 있기 마련이다. 예를 들어, 집을 사면서 계약금으로 일정 금액 이상을 치러야 할 때가 있다. 정확히 언제일지, 그리고 얼마의 계약금이 필요할지 지금 당장은 알 도리가 없다. 그러나 대략적인 추산은 가능하다. 2~3년 뒤에 30만 달러짜리 주택을 사고 싶다면, 필요한 계약금은 6만 달러다. 최종 목표를 그림으로 그리면 다음과 같다.

2. 연속 목표: 다른 목표들은 정해진 목돈을 마련하는 것이 아니라 끝이 언제인지 모를 때까지 꾸준히 소득이 들어오게 하는 것과 관련이 있다. 연속 목표의 대표적인 예는 노후 자금이다. 많은 사람이 노후 자금을 최종 목표로 생각하지만, 그것은 오판이다. 사람들은 퇴직한 뒤의 생활비를 위한 '종잣돈'으로 100만 달러를 마련하고 싶다고 말한다. 그러나 진짜로 필요한 것은 지금까지의 생활방식을 유지하게 해줄 꾸준한 연소득이다. 연속 목표를 그림으로 그리면 다음과 같다. 원 1개는 미래의 1년 단위를 의미한다.

1년 단위로 나눠야 하는 이유는 재무 계획의 가장 큰 2가지 난관인 자녀의 대학 학자금과 노후 자금을 대조해보면 이해가 간다. 학자금 계획을 세울 때는, 자녀의 현재 나이에 맞게 계획을 세우면 언제 등록금이 나가야 하는지 얼추 계산이 나온다. 예를 들어 내 딸은 중간에 변수가 없다면 아마도 2025년에 대학에 들어갈 것이다. 물론 딸아이가 1년 정도를 쉬었다 들어갈지도 모르고, 대학 진학에 뜻이 없을지도 모른다. 하지만 그러지 않는다면 2025년부터는 주기적으로 목돈이 나가게 될 것이 분명하다.

대학 등록금은 한 번에 다 나가는 뭉칫돈은 아닐지라도 어쨌거나 그 금액은 정해져 있다. 그것이 4년, 8년, 또는 더 오랜 기간 분산되어 나간다는 것은 부차적인 문제다. 여기서 우리가 알 수 없는 부분은 시간이 아니라 총액이다. 우리는 아이들이 어느 대학을 가고 싶어 하는지, 어느 대학에 들어갈지, 재정적으로 얼마를 지원해줄 수 있는지, 대학 간 학비 차이가 얼마일지 알지 못한다. 특히 대학마다 학비 차이가 굉장히 크다. 크게는 수십만 달러나 차이 날 수 있다. 그리고 현실에서는 대개 주객이 전도되는 상황이 온다. 우리가 저축한 돈과 빌릴 수 있는 돈, 그리고 대줄 수 있는 돈의 크기에 따라 아이들이 가게 될 학교가 결정되는 일도 있기 때문이다.

오늘   ⟶ $ → $ → $ → $

앞에서 말했지만, 노후 자금은 최종 목표가 아니라 연속 목표다. '노후 생활비**nest egg**'라는 개념 자체는 특별할 것이 없지만, 이래저래 잔신경이 분산되는 돈이다.[10] 대학 학자금과 달리, 우리는 우리가 언제쯤 공식적으로 은퇴할지 알지 못한다. 물론 일반적으로 65세(또는 62세일 수도 있고, 그보다 이를 수도 있다)를 정년퇴직 연령으로 보지만, 수명 연장으로 말미암아 더 일하고 싶은 욕구와 필요가 높아지고 있다는 사실을 고려하면 65세가 아닌 '새 퇴직 연령'이 만들어질지도 모르는 일이다.

그렇더라도 우리가 일을 손에서 놓고 싶은 시기나, 어쩔 수 없이 일을 놓아야 하는 시기는 반드시 올 것이다. 우리의 의지와 상관없이 몸과 정신이 그러라고 강요할 것이다. 그 불특정한 시점 이후에도 우리가 품위 있는 생활방식을 유지하려면 일정 수준 이상의 소득이 필요하다. 그리고 머니 라이프에서 가장 힘들고 머리 아픈 문제가 바로 노후 생활에 필요한 소득을 계산하고 자산을 소득으로 전환하는 작업이다.[11]

오늘 ⟶ ①→②→③---→⑲→⑳→㉑→

최종 목표와 연속 목표는 다르다. 하지만 두 목표는 정밀성이 떨어진다는 불운한 특징을 공유한다. 연기금을 비롯한 기관들은 미래의 채무를 정밀하게 계산할 수 있기 때문에 우리보다는 이 단점을 쉽게 극복할 수 있다. 연기금 기관은 정해진 수의 연기금 수령자에게 미래에 정해진 금액을 정해진 시점부터 지급해야 한다. 연기금 기관은 적절한 계획을 통해 부채에 대한 '면역'을 기를 수 있다. 반대로 평범한 우리는 부채를 추산하기가 힘들다. 하지만 개인이 연기금 기관보다 계산을 정밀하게 하지 못한다고 해서 시도도 하지 말아야 한다는 뜻은 아니다. '매칭'하는 마인드를 기른다면, 우리도 미래의 소득과 부채를 적절히 계산할 수 있다.

매칭을 대전제로 해서 중요한 일반 규칙이 하나 있다. 가까운 미래의 목표일수록 위험 감수가 적어야 한다는 규칙이다. 예를 들어 학자금을 준비하기 위해 증권을 보유한다고 가정해보자. 자녀가 아직 어리다면 괜찮은 투자다. 아이의 대학 입학까지는 10년이나 15년이 남았으므로 주식시장이 등락을 해도 재무적으로 회복할 여지가 충분하다.

그러나 자녀가 열일곱 살이라면 사정이 달라진다. 증시가 순식간에 20% 넘게 추락할지도 모른다. 등록금을 내기 직전에 이런 일이 벌어진다면 빼낼 수 있는 돈이 줄어들 뿐 아니라, 증시 추락 시점에 거액을 인출해야 하기 때문에 영구 손절매가 불가피해진다. 노후 자금 계좌도 마찬가지다. 당장의 경제적 욕구에 못 이겨 위험 자산을 보유했다가 생긴 손해를 만회하기 위해 반강제로 은퇴를 미루고 다시 일을 시작하는 것을 원할 사람은 아무도 없다.

매칭이라는 대전제는 당연하다고 생각되지만, 아쉽게도 이 매칭을 실천하는 사람은 아주 드물다. 게다가 매칭은 많은 투자자와 재무자문이 원하는 '시장을 이기는 투자'와는 정반대된다. 시장을 이기기 위한 투자는 어리석은 게임이다. 효과도 없다. 그것은 진짜 필요가 아니라 우리의 에고와 관련이 있다.

목표 실행에 드리운 어두운 그림자

목표를 계획하는 것은 보기보다 단순하지 않다. 목표 실행을 위한 계획은 고사하고 명확한 목표를 계획하는 사람도 상대적으로 굉장히 적다. 자산 채점표와 매칭 작업은 그런 점을 보완하려는 시도다. 하지만 또 다른 문제가 있다. 아무리 공들여 계획을 짜도 실전은 다르기 마련이다. 인생은 변수가 없는 고속도로가 아니다. 인생은 불확실성투성이다. 미래에 어떤 상황이 닥쳤을 때 우리가 무엇을 원하게 될지는 모르는 일이다. 최근의 심층 연구가 보여주듯이, 우리는 우리가 미래에 '어떤 사람이 될지' 알지 못한다. 뽀빠이는 "나는 나이고, 그래서 내가 여기에 있는 것이다"라고 말했다. 그러나 우리는 2차원 만화의 캐릭터가 아니다. 우리가 미래에 가지게 될 우리의 정체성은 움직이는 목표물이다.

저명한 학자들이 모여 18~68세의 피험자 1만 9000명을 대상으로 그들의 인성과 가치관, 선호를 분석하는 매혹적인 연구를 했다. 연구진은 응답자들이 이런 특징들에 대해 기대했던 변화와 그들이 실제로 인정하는 변화 사이에 큰 차이가 있다는 것을 발견했다. 되돌아본 우리의 삶은 예상했던 삶과는 다르다. 응답자들은 지난 몇 년 동안 자신에게 변화가 일어나 지금의 자신이 되었다는 사실은 쉽사리 인정했지만(나는 나다), 지금 자신의 모습이 어떻건 미래에도 그런 자신이 유지될 것이라고 생각했다. "사람들은 어제의 자신이 오늘의 자신과 다르다는 사실에도 불구하고, 내일의 자신은 오늘의 자신에서 크게 달라지지 않을 것이라고 믿는다." 이렇게 믿게 만든 주범은 시간이다. "시간은 사람의 선호를 바꾸고, 가치관을 재형성하고, 인성을 변하게 만드는 강력한 힘이다."[12] 시간은 부를 향한 우리의 모험에 길고 짙게 드리운 그림자다.

이런 연구 결과는 합리적이라고 생각되는 목표 달성을 위한 재무 계획에 재를 뿌린다. 우리가 미래에 대비해 재무 계획을 세우는 방식과 우리의 뇌가 익숙한 것 사이에는 자연스러워서 오히려 눈에 띄지 않는 긴장 관계가 존재한다. 재무 계획의 대가인 마이클 키체스**Michael Kitces**가 말했다시피, "목표 달성을 위한 투자의 근본적 난관은… 우리가 우리의 진짜 목표가 무엇인지 감도 잡지 못한다는 것이다."

내게 큰 충격을 준 대담한 설명이었다. 그의 말에는 너무 두루뭉술하지도, 너무 구체적이지도 않도록 균형 잡힌 매칭 게임을 전개해야 한다는 뜻이 숨어 있다. 우리가 세우는 계획은 단순히 '더 많이' 원하는 것을 넘어선다. 그러나 지나치게 구체적인 자기계획도 문제가 될 수 있다. 10년 또는 20년 후에 당신이 정말로 멋진 별장이나 보트, 도심의 멋진 아파트를 갖고 싶어 할 것인가? 앞에서도 말했지만, 우리가 미래에 무엇을 갖고 싶을지 예측하는 것은 거의 불가능하다. 다만 지금 원하는 것을 먼 미래에도 원할 것이라고, 지금 당신이 원하는 가치가 미래에도 변하지 않을 것이라고 가정할 뿐이다. 그리고 예측 불가능한 사건으로 이런 가정이 뒤집힐 일은 없을 것이라고 생각할 뿐이다.

 목표를 적절히 정하고 필요할 때마다 수정하라.

도달하기

축하합니다!

당신은 잠재적 재앙으로부터 최대한 자신을 보호했다. 안전하다는 느낌이 든다. 실수도 줄였다. 꿈은 변하지 않았지만, 큰 손실을 피하기 위해 그 꿈을 조금은 포기할 생각도 있다. 자산과 채무를 매칭하는 데도 최선을 다하고 있다. 그 매칭 작업에 따라 투자를 조정했다. 방대한 노력을 기울이며 이 모든 작업을 수행한 것은 목적이 이끄는 삶을 완수하기 위해서다. 그러면서도 당신은 삶이란 결코 계획한 대로 진행되지 않으며, 여정의 중간에서 계획을 적절히 변경하는 요령이 필요하다는 사실을 잊지 않았다.

다음으로 무엇을 해야 하는가? 남은 중요한 작업은 '없다.' 당신은 머니 게임에서 승리했다! 부는 먹고살기에 충분하다는 만족감이다. 여기까지 오는 사람은 얼마 없다. 그러니 자부심을 느끼고 자축해도 된다. 즐겨라. 먹고살기에 충분한 돈을 벌었다.

이 단계에 도착한 사람들의 계좌 잔액은 사람마다 다 다르다. 중요한 것은 어떤 기준으로 측정을 하느냐는 것이다. 당신의 자산 채점표는 당신이 살고 싶은 삶과 조화를 이루고 있는가? 그렇다면 당신은 부를 이루었다. 그 조화를 별것 아닌 성취로 폄하해서는 안 된다.

우리는 이제 '더 많은 것'에 손을 뻗을 수 있게 되었다. 내가 '더 많은 것'을 앞에서 크게 비난하기는 했지만, 이것은 적절한 때에 적당한 방법을 사용한다면 꽤 도움이 될 수 있다. 우리의 마음은 언제나 무언가를 원한다. 삶의 기쁨을 포용하면서 동시에 더 좋은 것을 얻으려 갈망하고 노력한다.

현실에서 이 단계에 이르면 사람마다 길이 갈라진다. 4장에서 설명한 '4C'를 발전시키면서 얻는 충족감은 사람마다 다를 수 있다. 많은 사람은 '돈의 액수'가 재무 목표를 대표한다고 생각하지만, 시금석이 되는 4C는 어떤 것도 특정 액수 이상의 돈을 모아야 한다고 요구하지 않는다. 4C는 전체적으로 조화를 이룬 계산을 요구하며, 더러는 자신이 아닌 다른 누군가와 관련된 목표도 돌아보라고 요구한다. 그 외부의 목표라는 것은 자녀 세대를 위한 부를 창출하는 것이 될 수도 있고(손자의 대학 등록금을 낸다거나 가족을 위한 신탁기금을 마련하는 것), 아니면 자신의 가치와 신념에 맞는 자선기관에 기부금을 내는 것일 수도 있다. 이런 목표도 있기는 하지만, 많은 사람은 취미를 즐기고 여행을 하는 등 재미있는 삶을 사는 데만 목표를 맞추기도 한다. 결국 어떤 목표를 정하는지는 개인의 취향과 기호에 따라 전적으로 달라진다.

감사하다고 말하라

'도달하기' 단계에 도착했으니 자부심과 기쁨을 느껴도 된다. 이 단계까지 오고 싶어 하는 사람은 많지만 오는 사람은 일부에 불과하다. 안타깝게도 많은 사람은 자신이 가진 돈의 액수만으로 부를 재단하기 때문에 '도달하기' 단계는 이루지 못할 꿈일 뿐이다. '돈을 이만큼 모으면 행복할 거야'는 건강하지 못한 생각이다. 돈이 많다는 것이 부를 이루었다는 뜻은 아니다. 재무상태표와 자신의 행복감을 적절히 조화하고 조합하는 사람만이 부를 이루었다고 자부할 자격이 있다.

부를 늘리고 유지하는 요리의 비법 재료는 감사를 표현하는 것이다. 긍정심리학 연구 결과로도 강력하게 입증되었다시피, 감사와 관대한 마음은 경험된 행복과 자성적 행복의 깊은 원천이다. 또한 감사와 관대함은 앞 장에서도 설명했듯이, 현명한 소비를 지탱해주는 든든한 닻이다.

심리학자 로버트 에먼스**Robert Emmons**는 감사의 효과를 제대로 누리게 해주는 2가지 단계를 제시한다. 하나는 자신이 가진 좋은 것을 인정하는 태도다. 이것은 타인과 자신을 비교하지 않아야 한다는 전제가 깔려 있기 때문에 생각만큼 쉽지 않다. 나보다 더 많이 가진 사람, 나보다 더 훌륭해 보이는 사람은 언제나 존재한다. 소셜 미디어는 가뜩이나 건강하지 못한 타인과의 비교 행위를 더욱 악화시킨다. 역사상 처음으로 우리는 타인의 '행복한' 경험을 매일 관찰할 수 있게 되었다. 그들의 멋진 휴가, 그들의 신나는 밤 놀이, 그들의 아이들이 출전한 시합의 승리까지. 페이스북과 인스타그램은 우리에게 엄청난 스트레스를 안기면서 부를 향한 여정에 무시하지 못할 장애가 될 수 있다. 실천하기 어려울지라도, 우리는 타인의 잣대로 자신을 재단해서는 안 된다. 자신만의 판단 기준으로 자신의 진척도를 재단하는 건강한 정신을 길러야 한다.

둘째, 지금 당신이 일궈낸 좋은 결과는 순전히 당신의 노력과 의지만이 아니라 타인의 도움과 요행수 덕을 본 부분도 많다는 것을 인정해야 한다.[13] 에먼스는 감사에는 혼자 힘으로는 지금의 것을 다 이루지 못했을지도 모른다는 사실을 인정하는 '겸양'의 의미가 내포되어 있다고 말한다. 감사는 자신의 약함을 드러내는 것이 아니라 타인과 자신이 긍정적으로 연결되어 있음을 인정하는 신호다.[14] 감사 표현은 마음속에

머물던 고마움의 감정이 외적인 표현으로 이동해야 한다는 뜻이다. 진심을 담아 표현하는 감사의 말은 만족감을 향한 길에서 누구나 할 수 있는 가장 긍정적인 이기적 행동 중 하나다.[15] 감사의 말만큼 쉽게, 그리고 공짜로 오랫동안 그 힘이 지속되는 행동도 드물다. 감사는 우리가 세상을 경험하는 방식을 뿌리부터 바꿀 수 있다.

 즐겨라, 그리고 감사하라.

CHAPTER 7

자, 이제
결정의 순간이다

"투자에서 가장 중요한 학문은 회계나 경제학이 아니라 심리학이다."

– **하워드 막스**

"뒤집어라, 항상 뒤집어라."

– **찰리 멍거**

지금까지 나는 소득과 지출, 저축, 그리고 투자라는 서로 연결된 영역을 하나로 묶어 넓은 관점에서 머니 라이프를 설명했다. 우리는 소득 창출 능력을 이용해 우리 자신과 가족의 생활을 만들어간다. 생계를 위해 일하는 것만이 아니라 훨씬 더 나은 무언가를 얻으려는 노력, 즉 더 많이 벌고 더 많은 것을 하고 더 성장하려는 노력도 일상에서 많은 부분을 차지한다. 이 사실은 굉장히 중요한 의미를 지닌다. 통제와 역량은 행복과 만족감이 있는 삶을 살기 위한 4개의 시금석 중 당당히 두 자리를 차지하기 때문이다.

우리는 일해서 돈을 벌고, 그 돈을 일상 생활에 필요한 것과 원하는 것을 사는 데 쓴다. 벌이보다 씀씀이가 커서는 절대 안 될 일이지만, 많은 사람은 평생을 그렇게 산다. 반면에 소비에 좀 더 신중하면서 훗날의 목표에 사용하거나 예상치 못한 어려움이 닥쳤을 때 사용할 수 있도록 아껴가며 돈을 모으는 사람도 있다. 그러나 현명하게 소비하고 부지런히 저축하는 것만으로는 충분하지 않을 때도 있다. 특히 아주 큰일이 닥치거나 에우다이모니아와 관련된 일에서는 더더욱 그러하다. 자녀의 대학 입학(역량), 좋은 집(통제), 또는 연로한 부모님을 돌보는 일(연결)이 여기에 속한다.

이렇게 한두 푼으로는 끝나지 않을 꿈을 해결하기 위해 필요한 것이 투자다. 우리는 '안전한' 은행 계좌보다 높은 수익률을 얻기 위해 조금은 더 위험한 자산에 투자한다. 투자는 미지의 미래에 베팅하는 불확실성의 영역이다. 투자 세계는 언제라도 복잡하고 난폭하고 감정을 위축시키는 세상으로 돌변할 수 있다. 그렇기 때문에 단순 적응 시스템 원칙을 충실히 지키는 것이 무엇보다도 중요하다.

이번 7장에서 나는 주식시장과 채권시장에서 이른바 쇼핑을 하는 평범한 사람들(금융 전문가가 아닌)이 투자를 하면서 지켜야 하는 중요한 우선순위를 정리한다.

다음의 3가지 요소는 시간이 지날수록 훌륭한 투자 실적이라는 결과를 이끌어준다.

1. 자신에게 맞는 투자 행동

2. 자신에게 맞는 전체 포트폴리오

3. 포트폴리오 구성을 위해 선택하는 개별 투자 종목

이 두 번째 삼각형에서도 마법의 숫자는 3이다.

위의 삼각형은 가장 중요한 것은 가장 눈에 띄지 않는다는 것을 보여줌으로써 전통적 투자 관행을 뿌리부터 뒤집는다. 돈의 세상에서 우리는 당장 눈앞에 보이는 것에 초점을 맞춘다. 이런 행동을 심리학 용어로 '가용성 편향availability bias'이라고 한다. 우리는 〈월스트리트저널Wall Street Journal〉, CNBC, 〈배런스Barron's〉, 또는 〈USA투데이USA Today〉의 경제면 등 전통적 미디어를 통해 수십만 가지에 이르는 주식과 채권, 펀드 등 개별 투자 종목을 쉽게 관찰하고 고민할 수 있다. 최근에 눈부신 실적을 거둔 종목들은 무시하기가 힘들다. 이 종목들이 우리를 부자로 만들어줄 것만 같다.

그러나 이런 상황이야말로 눈에 가장 잘 보이는 것이 반드시 가장

중요한 것은 아닐 수도 있다는 사실을 보여주는 전형적인 사례다. 부분은 부분일 뿐, 전체를 이루는 일부에 불과하다. 더 중요한 것은 전체 포트폴리오를 구성하고 유지하는 방법이다. 그리고 물론 전체 포트폴리오보다 훨씬 중요한 것은 우리 자신이 선택하고 결정하는 행동이다.

삼각형의 세 요소를 하나씩 살펴보자.

행동 —

부의 열쇠는 재무학이 아니라 심리학이다

투자자의 일차 관문은 시장을 이해하는 것이 아니라 자신을 이해하는 것이다. 시장 관찰자 제이슨 츠바이크Jason Zweig는 이렇게 적었다. "성공은 게임에서 타인을 이기는 데서 오지 않는다. 자신의 게임에서 스스로를 통제하는 것이 성공의 핵심이다." 따라서 우리가 장기적인 재무 목표를 달성하려 할 때 가장 중요한 것은 재무학이 아니라 심리학이다.[1]

이런 시각이 인정받은 지는 이미 한참 되었다. 금융의 세상은 한눈에 보기에도 대체로 복잡하고 많은 기교가 필요하다. 그럴 만한 이유가 있다. 수익성이 높은 산업인 금융에서는 복잡성이 중요하고, 경쟁자가 공격할 엄두를 내지 못하도록 넓고 깊은 해자를 두르고 있다. 금융이 쉬우면 고객을 잃을 가능성도 높아진다.

그런 금융업에 전환기가 찾아왔다. 우리의 뇌에는 여러 가지 인지 편향과 감정적 착오가 프로그래밍되어 있다는 사실은 충분히 입증되었다. 성공적인 머니 라이프의 열쇠는 그런 편향을 극복하고 바로잡는 것이다. 좋은 투자 결정에 방해가 되는 행동들을 '감정' 때문이라는 일률적인 표현으로 묶는 것은 더는 변명도 되지 않는다. 최근의 학문 발전은 개인이 목표를 정의하고 달성하게 되는 이유를 풍부하고 방대한 통찰을 통해 설명한다. 대니얼 카너먼의 2011년 베스트셀러 《생각에 관한 생각》은 행동경제학을 주류 경제학으로 끌어올렸다. 마이클 루이스**Michael Lewis**의 《생각에 관한 생각 프로젝트**The Undoing Project**》는 전통에 반박하는 이 괴짜 학문을 누구나 이해할 수 있도록 쉽게 설명한다. 행동경제학 연구의 선구자인 리처드 탈러**Richard Thaler**가 2017년 노벨 경제학상을 받은 것도 이 학문이 열매를 맺었음을 보여주는 증거였다.

누군가는 우리의 행동을 정의하는 여러 편향이 '비합리성'의 원천이라고 주장할지도 모르지만, 내 생각은 다르다. 우리는 비합리적이지도 않고, 멍청하지도 않다. 우리는 인간이다. 우리는 '정상'이다.

행동경제학 도서들을 잠깐만 훑어도 우리의 뇌에 내장된 기이한 편향이 수십 가지는 나온다. 그런 편향의 원인은 시스템 1 사고, 또는 '빠른' 뇌에 있다. 시스템 1은 능숙한 솜씨로 우리를 안전하게 지켜주고 매끄럽게 기능하지만, 반면에 인지와 판단·결정에서 구조적 착오를 수도 없이 저지르는 모순도 보인다.

앞에서도 행동과 인지 편향을 여러 번 언급했다. 158쪽의 표에는 대표적인 인지 편향들이 요약·정리되어 있다. 행동과 인지 편향에 대한 설명은 이 책 전체에서 계속 등장하며, 현재 자아와 미래 자아의 관계에 대해서는 뒤에서 자세히 살펴볼 것이다.

이 편향들을 비롯해 여러 편향에 사로잡혀 잘못된 결정을 내리거

대표적인 강력한 인지 편향

손실 회피

손실의 고통은 이득의 기쁨보다 더 크게 느껴지고, 이런 손실 회피는 우리의 위험 감수 방식에 영향을 미친다.

과잉확신 편향overconfidence bias

우리는 자신이 가진 지식을 과대평가하는 오류에 빠져 지나치게 대담한 결정을 내린다.

확증 편향

우리는 자신이 믿고 있는 신념에 부합하는 정보를 찾아다니고, 새로운 것을 학습하지 않으려는 경향이 있다.

가용성 편향

우리는 곧바로 이용할 수 있는 정보를 더 중요하게 생각하고, 바로 이용할 수 없는 정보는 원하지 않는 경향이 있다.

최신 편향recency bias

우리는 결정을 내릴 때 가장 근래에 얻은 정보를 가장 중요하게 생각한다.

소유 효과endowment effect

우리는 자신의 소유가 된 물건에 더 높은 가치를 부여한다. 그래서 팔아야 하는 순간이 와도 그 물건을 팔려고 하지 않는다.

나, 아예 결정 자체를 내리지 않으면서 상당한 투자 손실이 발생할 수 있다. 그러나 여기서 우리의 목표는 이런 인지 편향을 완전하게 이해하는 것이 아니다. 편향을 이해한다고 해서 훌륭한 투자 실적으로 이어지지는 않기 때문이다. 행동과 인지 편향 연구의 공동 창시자라고 할 수 있는 대니얼 카너먼은 행동 편향을 극복하는 방법이 무엇이냐는 질문을 받았을 때 이렇게 대답했다. "거의 없습니다. 나는 40년이나 이 분야를 연구했지만, 여전히 그런 실수를 저지릅니다. 편향에 대한 이해가 편향을 피하는 비법이 되지는 못하는 것이죠."[2]

결국 자신에게 프로그래밍된 편향을 해제하는 것이 성공의 비법은 아니다. 피할 수도 없고 벗어나지도 못하는 약점과 실수의 결과를 조금이라도 줄이는 방법을 찾는 것이 성공의 비법이다. 출발점은 돈과 투자와 관련된 경험은 다른 경험과 다르다는 사실을 인정하는 것이다. 다른 중요한 결정과 다르게 돈과 관련된 결정을 내리는 시점과 그 결과로 보상과 처벌을 받는 시점 사이에는 영원처럼 길게 느껴지는 잠정적 시차가 존재한다. 인간은 많은 능력이 있지만 몇 년 뒤의 미래에나 찾아올 결과를 가늠하는 능력은 크지 않다.

좋아하는 치즈버거를 맛있게 먹는 경험을 상상해보자. 이때의 쾌락은 식당에 앉기 전부터 시작된다. 좋아하는 치즈버거를 먹는다는 생각에 기대감이 생겨나면서 뇌에서는 도파민이 분비된다. 기대감이야말로 즐거운 경험을 만드는 핵심이다. 전에도 치즈버거를 먹어본 적이 있기 때문에 당신은 그 맛과 냄새, 모양, 느낌, 심지어 소리가 어떨지도 미리 짐작한다. 치즈버거를 주문하고 나오기까지 잠깐의 시차는 충분히 예상했던 것이다. 그리고 치즈버거를 한입 먹는 순간, 와우! 오감이 충족된다. 먹는 순간과 즐기는 순간 사이에 잠정적 시차는 존재하지 않는다. 즉시 쾌락을 얻는다.

투자도 일종의 소비 행동이지만, 즐거움을 즉시 얻는 치즈버거와는 여러 면에서 반대되는 소비 행동이다. 주식을 사면서 즐거운 기대감을 얻기는 힘들다. 급상승할 만한 호재 정보를 미리 얻는다면 맥박이 빠르게 상승한다. 이때 주식이 주는 기대감은 아무리 좋게 말해도 불완전한 기대감이다. 뒤의 사각형을 보면 알 수 있듯이 어떤 투자를 하면서 즉각적이고 명확한 기대감을 얻기는 힘들다. 많은 사람이 즐겁지 않은 투자 경험을 하는 이유도 여기에 있다. 주식이나 채권, 펀드를 사는 '소비'의 순간에는 아무 일도 일어나지 않기 때문에 당연히 흥분하는 감각도 없다. 실제로 투자를 한 뒤 우리는 매수(소비)와 즐거움(효용)의 오랜 단절을 경험한다. 이 긴 단절이 언제 끝날지는 아무도 모른다.

이렇게 소비와 효용의 시차가 벌어질수록 인간이 실수할 여지는 수도 없이 많아진다.

행동 격차

1장에서 나는 투자에서는 감정 지능이 금융 지능보다 훨씬 중요하다는 사실을 가장 강력하게 입증하는 기준점으로, '우리는 체계적으로 비쌀 때 사고 쌀 때 판다'라는 사실을 제시했다. 우리의 투자 행동은 금융이론으로는 물론이고 상식적으로도 말이 안 된다.

개인투자자들의 수익률이 형편없다는 사실은 압도적인 증거로도 나타난다. 2015년 말까지 20년 동안 미국 증시는 거의 4배 올랐다. 같은 기간 바이앤드홀드buy and hold(매수 후 보유) 투자의 평균 수익률은 483%였다. 그러나 미국 주식형 뮤추얼펀드 투자자의 평균 수익률은 251%에 그쳤다. 이 차이를 '행동 격차behavior gap'라고 한다.

투자자들의 게임 수익률이 '절반'에 그친 이유는 무엇인가? 바로 '진화' 때문이다. 생존 본능은 우리를 인지된 위험으로부터 도망치고 인지된 기회에 서둘러 덤벼들게 만든다. 이것은 어느 분야에나 적용되는 진리다. 돈의 영역도 예외가 아니다. 시장이 상승한다 싶으면 투자자는 긍정적인 감정에 빠진다. 강세장은 낙관하는 분위기를 조성한다. 시장이 오랫동안 상승세이기 때문에 새로운 고점 역시 짐작보다도 훨씬 자주 형성된다. 시장의 일일 추이에 초점을 맞추는 사람들의 뇌는 새 고점이 형성될 때마다 도파민을 분비하면서(새 고점이 신체의 흥분을 이끈

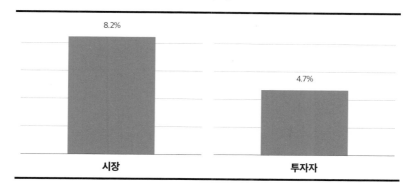

비싸게 사고 싸게 파는 투자(연간 수익률, 1996~2015)

8.2%

4.7%

시장

투자자

다) 더 많은 투자를 하게 만든다.

그러나 시장이 하락세로 접어들면 신중론이 고개를 든다. 뇌의 화학물질에 찬물이 끼얹어지고 대중의 투자 분위기도 움츠러든다. 증시가 '추락'하는데 주식을 살 사람이 있을까? 거의 없다. 손실이 지금보다도 훨씬 높아질 것 같은 전망이 커질수록 우리는 출구 쪽으로 자꾸 눈을 돌린다. 이것이 우리 뇌에 깊이 자리한 생존 본능이다.

상당한 증거 사례가 이런 탐욕과 두려움의 사이클을 입증한다.[3] 위의 그래프는 2개의 숫자를 보여준다. 왼쪽 막대의 숫자는 미국 대형주의 20년간 연평균 수익률이다. 대형주의 연간 수익률은 8.2%였다.

오른쪽 막대의 숫자는 투자자들의 실제 매매 결정을 반영한 복합수익률을 보여준다. 우리는 어떤 때는 시장에 돈을 투자하고, 어떤 때는 투자한 돈을 다 빼낸다. 데이터를 이용하면 이 모든 행동을 반영해 실제 수익률을 정확하게 측정할 수 있다. 똑같은 20년 동안 투자자들의 연평균 복합수익률은 4.7%에 불과했다.[4]

그러나 퍼센티지도, 금융통계도 차갑고 추상적으로만 와닿는다. 여기에는 평범한 사람들의 행동이 잘 반영되지 않는다. 그러다 보니 8.2%와 4.7%의 격차가 지니는 의미가 머릿속에 단번에 들어와 박히지는 않는다. 하지만 퍼센티지가 아니라 돈으로 환산하면 고점에서 사고 저점에서 파는 행동의 결과를 더 직관적으로 이해할 수 있다.

금액으로 환산했더니 한두 푼이 아니다. 투자 포트폴리오 총액을 10만 달러라고 가정했을 때, '설정 후 자동 매매set it and forget it' 전략과 '무조건 직접 투자let people be people' 전략의 수익액 차이는 무려 23만 3093달러나 된다(포트폴리오 총액은 원하는 대로 설정할 수 있지만, 수익액이 2배 정도 된다는 점은 변하지 않는다). 만약 그 20년이 45세에 시작해 65세까지 이어진다면 더 좋은 투자 행동만으로도 안락한 노후가 몇 년은 더 늘어난다.

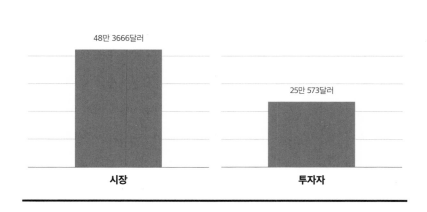

잘못된 투자 결정으로 인한 수익금 차이(달러 환산 수익, 1996~2015)

48만 3666달러 — 시장

25만 573달러 — 투자자

선택권 없음을 선택하라

무언가를 시작할 수 있는 선택권이 있는지, 있다면 원하는 것이 있는지 는 투자 결정을 가르는 중요한 분기점이다. 살다 보면 우리는 많은 것 에서 선택을 하게 된다. 집에서 밥을 차려 먹지 않고 외식을 하기로 결 정한다면, 그다음에는 식당을 골라야 하고, 또 그다음에는 메뉴 중에서 하나를 골라야 한다. 그 반대의 시나리오도 있다. 만약 디너파티에 초대 를 받아 참석한다면, 우리는 배정받은 자리에 앉아 차려준 대로 먹어야 할 수도 있다.

우리는 이런 유형의 선택 상황 – 재량권의 유무 – 을 매일같이 만난 다. 소비, 건강, 일, 교통, 교육, 돈에 이르기까지 모든 사안에서 우리는 재량권이 있을 때도 있고 없을 때도 있다. 대개는 사소한 사안에 대한 재량권이고, 있든 없든 별다른 영향은 없다. 초대한 집주인의 요리 실력 이 형편없을 수도 있지만, 탄 스테이크를 먹는다고 해서 죽지는 않는다.

그러나 어떤 사안은 전혀 사소하지 않다. 예를 들어 회사가 제공하 는 퇴직연금에 가입하는 경우가 그렇다. 우리가 받는 월급에서 매달 일 부가 자동으로 그 퇴직연금 계좌에 적립된다. 퇴직연금에 가입한다는 것은 결국 자동조종장치가 알아서 투자 결정을 내리게 한다는 뜻이다. 한번 퇴직연금에 가입한 사람들은 나중에 가서 투자를 철회하거나 하 지는 않는다. 반면에 다른 투자 상품들은 투자자가 매매 종목을 직접 선택하는 재량권을 가진다.

두 투자 전략의 놀라운 수익률 차이는 중요한 사실을 일깨운다. '똑 같은 금액'을 '똑같은 기간 동안' 투자했어도 투자자마다 결과는 크게 달라질 수 있다는 사실이다.

A 금액을 10년 동안 투자 → 높은 수익률

A 금액을 10년 동안 투자 → 낮은 수익률

어떻게 이런 결과가 나오는가? 투자자가 투자 재량권을 가지고 있느냐, 아니면 투자를 자동조종장치에 맡기느냐가 결과의 차이를 가른다.

재량 투자와 자동운용 투자를 비교해보면 실적 차이가 곧잘 크게 벌어지곤 한다. 예를 들어 세계 최대 뮤추얼펀드인 뱅가드 500 인덱스 펀드의 수익률을 살펴보자. 운용 자산 규모가 6200억 달러인 뱅가드 500은 크게 2가지 유형으로 나뉜다.[5] 두 유형 모두 포트폴리오는 똑같지만, 하나는 자동운용 계좌이고 다른 하나는 자유재량 계좌다. 두 펀드의 유일한 실질적 차이는 수수료가 조금 다르다는 점이다(금액으로 환산해도 1센트의 몇 분의 1 정도에 불과하다).

예상했겠지만 두 펀드의 투자 실적은 거의 같다. 지난 10년 동안 자동운용 펀드VINIX의 연평균 수익률은 6.9%였고, 자유재량 펀드VFINX의 연평균 수익률은 6.8%였다. 수익률이 약간 벌어진 원인은 소액의 수수료에 있었다.[6]

그런데 좀 더 깊이 파고들면 더 흥미로운 그림이 펼쳐진다. 자유재량 펀드에서 행동 격차가 크게 나타난다. VFINX의 실제 연간 수익률이 6.8%였다고 하지만, 펀드 투자자의 평균 수익률은 4.3%에 그쳤다. 이 10년에는 2008년도 포함되어 있었기 때문에, 금융위기 때 충동적으로 팔았다가 그 후 시장이 반등한 뒤 투자를 재개하지 못한 것이 행동 격차의 가장 큰 원인이었다.

제약의 효과

자유재량 펀드			자동운용 펀드		
실제 수익률	투자자 수익률	행동 격차	실제 수익률	투자자 수익률	행동 격차
6.8%	4.3%	-2.5%	6.9%	7.7%	+0.8%

자동운용 펀드 투자자들이 훨씬 좋은 수익률을 올렸다. VINIX의 연간 수익률은 6.9%였지만, 펀드 투자자는 실제로 평균 7.7%의 수익률을 벌었다. 행동 격차가 플러스가 된 것이다! 그 이유는? VINIX 투자자는 호황이든 불황이든 매달 똑같은 금액을 적립했기 때문이다. 그리고 그들은 2008년에도 주식을 팔지 않았다. 게다가 정액 적립이기 때문에 시장이 하락할 때는 많이 사고 시장이 상승할 때는 적게 산 셈이었다. 저점에서 사고 고점에서 파는 것의 다른 형태였다. 그 결과 VINIX 투자자는 높은 펀드 수익률을 거두었다.

결론적으로, 자동운용 펀드 투자자는 자유재량 펀드 투자자보다 훨씬 즐거운 투자 경험을 했다. 좋은 결정과 나쁜 결정에 따른 투자 수익의 차액은 크다. VFINX에 10만 달러를 투자한 투자자의 최종 금액은 16만 630달러였지만, VINIX 투자자의 최종 금액은 62% 정도가 차이나는 26만 87달러였다. 이것은 뜬구름 잡기식 투자 결과가 아닌 데다, 우리의 생활을 바꿀 수 있는 큰 차액이다.

자동운용 펀드 투자자가 자유재량 펀드 투자자보다 더 '똑똑해서' 이런 결과가 빚어진 것은 아니다. 그들 대다수는 MBA나 그 어떤 금융학 학위도 없을 것이다. 한쪽 투자자는 유연성이 높았지만 그 유연성을 남용한 데 반해 다른 한쪽 투자자는 자동운용 장치에 선택권을 빼앗겼지만 그 대가로 높은 수익률을 벌었다.

투자에서는 근질거리는 검지가 말썽을 불러온다. 시장이 흔들릴 때는 도망치고 싶은 욕구를 참기 힘들다. 그리고 우리는 시장을 나왔다가 다시 들어가는 데는 대단한 용기가 필요하다는 사실을 쉽사리 망각한다. 지극히 자연스러운 현상이다. 우리의 뇌는 그렇게 행동하도록 프로그래밍되어 있기 때문이다.

그러나 충동 조절은 어느 정도까지는 가능하다. 적절한 양육과 가르침, 사회화를 통해 개인은 의지력을 기를 수 있다. 데이터만 봐서는 안 좋은 결과가 예상될지라도 좋은 결과는 얼마든 나올 수 있다. 앞에서처럼 재량권을 없애는 것도 한 가지 해결책이다. 자동운용 투자 계좌를 신청하는 순간 좋은 수익률을 거둘 가능성도 높아진다.

미국 역사상 가장 성공적인 저축 상품 중 하나도 그 방식을 택했다. '점진적 저축 증대 Save More Tomorrow' 저축 상품을 개발한 행동경제학자들은 작지만 중요한 부분에서 상품의 기본 설계를 뒤틀어 투자자들이 추가로 수십억 달러를 더 저축하게 만드는 데 성공했다.[7] 그 설계 변화란 기업 퇴직연금 제도에 '부정의 동의 negative consent' 방식을 채용한 것이었다. 다시 말해, 점진적 저축 증대 상품은 일반적인 저축 상품처럼 저축자에게 가입 동의를 묻는 '옵트인 opt in' 방식이 아니라, 저축자의 자동 가입을 전제로 하고 그들의 선택에 따라 상품 가입을 철회하는 '옵트아웃 opt out' 방식을 채택했다. 기본적인 선택 사항과 제약 사항은 다른 상품과 똑같게 하되, 옵트아웃 방식을 택함으로써 점진적 저축 증대 상품은 훨씬 많은 저축을 끌어모을 수 있었다.

그러나 이런 상품에 가입할 기회도 없고, 자신을 통제하지도 못하는 사람이 많다. 그럴 때는 좋은 재무상담사를 고용하거나 좋은 롤모델을 모범으로 삼아야 한다. 우리는 존경하는 사람을 참고해서 삶의 방향을 설정하고, 좋아하는 사람의 행동을 흉내 낸다. 유능한 재무상담사를 고용한 사람이 자산을 더 잘 관리하는 이유는 이 재무상담사들이 시장을 잘 알기 때문이 아니라 증시가 추락할 때 서둘러 주식을 파는 것과 같은 나쁜 투자 행동을 잘 제지해주기 때문이다. 마찬가지로 시장 상황에 일희일비하는 사람들과 같이 움직인다면, 뒤처지기 싫다는 마음이 커지게 된다. 특히 과시성 소비를 하고 싶은 마음이 커진다. '옆집 사람이 새 아우디를 샀네? 나도 사야 하는 거 아냐?' 건전한 소비 습관을 가진 사람들과 어울리면 재무적으로 더 건강한 결과가 나온다. 자산 관리의 고전《백만장자 불변의 법칙**The Millionaire Next Door**》에서는 이웃의 소비에 흔들리지 않는, 검소한 백만장자 수백 명의 사례를 소개한다.[8]

더 나아가, 건전한 소비 결정이 습관이 되도록 노력해야 한다. 다시 말해, 깊이 생각하지 않아도 건전한 소비 결정을 내리는 습관을 일상에 뿌리내려야 한다. 습관적으로 무언가(예컨대 규칙적인 저축)를 하고 습관적으로 무언가(예컨대 분에 넘치는 생활)를 하지 않는 것이 일상이 되어야 한다. 더 좋은 소비와 투자 습관을 찾는다는 것은 단순 적응 시스템을 표출하는 중요한 방식이다. 이런 습관을 기름으로써 우리는 직접 통제하고 싶고, 결정을 번복하고 싶고, 추가적인(쓸모없는) 정보를 소비하고 싶은 심리적 압박에서 벗어날 수 있기 때문이다.

머릿속의 잡음이 시간이라는 조용한 영역과 충돌할 때 우리는 혼란에 빠진다. 우리는 장기적인 성공의 열쇠는 우리 자신이 쥐고 있다는 사실을 자주 망각한다. 원칙에 따라 규칙적으로 꾸준히 하는 투자는 생각지도 못한 놀라운 결과를 만든다. 누구나 훨씬 멋진 투자 경험을 누릴 수 있다.

성공 투자에서는 당신의 행동 방식이 가장 중요한 요소다.

포트폴리오

행동이라는 방대한 하늘 아래, 그리고 전통적 재무라는 드넓은 땅 위에는 똑똑한 투자 결정을 내리기 위한 3개의 길이 나 있다. 올바른 시장 선택, 시장 안에서 올바른 구성 요소 선택, 시장 진입과 퇴장을 위한 올바른 시기 선택이다. 전문 용어로는 '자산 배분', '증권 선택', '시장 타이밍'이라고 한다.

　우선, 세 번째인 시장 타이밍은 불가능한 길이라는 것부터 분명히 짚고 넘어가자. 더는 말이 필요 없다. 어쩌다 시장이 올라갈지 내려갈지 정확히 예측했다고 해서 시장 타이밍을 예측하는 능력이 뛰어나다고는 말할 수 없다. 기껏해야 일부 전문 트레이더나 투기꾼만이 전술적 매매를 잘할 뿐이다. 그들이 하는 게임은 개인투자자나 재무자문이 하는 것과는 다르다. 그런 게임에서 투자하는 것이 아니라면 시장 타이밍은 헛짓에 불과하다.

이러면 현명한 투자 전략으로는 적절한 자산 배분과 개별 종목 선택이라는 2가지 길만 남는다. 자산 배분이 더 중요한데, '분산dispersion'이라는 큰 이유에서다. 통계 개념인 분산은 선택의 폭이 얼마나 넓은지를 관찰한다. 분산은 하나의 표에 속한 선택들의 차이가 얼마나 되는지로 정해진다. 선택지가 다양하면 '올바른' 선택을 고를 수 있는 기회도 늘어난다. 선택지가 적으면 기회도 줄어든다.

조금 뜬금없는 예이긴 하지만, 공항이나 쇼핑몰의 푸드코트에서 자산 배분과 증권 선택의 적절한 교훈을 얻을 수 있다. 나는 비행기를 탈 때는 항상 오헤어공항을 이용하는데, 3번 터미널 식당가에 있는 맥도날드, 부리토 비치, 던킨 도넛, 레지오스 피자, 오브라이언스, 만추 워크, 비스무스 스무디스, 프레이리 탭, 토르타스 프론테라 중에서 하나를 골라야 한다. 9개의 식당은 중점 메뉴가 다르다. 버거, 중국 음식, 멕시칸 음식, 피자, 델리 샌드위치, 샐러드 등으로 나뉜다.

만족스러운 결정을 내리려면 먼저 무엇을 해야 하는가? 9개의 식당 중 어디를 갈지부터 선택해야 한다. 식당마다 나오는 음식이 다르고, 식당을 결정하게 하는 것은 내 선호도다. 이를테면 나는 버거보다는 멕시칸 음식을 좋아한다. 그래서 나는 맥도날드가 아니라 토르타스 프론테라를 선택한다. 둘 중 어디를 가든 수십 가지 메뉴가 있지만, 나는 보통은 그 식당의 대표 메뉴를 고른다. 맥도날드에 가서 빅맥이나 쿼터 파운더를 선택하든, 토르타스 프론테라에서 초리퀘소 토르타나 훈제 포크 몰렛을 고르든, 맛있는 식사의 첫 번째 요소는 식당이다. 메뉴를 고르는 것은 그다음이다. 맥도날드와 토르타스 프론테라의 효용의 차이(즉 분산)가 같은 식당이 제공하는 메뉴의 차이보다 크다. 따라서 적절한 식당을 선택하는 것이 음식을 고르는 것보다 더 중요하다.

투자 결정도 다르지 않다. 제일 중요한 선택은 '자산군'이다. 자산군마다 움직이는 성격이나 논리가 다르기 때문이다. 자산군을 크게 나누면 주식, 확정이자부 채권, 부동산, 원자재, 통화, 현금이다. 현실에서 3개의 '중요 자산군'은 주식, 채권, 현금이다. 이 세 범주도 제각기 폭넓게 세분화된다. 예를 들어 주식은 국내주와 해외주, 대형주와 소형주가 있고, 분야에 따라서도 기술주, 헬스케어주, 제조업주 등으로 구분된다. 글로벌 시장 단위로 형성되는 채권은 주식시장보다도 훨씬 방대하고 복잡하다. 국채, 투자 적격 등급 기업, 하이일드 펀드, 자산유동화채권, 주택담보부채권 등 아주 다양하게 구분된다. 이렇게 구분하는 이유는 어떤 자산군을 선택하든 용어나 분석상에서 혼동을 일으키는 것을 방지하기 위해서다. 그러니 미리 겁먹지 않아도 된다. 뒤에 가서 이 분류를 단순화하는 작업을 할 것이다.

포트폴리오 구성은 현재 상황에 맞게 주로 결정된다. 예를 들어 10년 뒤라는 비교적 먼 미래의 목표를 계획하고 있다면 보통은 주식을 소유하게 된다. 가까운 미래에 목표를 달성해야 한다면, 예컨대 2~3년 뒤부터는 확실한 소득이 나와야 한다면 자산군 선택이 조금 더 까다로워진다. 가까운 미래에 목표를 달성해야 한다면 더 보수적인 투자를 하는 것이 맞다.

올바른 자산군으로 포트폴리오를 구축하는 것이 개별 종목 선택보다 더 중요하다는 사실이 대규모 연구를 통해 입증되었다. 1986년 게리 브린슨**Gary Brinson**은 일부 기관투자자가 다른 투자자보다 더 좋은 실적을 거두는 이유가 무엇인지를 분석했다.[9] 연구진은 성공 포트폴리오의 3가지 요소 – 자산 배분, 증권 선택, 시장 타이밍 – 중에서도 첫 번째 요소가 가장 중요하게 작용한다고 결론지었다. 실적이 차이 나는 원인의 약 94%는 자산 배분의 차이에서 기인했다. 증권 선택과 시장 타이밍은 의미 있는 기여를 하지 못했다. 이견이 거세게 나올 수는 있지만, 대체로는 수긍할 만한 놀라운 결과였다.

2000년에 로저 이보슨Roger Ibbotson과 폴 캐플런Paul Kaplan은 투자자들의 실적 차이는 '약 90%'가 자산 배분에서(또는 그들의 표현을 빌리면, "펀드의 정책적 벤치마크의 변동성"에서) 그 원인을 찾을 수 있다는 것을 입증했다.[10] 미국 대형주에 포트폴리오의 가장 많은 자산을 배분하기로 결정했다면, 구체적으로 어떤 대형주 펀드에 투자할지 결정하는 것은 그 다음의 부차적 문제다. 중요하지 않다는 것이 아니라, 실적을 이끄는 가장 주된 요인이 아니라는 뜻이다. 만약 내가 먹고 싶어서 버거가 아니라 멕시칸 음식을 선택한다면, 그 식당에서 초리퀘소를 시키든 훈제 포크 몰렛을 시키든 나는 맥도날드보다는 토르타스 프론테라에서 더 맛있는 식사 경험을 하게 될 것이다.

자산을 적절히 배분하는 것이 가장 중요하기는 하지만 세세한 수치까지 집착해서는 안 된다. 포트폴리오의 세부 구성비를 추천하는 것은 금융 전문가나 기관투자자, 투자자문의 일이다. 금융 전문가라면 주식에 69%를 배분하는 것과 71%를 배분하는 것의 실제 차이를 알 수 있을지도 모른다. 그러나 현실에서 우리는 결과에 차이가 별로 없는 것도 세세하게 구분하려 한다. 웬만한 포트폴리오에서는 자산 배분을 몇 퍼센트 조정하려고 세금이나 거래 비용, 시간, 정신적 에너지까지 쏟을 가치가 없다.

현대 포트폴리오 이론의 선구자 해리 마코위츠**Harry Markowitz**는 이에 관한 훌륭한 조언을 들려준다. 마코위츠는 자신의 포트폴리오를 위한 최적 자산 배합을 고민했지만, 그의 명민한 머리로도 감당하지 못할 만큼 너무 복잡한 일이라는 사실만 알게 되었다. "그것은 자산의 역사적 공분산을 계산하고 효율적 투자선**efficient frontier**을 그려야 하는 일이었다." 그 대신 그는 행동 경로를 단순화했다. "나는 오르는 증시에 내가 참여하고 있지 않거나, 반대로 증시가 내려가는데 내가 거기에 발을 깊이 담그고 있을 때 내가 느낄 슬픔을 상상했다. 그래서 나는 포트폴리오 기여분을 주식과 채권에 대해 똑같이 50:50으로 나누었다." 마코위츠는 자신의 선구적 이론을 정작 본인의 자산 관리에는 적용하지 못했다. 노벨 경제학상 수상자에게도 포트폴리오 계획은 '그만하면 충분'했다. 우리에게도 그만하면 충분한 수준이다.

성공 투자에는
합리적 자산 배분이 반드시 필요하다.

개별 종목

영화 〈찰리와 초콜릿 공장〉을 본 사람이라면 누구나 기억하는 장면이 있다. 방문객들이 작은 문을 열자 초콜릿 강이 흐르고 캔디 나무와 롤리팝 꽃이 사방에 펼쳐진 거대한 방이 나온다. 즐거운 탄성이 저절로 나오는 장면이다. 우리 안의 경이와 탐욕에 불이 붙는다. 오늘날의 금융 전문지와 TV 프로그램들도 우리에게 큰 부자가 될 수 있을 것이라는 환상을 심어주는, 어른을 위한 총천연색 초콜릿 공장이다. 부자가 되고 싶은 성인에게 '시장'은 우리의 희망과 탐욕을 부추기는 상품들이 끝없이 흘러나오는 초콜릿 강이다. 우리는 어느 순간 영화 속의 식탐 강한 소년 아우구스투스 글룹과 같은 투자자가 되었다.

17세기의 튤립 구근 투기부터 21세기의 비트코인 열풍에 이르기까지 현란하게 빛나는 투기 광풍은 우리 눈을 현혹한다. 자산 관리의 세계에서는 언제라도 우리의 관심을 끄는 투자상품이 등장하기 마련이다. 24시간 내내 움직이는 글로벌 시장에서는 주식, 채권, 통화, 원자재, 파생상품, 뮤추얼펀드, 헤지펀드, ETF, 부동산을 비롯해 온갖 투자 기회가 생겨난다. 투자 지식이 풍부하든 아니든 이런 기회를 보는 순간 우리는 심박수가 상승하고, 동공이 확장하고, 피부가 달아오르고, 뇌에서는 도파민이 분비된다.

포트폴리오에 집어넣을 투자상품이 중요하기는 하지만, 그것이 우리가 원과 삼각형의 여정을 전진하게 만든 대원칙인 단순 적응 시스템보다 중요하지는 않다. 이렇게 생각하면 된다. 집을 지을 때는 괜찮은 목재와 벽돌을 고르는 것이 중요하지만, 그것도 도시와 동네 그리고 평면도를 고른 후에나 따질 일이다. 적절한 맥락 안에서 이루어진 성공적인 증권 선택은 부를 일구는 데 큰 도움이 될 수 있다. 마이크로소프트의 초기 투자자들은 평생 먹고살고도 남을 돈을 벌었을 것이다. 엔론의 투자자들은 땡전 한 푼 건지지 못했을 것이다. 그런데 여기서 문제는 이기는 주식, 특히 삶에 커다란 변화를 불러오는 주식을 고르려고 노력하다 보면 나쁜 투자 결정을 내리도록 유도하는 심리 편향이 고개를 들이밀기 십상이라는 사실이다.

최종 목적을 달성하기 위해서라도 적절한 주식, 채권, 펀드를 고를 때는 실수를 줄이는 것을 일차 목표로 삼아야 한다. 포트폴리오에 복구할 수 없는 피해를 불러올 만한 투자 종목은 피해야 한다.

패배하는 주식을 피하는 것은 승리하는 주식에 모험을 거는 것보다 재미가 떨어진다. 수성은 원래 재미가 없다. 실제로도 포트폴리오 운용에 어려움을 겪는 사람들은 흥미진진한 '게임'을 원하는 사람들이다. 카지노 게임처럼 주식과 채권 매매 역시 짜릿한 재미를 줄지는 몰라도, 돈을 따고서 라스베이거스를 떠나는 사람은 거의 없다는 점을 잊지 말아야 한다.

종목을 고르는 것은 누구에게든 쉬운 게임이 아니다.[11] 거래의 승자가 되고 싶은 투자자는 그 거래 상대가 누구인지를 알아야 한다. 당신이 매수자라면 반대편은 매도자이고, 당신이 매도자라면 상대는 매수자다. 그들은 알고 당신은 모르는 것은 무엇인가? 아니 그전에, 당신은 '그들'이 누구인지 알기나 하는가? 그들은 헤지펀드 매니저일 수도 있고, 아니면 슈퍼컴퓨터나 재무자문일 수도 있다. 아니, 어쩌면 당신의 오랜 이웃인 에드일 수도 있다. 그 사람이 누구인지는 알 도리가 없다.[12] 도박판에는, 30분 동안 게임을 했는데 호구가 누구인지 모른다면 그 호구는 당신이라는 말이 있다. 이 말은 투자에도 적용된다.

투자의 '우위'를 원하는 고학력의 시장 전문가를 다 모으면 연대를 만들고도 남을 것이다. 약간의 우위로도 훨씬 높은 수익이 가능하기 때문에 많은 투자자가 시장과 정면 승부를 시도한다. 그러나 수십 년의 데이터는 꾸준히 실적을 내기가 대단히 어렵다는 사실을 보여준다. 스탠더드&푸어스Standard and Poor's의 분석에 따르면, 종목 발굴 전문가의 80% 이상이 시장을 5년이나 10년 내내 이기는 데는 실패했다. 대형주든, 소형주든, 해외 주식이든 마찬가지였다.[13]

마찬가지로, 최고의 펀드를 찾아내는 데 주력한 투자자들 – 꾸준한 경쟁우위를 보여줄 수 있다고 자신하는 전문가를 선택한 투자자들 – 이라고 해서 사정이 더 나은 것은 아니었다. 내가 《투자자의 역설》에서 언급했듯이, 시장을 이기는 종목을 꾸준히 발굴하는 것이 가능함을 보여주는 강력한 증거는 어디에도 없다. 개인도 기관도, 즉 우리의 이웃 에드도 연기금 펀드의 전문 매니저도 대개는 최근에 실적이 높은 주식을 사고 최근에 실적이 낮은 주식을 판다. 극소수의 예외를 빼면, 다들 똑같은 장단에 맞춰 춤을 춘다.

'게임'에서는 제로섬 경쟁보다는 행동과 포트폴리오 구축이 더 중요하기 때문에 게임이 그나마 할 만해진다. 우리는 정확하고 정밀한 포트폴리오가 아니라 적절한 수준의 포트폴리오를 만들고, 그것을 힘들든 쉽든 꾸준히 지키는 데 주력해야 한다.

● ▲ ■

나의 투자 영웅 찰리 멍거는 이렇게 말했다. "뒤집어라, 항상 뒤집어라." 이것은 평범한 문제도 다른 시각에서 봐야 한다는 뜻이다. 관습적 사고는 관습적 결과를 이끈다. 머니 라이프에서 관습적 결과라는 것이 언제나 매력적인 결과라면 얼마나 좋겠는가.

우리의 삼각형은 생각을 뒤집는 3가지 중요한 방법을 제시한다. 하나하나의 방법을 유심히 살펴볼 필요가 있다.

- 첫째, 우리에게는 '더 잘하는 것'이 아니라 '실수를 줄이는 것'이 더 우선이다. 수익률을 높이는 것보다 위험 관리가 우선이다. 위험 관리를 우선에 두는 태도는 현대 자산 관리 문화가 중요시하는 대다수 요소에 정면으로 대치한다. 또한 역사상 가장 위대한 투자자들의 특징이기도 하다. 위험 관리를 우선하는 태도야말로 우리가 우리를 보호하고 게임을 계속하게 해주는 비결이다.
- 둘째, 우리는 자산을 최대화하기 전에 부채에 대한 면역부터 생긴다. 재무자문 대다수는 위대한 투자상품 선택이나 '시장을 이기는' 것에 계속 초점을 맞춘다. 그러나 자산을 불리기 전에 의무(채무)를 관리하는 것이 더 우선이다. 먼 미래의 의무일수록 명확히 정의하기가 힘들지만, 그래도 우리는 의무 관리에 최선을 다해야 한다.
- 마지막으로, 성공 투자의 시작은 거울 들여다보기다. 다시 말해, 자신을 보는 것이다. 창밖을 내다보거나 금융 TV 프로그램만 죽어라 보는 것은 성공 투자의 가능성을 잠식한다. 인지와 행동의 편향은 시간이 흐를수록 금융의 정교함만을 부각한다.

이제는 사각형으로 넘어가자. 여기서도 부를 키우고 유지하는 방법에 대한 생각 뒤집기가 이어진다.

The
Geometry
of
Wealth

PART 4

사각형

전술을
단순화하라

The
Geometry
of
Wealth

흡족한
결과를 위한
실전의 장

CHAPTER 8

우리 뇌에
새겨진 것들

"모든 것은 전보다 더 단순한 정도가 아니라 최대한 단순해야 한다."
— **알베르트 아인슈타인** Albert Einstein

"의심하는 것은 유쾌한 일이 아니지만, 확신하는 것은 어리석은 짓이다."
— **볼테르**Voltaire

단순함은 쉽지 않다

이그나즈 제멜바이스Ignaz Semmelweis 박사는 심란했다. 그가 수석 전공의로 일하는 1840년대 빈 종합병원 산과에서는 출산하고 며칠 만에 죽는 산모들이 부지기수였다. '산욕열'이라는 증상이 산부인과 병동 전체를 휩쓸었다.

산욕열이 왜 그렇게 퍼지는지, 제멜바이스는 이해가 되지 않았다. 알아보니 병동에서 새로 출산한 산모들의 사망률(약 10분의 1)은 원외에서 출산하거나 원내 산파 분만실에서 출산한 산모들의 사망률(25분의 1밖에 되지 않았다)보다 높았다. 훈련받은 의사들이 오히려 산모들에게 치명적 결과를 초래하는 의료 사고를 불러일으키고 있다고 밖에 볼 수 없었다.

해결책 마련에 나선 제멜바이스는 다양한 각도에서 문제를 공격했다. 합리적인 방법도 써보았고(출산하는 동안 산모들의 체위), 비합리적인 방법도 써보았다(병동에 사망자가 생겼을 때 사제들이 벨을 울리는 방식). 그러는 동안에도 병동의 다른 의사들은 계속 '전통적' 방법으로 산욕열을 치료했는데, 사혈이나 부항, 수시로 관장하기, 여러 마리의 거머리 사용하기 등이었다. 어떤 방법도 효과가 없었다.

제멜바이스는 '시체의 유독 물질'이 주된 원인이라는 최종 결론을 내렸다. 19세기 중반 병원에서는 한 의사가 산부인과부터 병리학과에 이르기까지 여러 과를 동시에 맡는 것이 일반적이었다. 그는 의사들의 더러운 손이 산모들을 감염시킨다고 추측했다. 특히 의사들이 시신의 피와 내장을 만진 손을 씻지도 않은 채 산모들을 진찰하면서 산모들의 발열을 일으키고, 심지어는 그들을 사망에 이르게 한다고 생각했다.

제멜바이스가 생각한 해결책은 간단했다. 손 씻기였다.

이것은 21세기를 사는 우리한테나 간단한 일이다. 역사 전체로 보았을 때, 의사들이 환자 한 명의 진찰을 끝내고 매번 혹은 가끔이라도 손을 씻어야 한다는 생각을 조금이라도 하게 된 것은 얼마 되지 않았다.[1] 하지만 손 씻기는 효과가 있다. 빈 종합병원에서 손 씻기를 의무 규정으로 정한 뒤 산욕열로 말미암은 사망자 수는 100분의 1로 줄었다.

제멜바이스의 '간단한' 해결책은 의학사에 큰 전환점을 불러일으킨 혁신이었고, 그 후 수십 년 동안 조지프 리스터Joseph Lister와 루이 파스퇴르를 비롯한 19세기 학자들이 미생물의 병원균설을 발전시키는 데도 도움을 주었다. 지금 우리가 당연하다고 여기는 것은 처음 도입되었을 때는 당연하지 않았다.

●▲■

단순함은 쉽지 않다.

이론에서도 실제에서도 단순한 것은 매력적이다. 모든 세대는 세상이 과거보다 복잡해졌다고 생각하며, 따라서 불필요한 소음을 줄여줄 만한 것에 마음이 끌린다. 그러나 단순함을 이루기는 보기보다 쉽지 않은데, 복잡성을 갈망하는 인간의 마음도 적지 않은 원인이 된다. 우리는 선택의 폭이 넓을수록 좋아한다. 그것은 음식이든 친구든 뮤추얼펀드든, 어느 분야에서나 다 마찬가지다. 스타벅스 계산대 앞의 긴 줄에 서서 남들의 주문을 한 번이라도 들어본 사람이라면 이 말에 동의하지 않을 수 없을 것이다.

가장 근원적인 수준의 선택권이 대표적으로 활약하는 영역이 바로 자기 삶에 대해 인지하는 통제권이다. 따라서 선택의 폭이 넓으면 더 안전하다고 느낀다. 우리가 선택의 폭이 넓기를 원하는 이유는 탐욕스러워서가 아니라 생존 본능 때문이다.

복잡성이 늘어나면 재미가 늘어나기도 한다. 일에서든 사랑에서든 예술이나 여가 또는 다른 무엇에서든, 단순한 것은 지루할 수 있다. 우리는 풍성하게 펼쳐지는 삶을 원하고, 언제나 똑같은 것이 일색인 생활은 피하고 싶어 한다.[2] 우리는 '미술관 효과museum effect'를 원한다. 당신은 좋아하는 그림을 자세히 관찰하고 싶지만, 그러면서도 다른 보고 즐길 거리도 풍성한 환경을 원한다. 당신이 제일 좋아하는 옷은 청바지이고, 제일 좋아하는 식당은 시내의 멋진 태국 음식점이지만, 그러면서도 당신은 옷장이 꽉 차 있기를 원하고 음식 배달 서비스 앱도 설치하고 싶다. 다양성은 인생의 양념이고, 다양성의 지도에는 단순함에 이르는 길이 그려져 있지 않다.

그래서 복잡한 것이 잘 팔린다. 이케아의 미로 같은 통로나 치즈케이크 팩토리의 메뉴가 너무 복잡하다고 불평하는 사람도 있지만, 이 매장들에는 사람들의 발길이 끊이지 않는다. 금융도 마찬가지다. 좋은 투자 실적은 몇 가지 기본 원칙(싸게 사고 비싸게 팔라, 분산 투자하라, 계획대로 하라 등)만으로도 충분히 달성할 수 있지만, 우리는 복잡성에 마음이 기울어 이런 원칙들을 제대로 실행하지 못한다. 가상화폐부터 헤지펀드까지 가장 짜릿하게 재미있는 자산운용 분야일수록 대단히 복잡하다. '멀리 보고 투자하라'는 현명한 조언을 따르는 것은 비트코인의 발치만큼도 재미있지 않다.

우리는 구조도 논리도 복잡해 보이는 문제에 대해서는 복잡한 해결책을 만들려는 경향이 있다. 그렇기 때문에 남들이 생각하지 못하는 방식으로 세상을 단순화하는 천재들이 등장하면 세상은 그들에게 매료된다. 가장 유명한 예가 알베르트 아인슈타인이다. 그는 하나의 우아하고 단순한 방정식으로 물리학에 대한 이해를 완전히 뒤집었지만, 그가

이 방정식을 완성하는 데는 10년이 넘게 걸렸다. 아리스토텔레스(논리학), 찰스 다윈(적응 이론), 스티브 잡스(디자인)에 이르기까지 전통적 사고를 파괴한 사람들은 더 우아하면서도 단순한 방식으로 세상을 상상함으로써 길이 남을 유산을 남겼다.

단순함은 절대로 쉽지 않다. 시스템 내부의 무질서와 불확실성을 나타내는 엔트로피는 우리 삶의 한 부분이다. 집을 청소하거나 이메일을 정리하다 보면 누구나 절감하는 사실이다. 투자만큼 단순함을 적용하기에 알맞은 분야는 찾아보기 힘들다. 전문 용어와 복잡한 수식이 가득한 투자의 세상에서는 실수를 저지를 가능성이 대단히 높다. CNBC 채널을 틀 때, 〈월스트리트저널〉을 집어 들 때, 블룸버그 단말기를 켤 때, 또는 재무자문에게 상담을 받을 때면 복잡성에 지배당하기 십상이다. 거기에 맞서 싸울 무기가 단순함이다. 그러나 단순함을 이루기는 힘든데, 이럴 때일수록 단순 적응 시스템 원칙을 철저히 지키려는 준비된 마인드를 길러놓는다면 큰 도움이 된다.

투자 결정의 성공을 측정할 때 우리는 기대치 충족을 척도로 삼는다. '좋은' 결정은 합리적이고 적절한 결과를 도출하는 결정이지, 시장을 이기거나 다른 투자자보다 높은 수익률을 거두는 것 같은 임의적 목표를 달성하는 결정이 아니다. '나쁜' 투자 결정은 모호하거나 비현실적인 기대치에서 시작한다. 문제를 단순하게 생각하고 기대치를 복잡하지 않게 정할수록 성공 투자를 향한 채비도 더 단단히 다질 수 있다.

9장에 현실적인 투자 기대치를 정하기 위한 몇 가지 지침이 나오기는 한다. 그러나 무엇보다도, 전체를 최대한 명확하게 보려면 시야를 가리는 나무를 잘라내야 한다. 복잡함을 단순함으로 바꾸는 길목에 뇌가 쳐놓은 2가지 큰 장애물부터 통과해야 한다.

1. **범주:** 투자의 세계는 명확하게 이해하기 힘든 전문 용어와 명칭이 곳곳에 매립되어 있는 용어의 지뢰밭이다. '이게 무엇입니까?'는 아주 기본적인 질문이지만, 그만큼 잘 하지 않는 질문이기도 하다.
2. **확률:** 인간의 뇌는 확실성을 선호하지만, 그로 말미암아 결과의 범위를 제대로 파악하는 능력이 떨어진다. '확률이 어떻게 됩니까?'라고 질문하는 것에도 요령이 있다. 그러나 대다수 사람들은 정확한 일반화보다는 부정확한 정밀함을 선호하면서 제대로 된 질문을 던지지 못한다.

난해하게 생각될 수 있지만, 모르는 명칭과 확률을 명확하게 논하는 것은 단순 적응 시스템 과정에서 빠뜨리지 말아야 할 작업이다. 자, 이제 흔하게 퍼진 두 장애물부터 논한 다음에 투자의 세계로 넘어갈 것이다.

범주 규정

"이것이 무엇입니까?"

우리의 잠재의식이 주위 세상에 대해 하루에 몇 번이나 이 질문을 던지는지 알 수 없다. 짐작건대, 셀 수도 없을 것이다. 우리의 빠른 뇌는 언제나 세상을 관찰하고, 이해하고, 질서에서 벗어난 것은 없는지 확인하기 때문이다. 눈앞에 보이는 저것은 정상인가, 아니면 비정상인가? '투쟁 – 도피'의 본능이 작용하기 전에 우리는 눈앞의 것이 사자인지 양인지부터 확인해야 한다.

범주는 우리의 현실을 규정한다. 사소한 일에서 존재론적인 것까지, 범주는 우리가 일상에서 겪는 모든 경험을 지배한다. 하지만 우리는 범주 규정에 대해서는 거의 고민조차 하지 않는다. 미국의 소설가 데이비드 포스터 월리스David Foster Wallace는 이런 이야기를 들려준다.

"어린 물고기 두 마리가 같이 헤엄을 치다가 반대편에서 헤엄치는 어른 물고기를 마주쳤다. 어른 물고기가 두 어린 물고기에게 고갯짓으로 인사를 한 후 물었다. '안녕, 얘들아, 오늘 물 좀 괜찮니?' 두 어린 물고기는 다시 얼마간 헤엄을 쳤고, 이윽고 한 물고기가 친구를 보며 이렇게 물었다. '그런데 물이란 게 뭐야?'"[3]

범주는 어디에나 있지만 대부분은 눈에 보이지 않는다. 그렇지만 범주화는 우리를 유능한 투자자로도, 형편없는 투자자로도 만드는 중요한 영향을 미친다. 현대 금융의 잡음과 전문 용어를 걸러낼 수 있는 투자자는 더 좋은 투자 결정을 향해 한발 앞설 수 있다.

저명한 언어학자 조지 레이코프George Lakoff는 이렇게 말한다. "범주화는 절대로 가볍게 볼 문제가 아니다. 우리의 생각과 인식, 행동, 언어를 범주화하는 것보다 더 기본적인 일은 없다. 무언가를 어느 한 종류에 속하는 것으로 여길 때마다 우리는 범주화를 하는 것이다."[4] 시스템 1의 작동 방식으로 인해 우리는 일상에서 겪는 '모든 것'에 이름표를 붙이거나 각각 어떤 묶음에 집어넣는다. 이름표나 묶음에 들어맞지 않거나 두 묶음에 동시에 해당하는 것이 보이면, 그때는 시스템 2가 등장해서 그것을 이해해야 한다.

설명을 단순화하자면, 범주는 비슷한 특징을 공유하는 대상들을 묶은 종류나 분야를 의미한다. 공통의 특성을 가진 것들은 같은 범주로 정해진다. 오지의 느릅나무와 참나무의 공통 특징은? 둘 다 '나무'다. 여기에 양치식물을 포함하면 '식물'이라는 범주가 나온다. 허스키와 푸들은 둘 다 '개'이고, 방 안의 고양이까지 포함하면 '동물' 또는 '반려동물'이라는 범주가 만들어진다. 집 앞에 주차된 쉐보레와 포드는 '자동차'이고, 여기에 옆에 세워진 모터사이클과 지금은 사용하지 않는 자동차까지 합치면 '운송 수단'이라는 범주가 나온다.

소수나 즐기는 기호학 놀이처럼 보일 수 있지만, 그렇지 않다. 범주화는 우리가 현실을 어떻게 인식하는지를 알려준다. 우리가 세상과 우리 자신을 이해하는 방식의 저변을 움직이는 것은 우리가 사용하는 언어와 범주다.

그런 이유에서 범주는 세상에 대한 설명을 넘어 세상을 판단하는 잣대도 된다. 이것이 무엇이냐는 질문에는 그것이 좋은 것인지 나쁜 것인지를 묻는 의미도 담겨 있다. 범주는 대부분 사소한 것에 대한 구분이다. 어떤 사람이 일반 설탕이 아니라 인공감미료를 더 좋아한다고 치자. 둘 다 '설탕'이라는 범주에 속하지만 건강에 미치는 영향은 다르다.

반면에 존재론적 의미를 담은 범주의 구분도 있는데, 무엇보다 해당 범주의 순수성과 관련이 있는 경우에는 그 의미가 더 커진다. 어떤 것이 그 범주의 중요한 특징을 다 가지지 못하고 있다면 그 어떤 것은 가치가 떨어진다고 여겨진다. 예를 들어 건국 당시의 미국은 흑인 한 사람의 가치는 '진짜' 사람의 60%에 해당하는 가치만 가졌다고 전제했다. 또한 모든 백인 성인은 다 시민이지만, 투표는 '남자'만 가능했다. 오늘날 성전환 권리에 대한 논란도 결국은 무엇이 적합하고 적합하지 않은지, 무엇이 적법하고 적법하지 않은지를 논하는 범주에 대한 논란이다.

'적합하지 않은 것'이 반드시 나쁜 것은 아니다. 적합하지 않은 것의 첨단이 때로는 창의성과 혁명의 엔진이기도 하다. 지동설, 시민정신, 로큰롤("이것은 음악이 아니다!"), 그 밖에도 인습을 타파하는 사건들이 인류 발전의 중심을 이끌었다. 그러나 이런 사건들의 진가를 이해하려면 시스템 2의 사고라는 의식적 노력이 필요하다. 시스템 1은 고작해야 '비슷하다'나 '다르다'라는 평가만 내린다. 무언가가 가진 특징이나 차원이 다양할수록 시스템 1은 제 기능을 하지 못한다. 따라서 즉시 이해가 되지 않는 대상을 이해하려면 별도의 노력이 필요하다. 그리고 단순 적응 시스템을 이뤄야 할 필요성도 올라간다.

이 언어학의 속성 처방으로 더 좋은 투자자가 되는 방법은 무엇인가?

범주와 머니 라이프

데이비드 포스터 월리스의 우화에 나오는 물처럼, 투자자는 알게 모르게 온갖 범주에 둘러싸여 있다.

주식과 채권, 성장주와 배당소득주, 부동산과 원자재, 공격적 성장주와 역발상적 가치투자주, 아이언 콘도르**iron condor**(가장 안정적이라고 여겨지는 옵션 전략 – 옮긴이)와 커버드 콜**covered call**(콜옵션을 매도하는 것과 동시에 기초 자산을 매입하는 전략으로, 감수하는 위험이 크다. – 옮긴이), 컵 앤드 핸들**cup and handle**(기술 분석 차트의 패턴으로, U자 모양의 컵과 약간의 하향 모양인 손잡이로 이루어진다. – 옮긴이)과 삼중 바닥 패턴**triple bottom**(저점을 세 번 형성했다가 이후 저항선을 돌파하면서 강세장이 만들어지는 패턴 – 옮긴이). 용어의 지뢰밭은 수평선 끝까지 뻗어 있다. 실제로도 우리가 재무적 이익을 기대하며 매수하는 수십만 종목의 증권들도 정해진 범주가 있고, 한 범주에만 속하는 것도 아니다. 어떤 증권은 '주식'이면서 '헬스케어주', '유럽주', '대형주'라는 이름으로 동시에 불리고 서로 얽힌 그물망처럼 여러 성격을 지닌다. 그리고 롱 포지션, 쇼트 포지션, 레버리지 포지션, 옵션 등 전략에 따라 범주가 구분되는 증권도 있다. 잡음을 없애려면 무언가 안정적이고 유의미한 언어적 표현이 필요하다.

물리학자 리처드 파인먼**Richard Feynman**은 "무언가의 이름을 아는 것과 그 무언가에 대한 지식을 얻는 것은 같지 않다"라고 주장했다. 금융만이 아니라 명확함이 필요한 다른 모든 분야도 관통하는 조언이다. 가끔 사람들은 '뮤추얼펀드'에 투자했다고 말한다. 불행히도 이 말은 그들이 근본적으로 잘못 이해하고 있다는 사실을 보여준다. 뮤추얼펀드는 소비자가 구매할 수 있는 상품인 것은 맞지만, 기능적 관점에서 따지면 뮤추얼펀드는 (특정한 재무 목표를 이루기 위해 원하는 만큼의 리스크를 감수하는 것이지) '물건'이 아니다. 뮤추얼펀드를 약간 변형했고 오늘날 거대 시장을 이루고 있는 '상장지수펀드**Exchange Traded Fund, ETF**'도 마찬가지로 물건이 아니다. "투자자문이 내게 뮤추얼펀드에(또는 ETF에) 들게 했어"라는 말이나, 세일즈맨이 당신에게 '모터 엔진이 달린 탈것'을 사게 만들었다는 말은 따지자면 같다. 그 탈것이라는 것이 자동차인가, 트럭인가, 모터사이클인가, 아니면 보트인가?

아는 사람들만 아는 고난도 투자로 갈수록 대화 내용은 난삽해진다. 연금이나 모기지, 파생상품과 같은 것들이 여기에 속하고, 내가 오랫동안 몸담았던 '헤지펀드' 시장도 그런 고난도 투자에 속한다. 고도의 훈련을 받은 전문 투자자들 사이에서도 헤지펀드의 실제 현장은 언어학 훈련의 현장이나 다름없다. 그 언어학 훈련의 목표는 투자가 무엇인지를 이해하고 투자 실적에 대한 합리적 기대치를 정하는 데 있다. 문제는 용어의 의미를 이해하기까지 몇 시간이고 조사하고 또 조사해야 한다는 것이다.

어떤 사람들은 헤지펀드가 '주식'의 높은 수익률과 '채권'의 낮은 변동성을 동시에 제공하기 위해 설계된 투자 분야라고 설명하지만, 아주 애매한 표현이다. 또 어떤 사람들은 헤지펀드를 일확천금을 노리는 대단히 공격적인 투자 분야라고 정의한다. 어느 쪽도 아니다. '헤지펀드'는 법으로 명시된 투자 범주도 아니고, 특정한 '상품'도 아니다. 헤지펀드 세계가 적절하다고 사용하는 전략 범주를 자세히 보면('글로벌 매크로' 전략, '차익 거래' 전략, '롱/쇼트' 전략 등) 금방 알 수 있듯이, 위의 두 설명은 어느 것도 들어맞지 않는다. 까놓고 말하면, 헤지펀드는 잡탕 투자다.

우리는 현란한 용어를 배제하고 중요한 것에 초점을 집중해야 한다. 그러려면 어떻게 해야 하는가? 답은 일반화의 수준을 생각하면 나온다. 우리는 전체를 포괄하는 광범위한 범주의 관점에서 생각해야 하는가, 아니면 아주 좁고 특정한 범주에 초점을 맞춰야 하는가?

이 고민에는 초보적인 생물학 지식이 도움이 된다. 생명체를 나누는 기본 분류학은 처음부터 단순하고 명확하다. 서로 연관되고 일치하는 범주들을 묶는 시스템인 분류학은 특정 범주에서 전체적 범주로 이동한다. 분류학 체계에서는 한 단계 위로 올라가면 더 포괄적인 범주가 된다. 생물학도 종, 속, 과, 목, 강, 문, 계, 역 순으로 가장 배타적인 범주에서 가장 포괄적인 범주로 진행된다. 각기 같은 형질이나 특징을 가진 것들끼리 같은 범주가 된다. 붉은여우라는 특정 종은 여우속에 속하고, 여우속은 모든 여우, 개, 늑대, 재칼과 함께 갯과에 속한다. 생물학 분류 체계의 가장 위에는 모든 생물체를 의미하는 역이 있다.

추상적으로 모호하게 구분된 증권의 범주 구분은 당장 언어적 혼란부터 불러일으킨다. 이때는 투자자 친화적 증권 평가 정보를 제공하는

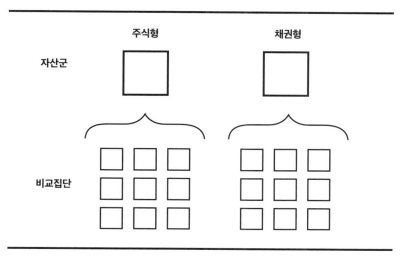

단순한 투자 범주 분류

모닝스타 펀드 지도가 이해하는 데 큰 도움이 된다.

여기 2가지 추상적 구분만 제시하는 아주 기본적인 투자 분류학이 있다. 제일 위에는 2개의 주요 자산군인 주식과 채권이 있다. 7장에서 설명했듯이, 자산군이라는 것은 비슷한 특징을 보이고 유사하게 행동하는 증권 집단을 의미한다.

이 분류학의 아래층에는 위보다는 주식과 채권 펀드 범주를 세세하게 분류한 '비교집단peer group'이 있다. 모닝스타는 주식 펀드와 채권 펀드를 각각 9개의 비교집단으로 나눈다. 주식 펀드를 분류하는 2가지 핵심축은 기업의 규모와 밸류에이션 수치다(예를 들어, 저성장 유틸리티 기업의 주당순이익에 대해서는 고성장 기술주의 주당순이익보다 밸류에이션을 훨씬 낮게 잡는다). 채권 펀드의 구분 기준은 채권의 신용등급과 금리 민감도다.

위의 모닝스타 분류법에서는 총 18개의 투자 범주가 나온다. 중형 가치주도 있고, 고등급 단기채권도 있다. 모든 뮤추얼펀드 투자는 대개가 이 18개 범주 중 어느 하나에는 자산을 투자했다는 말이 된다.

몇 가지 기본 특징을 규정하고, 측정하고, 겹치는 부분이 없게 하는 것이 가장 쓸모 있는 범주 구분 방법이다. 생물학이 붉은여우를 분류하는 방법에는 헷갈릴 소지가 전혀 없다. 그러나 투자는 그렇지 못하다. 지금까지 예로 들었던 분류 방법은 뮤추얼펀드 세상 전체를 분류하는 방법의 일부일 뿐이다.

언어적 혼란이 투자 선택 과정에 어떤 식으로 퍼져 나가는지 이제는 충분히 이해하고도 남는다.

위에서부터 아래로 내려갈수록 전체 범주에서 특정 범주로 나뉜다. 제일 위의 네모는 모든 펀드로, 유의미한 범주는 아니다. 두 번째 줄은

덜 단순한 투자 범주 분류

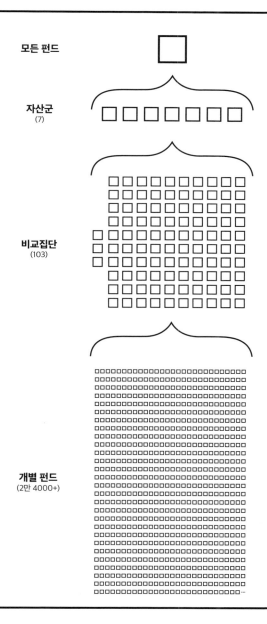

모든 펀드

자산군
(7)

비교집단
(103)

개별 펀드
(2만 4000+)

자산군을 주식 펀드와 채권 펀드로만 구분한 것이 아니라 국내 주식, 해외 주식, 과세 대상 채권, 비과세 채권, 원자재, 섹터 펀드, 대체투자 펀드(즉, 유동성이 높은 헤지펀드), 자산 배분 펀드(같은 자산군 내에서만이 아니라 모든 자산군에서 수시로 자산을 배분하는 전략을 추구하는 펀드) 등 더 폭넓은 자산 군 목록을 보여준다.

7개 자산군은 103개의 범주로 나뉘며, 일일이 열거하기에는 그 종 류가 너무 많다. 이 비교집단의 범주들은 특징이 중첩되지 않게 구분한 다는 규칙을 따르지 않는다. 예를 들어, 대체투자 펀드와 자산 배분 펀 드 상당수는 주식 위주로 투자를 한다. 영업 활동 중인 시장이 같은 국 내 주식과 해외 주식도 다른 범주로 분류한다. 섹터 펀드에 속한 모든 종목은 주식 분산투자 펀드diversified equity fund가 투자하는 주식들과 다 겹친다. 말하자면 끝이 없다. 이 분류법이나 전문 분석가나 투자자들이 많이 사용하는 투자 유형 분류법에 속한 범주들을 모두 열거하면 이 책 한 권을 다 채우고도 남을 것이다.

앞에서도 말했듯이 단순함은 어렵다. 혼란스러운 범주 유형이나 어 려운 용어를 차단하는 방법은 무엇인가? 제일 먼저, 간단하지만 강력한 질문을 던지면 된다. '이것이 무엇입니까?' 답이 확실해질 때까지 이 질 문을 수시로 던져야 한다. 뒤의 9장에서 나오는 사각형의 네 모서리는 확실한 답을 얻는 데 필요한 정보가 무엇인지 알려줄 것이다.

이 질문에는 특징과 기능을 구분해서 알아내려는 의도도 있다. 자 동차는 문짝과 타이어, 엔진이라는 특징을 가지고 있으며, 우리를 어떤 장소로 이동시켜주는 기능을 한다. 여기서 더 중요한 것은 특징이 아니 라 기능이다. 투자에서도 더 중요한 것은 그 자산이 어떤 특징이 있는지가 아니라 어떤 기능을 하는지다. 자산군의 공식적인 정의는 비슷한 특징을 가지고 있고 유사하게 행동하는 증권들의 집합이지만, 이 공식 정의마저도 특징과 기능을 같은 것처럼 묘사한다. 겉모습이 같다고 해서 행동 방식까지 똑같은 투자는 아니다. 반대로, 모양이 다른 투자가 행동 방식은 똑같을 수 있다.

둘째, 무언가에 명칭을 붙인다는 것은 그것을 판단하는 행위이기도 하다. 무언가를 범주화하는 행위에는 경험적이고 규범적인 성격이 내포되기 마련이다. 이것은 무엇이며, 좋은 것인가 나쁜 것인가? 투자에서 좋은 것과 나쁜 것을 가르는 대표 기준은 '그것이 안전한 투자인가, 위험한 투자인가?'라는 질문이다.

이 범주와 여기에 속하는 투자는 안전한가, 아니면 위험한가? 여기서는 기본 가정에서부터 위험이 도사릴 수 있다. '주식이냐 채권이냐'라는 기본 구분을 예로 들어보자. 대다수는 주식은 위험이 높은 편이고, 채권은 안전한 편이라고 생각한다. 그러나 꼭 그런 것도 아니다. 첫째, 고위험의 채권도 있고 대단히 보수적인 주식도 있기 때문이다. 유틸리티 분야에 속하는 대기업의 주식과 작은 바이오테크 회사가 발행하는 불안정한 채권만 비교해도 금방 알 수 있다. 둘째, 위험과 안전을 가르는 기준은 달성하려는(또는 피하려는) 목표가 무엇인지에 따라 달라지기 때문이다. 장기적인 부의 누적을 목표로 삼는다면 채권이 주식보다 위험하다. 수십 년이라는 기간을 기준으로 하면 주식이 채권보다 수익률이 높기 때문이다. 여기서의 위험은 장기적인 목표를 달성하지 못하게 되는 것이다. 반대로 단기 변동성이나 단기 손실을 위험이라고 정의한다면, 채권보다는 주식이 훨씬 위험한 투자다. 안전 투자와 고위험 투자를 가르는 기준은 판단하는 사람의 잣대에 따라 달라진다.

> 범주 구분은 세상에 대한 명확한 이해를 돕기도 하고,
> 혼란을 불러일으키기도 한다.

확률

'확률은 얼마나 되는가?'

우리의 뇌는 확률적 관점에서 생각하는 데 익숙하지 않고, 통계적 추론을 불편하게 여기는 태도는 좋은 투자 결정을 가로막는 장애물이다.

확률 판단을 어려워하는 이유는 무엇인가? 인간은 확실성을 사랑하기 때문이다. 왜 우리는 확률 판단을 하지 않으려 하는가? 진화되어 내려온 생존 본능으로 말미암아 우리의 빠른 뇌는 싸울지 도주할지를 순식간에 결정한다. 저 호랑이가 공격할 확률이 72%이고 공격하지 않을 확률이 28%라는 식의 계산은 우리의 능력 밖이었다. 그냥 위험해 보이니 여기서 빨리 도망가야 한다고만 생각했다. 초원 생활을 하던 시대부터 지금까지 변한 것은 별로 없다.

불확실한 미래에 주관적 확률을 대입하는 것이 행동투자학의 핵심이다. 이런 상황을 상상해보자. 화려한 불빛이 번쩍이는 카지노로 들어간다. 축구장보다 큰 카지노에서는 눈에 보이는 모든 것이 화려한 불빛

으로 빛난다. 모든 곳에서 도박이 벌어지고 있고, 가끔은 한탕 크게 딴 사람들이 내지르는 기쁨의 환성도 들린다. 카지노로 들어가면서 심박이 빨라지기 시작한 당신의 눈에 룰렛 테이블이 들어온다. 바퀴를 돌려서 승부를 따지는 룰렛의 승률은 35분의 1로, 그나마 카지노에서는 겁이 제일 덜 나는 도박일 것이다. 아니면 룰렛 숫자의 색깔인 검은색이나 붉은색 중 하나에 돈을 거는 식으로 더 단순하게 도박을 해도 된다.

당신은 지금 두 도박 테이블 사이에 서 있다. 둘 중 하나에서 그날 저녁의 첫 도박을 할 생각이다. 모든 룰렛 테이블에는 최근의 승률을 알려주는 디지털 디스플레이가 설치되어 있다. 당신의 양쪽에 있는 룰렛 테이블은 승률을 색깔별로만 단순화해서 보여주고 승률 수치는 보여주지 않는다. 검은색은 B이고 붉은색은 R이다.

테이블 1: BBBBBBB
테이블 2: BRRBBRB

어느 테이블로 가야 하는가?

그 디지털 디스플레이를 설치한 것은 카지노 운영자들이 친절을 베풀기 위해서도, 승률에 도움이 되는 정보를 주기 위해서도 아니다. 디스플레이는 존재하지도 않는 패턴을 존재하는 것처럼 보이게 하려고 설치되었다. 그것은 일상의 거의 모든 일에서 패턴을 읽는 속성이 있는 시스템 1의 사고방식을 이용한다. '게으른' 시스템 2는 놀면서 대기하다가 더 어려운 문제가 나오면 그때 소환된다.

테이블 1에서는 검은색이 일곱 번 연달아 등장한 패턴을 보여준다.

당신의 직관은 '검은색의 승률이 높다'라고 생각하지만, 조금만 생각해도 아니라는 사실을 알 수 있다. 룰렛 휠의 무게가 어느 한쪽으로 쏠려 있지 않은 이상 모든 결과는 무작위다. 테이블 2처럼 검은색과 붉은색이 혼합되어 나오는 것이나 테이블 1처럼 검은색이 연달아 나오는 것이나 확률은 같다. 그럼에도 불구하고 많은 도박사가 룰렛 휠은 무게가 쏠려 있지 않은데도 붉은색이 나올 때가 '한참 지났으므로' 붉은색에 돈을 거는 것이 맞는다고 본능적으로 생각한다. 어떤 도박사들은 검은색이 나오는 기세가 또 이어질 것이라고 생각해 거기에 돈을 건다. 어느 쪽이건 존재하지도 않는 패턴이 결정을 내리게 했다는 점은 같다.

무작위 패턴은 인간이 익숙한 패턴은 아니다. 우리는 시스템 1 사고로 말미암아 주위 세상이 질서 정연하고 대부분은 예측 가능하다고 믿는 편이다. 하지만 우리는 카지노에서의 잇따른 행운이나 농구경기 연승, 직업이나 자녀 양육에서의 성공 또는 실패에 이르기까지, 걸핏하면 무작위성에 속아 넘어간다. 확률이론의 대가이며 책 여러 권을 저술한 나심 탈레브Nassim Taleb는 대부분의 사건은 우리가 본능적으로 믿는 것과는 달리 무작위 결과가 나올 때가 많다고 정확히 지적한다. 그렇다고 모든 결과가 다 무작위라는 뜻은 아니다.[5] 행운이나 요행수가 결과를 크게 좌우하기는 하지만, 적절히 프레임을 잡아 분석하면 그 안에서도 유의미한 패턴을 발견할 수 있다.

인간은 불확실성을 잘 다루지 못하기 때문에 우리의 정신은 '성급히 결론으로 뛰어드는 기계'처럼 작동할 때가 많다. 시스템 1은 언제나 세상을 이해하려 노력하는 분주한 비버와도 같다. "서둘러 내리는 결론일지라도 그것이 맞을 가능성이 높고, 어쩌다 하는 실수의 대가가 크지 않으며, 시간과 노력까지 크게 아낄 수 있다면, 속단은 효율적인 행동이다." 우리의 인식 속에서 세상은 실제로는 아니어도 단순하고 질서 정연하다.[6]

이런 속단은 여러 가지 복합적 결과를 불러온다. 첫째로, 우리는 확률이 낮은 사건의 발생 가능성을 부풀리게 된다. 1970년대에 성장기를 보낸 나는 텍사스 상공을 떠돈다고 알려진 거대한 살인 벌떼가 북쪽으로 방향을 틀어 내가 사는 펜실베이니아 남서부까지 날아와 공격을 해댈지도 모른다는 두려움에 떨었다. 어쩌다 그런 두려움에 휩싸이게 되었는지는 기억이 나지 않지만, 그런 두려움이 있었다는 사실만은 여전히 생생히 기억한다(살인 벌떼는 오지 않았다).

그러나 가능성이 아무리 희박해도 무언가를 고민한다는 그 자체만으로도 우리는 미래의 사건을 예측할 수 없다는 불안감을 가지게 된다. 이것은 살인 벌이나 식인 상어, 또는 근거 없는 기우를 넘어서는 중요한 문제다. 이것은 사람들이 복권을 사고 보험에 가입하는 것에 끌리는 이유가 무엇인지를 설명한다. 둘 다 확률이 지극히 낮은 것에 거액의 돈을 거는 행위다. 또한 이런 고민을 하면서 우리는 의사 결정을 내릴 때 발생 확률이 지극히 낮은 극단적 사건(증시 붕괴나 시한부 선고를 받는 일 등)을 아주 중요하게 부각하게 된다.

확률을 불편하게 여길 때 생기는 두 번째 결과는 눈앞에 당장 보이는 정보 위주로 미래의 사건 발생 가능성을 판단하게 될 수 있다는 것이다. 카너먼의 말처럼 "보이는 것이 전부다"가 되는 것이다. 가장 쉽게 기억이 나는 정보만을 이용하는 편향은 미래를 예상할 때 심각한 영향을 끼친다. 룰렛 테이블에서 무작위로 연속해서 나오는 색깔이 진짜 패턴처럼 보인다. 인기 있는 소셜 미디어 회사의 주가가 치솟으면 그 상승이 오래갈 것이라고 '느껴진다.' 어젯밤 근처에 코요테들이 출몰했다는 뉴스가 나오면 야생동물의 습격 가능성을 평소보다 더 높이 매기게 된다. 지금 눈앞의 사건에 가중치가 크게 매겨진다.

마찬가지로 우리는 전통적 지혜, 또는 '묻지 마' 식 가정을 이용해 다가올 미래를 예측하려는 습성에 젖어 있다. 예를 들어 베이비붐 세대는 주식 투자에서는 굉장히 운이 좋았다. 1980년대와 1990년대는 유례없는 고수익의 시대였다. 그렇다 보니 베이비붐 세대는 증시의 장기 수익률에 대해 다시 비현실적으로 높은 기대치를 가지게 되었다.

확률을 어려워만 하는 태도가 불러온 세 번째 결과는 문제를 어떤 프레임에 두느냐에 따라 의사 결정도 크게 영향을 받는다는 것이다. 다음의 예를 보면 이해가 간다.

- 위험성이 높은 질병이 있다. 한 의약품은 사망률이 5%라고 선전하고, 다른 의약품은 생존율이 95%라고 선전한다. 대개는 후자의 약품을 선택한다.
- 한 크림치즈 제품에는 '97% 무지방'이라고 적혀 있다. 경쟁 브랜드에는 '지방 3%'라고 적혀 있다. 대다수 소비자는 전자를 선택한다.

두 예에서는 전자를 선택하든 후자를 선택하든 똑같다. 그러나 적어도 아주 잠깐은 우리는 두 선택을 같은 것이라고 생각하지 않는다. 경제학자나 통계학자는 이런 선택을 의아하게 여기겠지만, 심리학자는 그렇지 않다. 우리가 타고난 통계적 직관력은 약한 편이며(두 선택이

같다는 것을 곧바로 알아채지 못한다), 그래서 교묘한 말장난을 이용한 설득에 쉽게 영향을 받는다.[7]

확률과 머니 라이프

자본시장에서는 아무리 해도 확실성을 얻을 수 없기 때문에 인간은 정신적 지름길을 통해 시장을 이해하려 노력한다. 금융시장에서 위험을 감수하는 행위인 투자는 나름의 정보를 가지고 불확실한 미래를 추측하는 행동이기도 하다.[8] 근거 없는 정신적 지름길에 의지해 투자 결정을 내리려 한다면, 터무니없이 잘못된 기대치를 정하고 그 기대치에 못 미치는 나쁜 실적을 얻게 될 수 있다.

투자 범주를 분류할 때처럼 투자 확률을 계산할 때에도 제일 먼저 해야 할 중요한 작업은 문제 인식이다. 상황을 더 잘 이해할수록 좋은 결정을 내리게 되고, 투자 결과도 당연히 더 좋아진다. 구체적으로 말하면, 우리는 투자에서 무작위성과 행운이 재무적 결과에 중요한 역할을 한다는 사실을 인정해야 한다. 우리 인간은 존재하지도 않는 패턴을 보는 것을 넘어 존재하지도 않는 인과관계를 결과에 갖다 대는 성향까지 있다. "그녀는 유능한 포트폴리오 매니저래. 그러니까 그녀가 운용하는 펀드의 수익률이 높은 것은 그녀가 실력이 좋아서야." 실제로 그 매니저의 실력이 좋을 수도 있지만, 실력이라는 것은 확실하지 않다. 우리가 기본값으로 설정하는 가정에는 행운이나 무작위성이 크게 작용한다. 실력은 자산 관리 분야 사람들이 생각하는 것보다도 결과에 미치는 영향력이 훨씬 적다.

투자와 확률의 문제에서 두 번째로 중요한 작업은 어느 하나의 예측값을 정하는 것이 아니라 결괏값의 '범위'를 정하려 노력하는 것이다. 9장에서 설명하겠지만, 전통적 이론이 말하는 주식의 연수익률은 '약 10%'다. 또한 주식과 채권은 상관계수가 낮다고 생각하는 사람도 많다. 둘 다 맞는 주장이기는 하지만, 오도의 소지가 다분한 주장이기도 하다. 다시 말해 우리는 극단적 사건을 지나치게 일반화해서는 안 된다. 2007년부터 2009년까지 이어진 침체장의 대학살극은 아직도 많은 투자자의 마음에 큰 그림자를 드리우고 있지만, 똑같은 사건이 재현될 가능성은 아주 낮다.

단순화로 이르는 여정을 걸을 수 있는지는 기대치 설정에 달려 있다고 말할 수 있다. 이것은 가까운 미래일수록 – 며칠이 아니라 2~3년 – 가능한 결괏값의 범위가 아주 넓다는 뜻이기도 하다. 반대로 먼 미래로 갈수록 결괏값의 범위는 줄어들지만, 대신에 그만큼 긴 기간을 감정적으로 버틸 수 있을지가 문제다.

마지막으로, 일확천금을 약속하는 투자도 있다는 사실을 인정하고 싶겠지만, 이런 투자는 피해야 한다. 단번에 투자금이 몇 배로 뛸 가능성은 아주 희박하다. 이렇게 대박을 말하는 투자 유형은 많다. 옵션 기반 전략이나 공격적인 성장주 투자(차세대 넷플릭스 찾기), 또는 인수합병이나 기업공개 같은 단발성 주가 폭등 호재 등이 여기에 해당한다.

경제학계의 거목 존 메이너드 케인스**John Maynard Keynes**는 "정확하게 틀리는 것보다는 대충 맞는 것이 낫다"라고 말했다. 좋은 투자 결정에는 엄밀함을 어느 정도는 버릴 줄 아는 정신이 필요하다는 사실을 지적한 말이었다. 확실성과 질서를 원하고 불확실성과 모호함을 피하려는 성향이 걸핏하면 우리의 앞길을 막아서지만, 우리는 적어도 가끔은 힘을 내 그 장애물을 극복하기도 한다.

> 확률에 근거해 결정을 내리는 것은
> 자연스럽지는 않지만 성공에는 꼭 필요한 행동이다.

금융의 가짜 정밀성

숫자와 등식으로 가득한 돈의 세상에서는 정밀함이 최고의 특징이라고 착각하는 사람은 없기를 바란다. 정밀함은 공학의 특징이다. 공학에서는 명확히 정립된 단계를 밟아나가면 하나의 정답이 나온다.

다행히도 투자가 정밀하다는 생각은 근거 없는 생각이다. 투자는 고도로 정밀한 학문이 아니다. 그렇기 때문에 약간만 준비를 해도 원하는 결승점에 도착하게 될 가능성은 생각보다 훨씬 높아질 수 있다.

역사상 가장 위대한 투자자 중 하나인 찰리 멍거는 이렇게 말했다. "우리는 많은 것을 사지만, 그 결과가 정확히 어떨지는 전혀 모른다. 그런데도 결과가 좋게 나오기도 한다." 주식시장에서 수십억 달러를 번 대가가 짐짓 겸양을 떨기 위해 하는 말일 수도 있다. 그렇다고 이 말이 중요하지 않다거나 교훈을 주지 않는다는 뜻은 아니다. 게임의 불확실성을 인정하고 겸양을 유지하면서도 더 좋은 결과를 추구해야 한다. 그러면 좋은 결과가 나올 가능성도 높아질 것이다.

머니 라이프를 총괄적으로 설명하는 부분에서는 의미 있는 삶과 그것을 가능하게 하는 수단을 조화시키기 위한 여러 관점을 다루었다. 그리고 구체적 내용으로 들어가 좋은 투자 결정을 내리는 문제에서는 명확한 사고를 방해하는 2가지 커다란 방해물인 애매한 언어와 불확실성을 불편해하는 심리를 다루었다. 단순 적응 시스템을 제대로 활용하려면 어려운 용어를 피하고 확률 계산을 하는 마인드가 꼭 필요하다. 이 2가지야말로 기대치 관리의 강력한 도구다.

어려운 용어를 피하고 확률 계산을 하는 행동이 슬그머니 기지개를 켜게 만드는 강력한 말은 '잘 모르겠다'이다. 모른다는 사실을 인정하는 것은 유쾌하지 않다. 특히 자신이 확보한 정보가 얼마나 되는지조차 모르는 것은 아주 불쾌하다. 자신의 약점처럼 느껴질 수 있다. 그래서 우리는 모른다는 말을 좀처럼 입 밖으로 내지 못한다.

그러나 멍거나 버핏을 비롯해 가장 위대한 투자자라고 불리는 사람들은 겸양의 인격을 가지고 있다. 겸양은 무지를 인정할 줄 아는 감정적 능력이다. 겸양은 월스트리트의 거인들에게서 자연스럽게 연상되는 기질은 아니다. 그러나 과잉확신을 뿌리 뽑고, 실수를 줄여주고, 결과적으로는 행운을 어느 정도 뒷배 삼아 괜찮은 복리 수익률로 부가 증가하게 해주는 것도 겸양이다. 나는 자산 운용 업계에 종사할 때 좋은 결과는 자기 실력 덕분으로, 나쁜 결과는 요행수 탓으로 돌리는 투자자를 많이 보았다. 어리석은 짓이다. 시장에서 성공하는 데는 행운도 다른 요소 못지않게 중요하지만, 겸양이 없는 사람들은 이런 진실에 눈살을 찌푸린다.

위대한 투자자들의 특징은 얼마든 우리의 특징이 될 수도 있다. 물론 말이 쉽지 행동하기는 어렵다. 사회생활을 하다 보면 우리 마음속에는 자연스럽게 경쟁심이 자란다. 우리는 단순히 더 많이가 아니라, 남보다 더 많이 갖기를 원한다. 존 피어폰트 모건**John Pierpont Morgan**은 "이웃집이 부자가 되는 것만큼 재무적 판단을 그르치는 것도 없다"라고 말했다. 투자 게임에서 '이기기' 위한 진정한 길은, 완벽을 추구하다가 '흡족한 결과'를 적으로 만드는 사태가 발생하지 않게 하는 것이다.

흡족한 결과를 위해 노력하는 것은 우리가 할 수 있는 가장 훌륭하고 정직한 노력이다. 또한 생각보다 더 쉬운 길이기도 하다. 우리의 정신 에너지는 유한하다. 단순 적응 시스템 에너지 탱크가 고갈되는 순간, 복잡성과 충동성이 끼어들어 못된 장난질을 칠 수 있다. 그렇기에 단순 적응 시스템이 계속 힘을 낼 수 있도록 사각형의 네 모서리를 살펴보아야 한다.

CHAPTER 9

투자의
네 모서리

"만족스러운 투자 실적을 얻기는 생각보다 쉽지만, 우월한 실적을 내기
는 보기보다 어렵다."

— 벤저민 그레이엄Benjamin Graham

"테크닉에 속 태우지 마."

— 에릭 B. & 라킴 Eric B. & Rakim

행복한 삶의 공전 궤도를 만드는 것은 기대다. 기대에 부응하거나 더 나
은 미래가 펼쳐질 때 우리는 행복하고, 기대에 못 미치면 행복하지 못하
다. 실제 행복한 삶의 궤도는 이것보다는 더 복잡하지만 아주 많이는 아
니다. 기대는 사소한 것에 대해서도 신성한 것에 대해서도 색안경을 쓰
고 바라보게 만든다. 자판기를 이용하는 경험도, 아이에게 착하게 굴라
고 가르치는 경험도, 똑같은 신경 경로, 즉 기대가 만들어내는 것이다.

나는 투자 결과에 대한 기대치를 관리하기 위해 사각형을 설계했다. 범주를 정하고 확률을 계산할 때 생기는 문제들을 고민하다 보니 본능적으로 사각형이라는 형태가 생각났다. 진짜 중요한 문제에 도달하려면, 투자 세계를 빼곡하게 채운 용어의 숲을 헤치고 나아가야 한다. 그리고 정신의 빗장을 약간 열어 결과의 범위와 무작위성이 제 할 일을 하게 해야 한다.

모든 잠재적 투자는 4개의 정량적 요소 ─ 그렇다, 딱 4개다 ─ 로 명확히 설명할 수 있다.[1] 그 4개의 요소는 기술적 용어로는 수익률, 변동성, 상관관계, 유동성이다. 분류학적인 측면에서 보면 4개의 범주는 각각 특징이 뚜렷하며 서로 겹치지 않는다. 이 4개가 투자의 근본 요소다. 사각형의 기술적 도해는 다음과 같다.

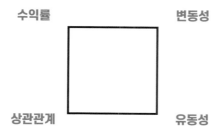

이 젠체하는 용어들은 일반인에게는 모호한 의미를 전달하고, 금융 전문가에게는 대단히 정밀하다는 의미를 전달한다. 네 요소의 기술적 명칭을 아는 것도 중요하지만, 그것을 직관적으로 이해가 가는 척도로 바꾸는 것이 더 중요하다.

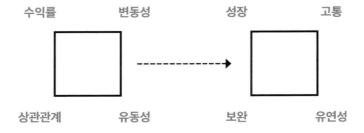

| 수익률 | 변동성 | 성장 | 고통 |
| 상관관계 | 유동성 | 보완 | 유연성 |

부로 향하는 여정의 결말부인 사각형은 단순 적응 시스템이라는 대원칙을 유지하기가 상대적으로 까다로운 편이다. 일단 우리가 지금까지 알게 된 것부터 점검해보자. 우리는 범주 분류와 확률이 인지와 의사 결정에 어떤 영향을 미치는지 이해했다. 인지와 의사 결정에 대한 기본적 이해가 늘어날수록 시스템 2 사고(이 단계에서 아주 중요하다)의 피로도가 줄고 효과는 더 높아진다. 어떤 일에서건 언제나 중요한 손실 회피는(슬픔을 줄이는 것이든 실수를 줄이는 것이든) 기대치 설정과 관리에서도 여전히 중요하다. 여기서는 기대치를 가장 좋게 설정하는 것보다는 낮게 잡아 관리하는 것이 정신적으로 더 가치가 있다. 성공 투자의 기본 바탕은 이득의 최대화가 아니라 후회의 최소화라는 사실을 잊지 말아야 한다.

바꿔 말해서 우리가 고심하는 것은 '최상'의 포트폴리오를 구축하기 위한 단 하나의 '정답'이 아니다. 학자나 투자 연구에 미친 사람이라면 '최적'의 포트폴리오 배합을 갈망하겠지만, 효율적 투자선의 창시자인 해리 마코위츠를 통해 우리는 최상에 충분히 가깝기만 해도 충분히 좋다는 것을 배웠다. 마지막으로, 기대치를 낮게 잡는 접근법은 이른바

'일확천금' 투자를 인정하지 않는다. 내 어린 딸은 유니콘에 집착하지만 어른인 우리들은 그래서는 안 된다. 있지도 않은 것을 쫓는 것은 시간 낭비다.

좋은 투자 결정을 내리는 것이 우리의 목표다. 우리는 핵심 문제를 명료하게 정리하고, 기대치를 적절히 관리하고, 적절한 질문을 던지는 방법을 알아야 한다. 어려운 일이다. 하지만 4개의 모서리를 자세히 분석한다면 그 과정이 조금은 쉬워질 수 있다.

성장 ━

우리는 일상의 의무를 해결하고 꿈의 재원을 마련하기 위해 금융자산을 산다. 금융 서적이 말하는 '자본이익률return on capital'을 우리는 이득이나 성장이라고 부른다. 우리는 비교적 작은 것이 비교적 큰 것으로 바뀌기를 원한다. 본질적으로 우리가 투자라는 수단을 통해 구입하는 주거래 '상품'은 바로 성장이다.[2] 우리는 수십만 가지 투자 상품이 적힌 메뉴판에서 하나를 골라(주식이든 채권이든 펀드든) 금융 자본을 성장시키려 노력한다. 어떤 점에서 나머지 세 '모서리'가 하는 역할은 성장의 자격 조건 구비다.

가까운 미래와 먼 미래에 벌 합리적 이득이 얼마인지를 이해하는 것이 기대치 설정의 출발점이다. 앞서 확률에 대한 설명이 소기의 역할을 다했다면, 이제는 합리적인 결과 '범위'를 식별하는 데 관심이 생겼을 것이다. 이번 투자에서 '정상' 수익률은 얼마인가? 그것은 어떤 시장에 투자하느냐에 따라 달라진다. 이 책에서는 미국 주식시장과 채권시장에 중점을 둔다.

미국 주식시장

통념상 주식 투자의 연수익률은 약 10%다.[3] 미국인이라면 부모님한 테든 이웃한테든 주식의 '벌이'가 어느 정도인지 물어봤을 때, 그들은 10%나 아니면 그것보다 조금 높은 숫자를 말할 것이다. 이 전통적 통념은 반은 맞고 반은 틀리다. 말하자면 그렇다는 것이다.

여기서 잠깐 멈추고 장기적 성장을 측정하는 방법부터 잠깐 짚고 넘어갈 필요가 있다. 대중매체에 발표되는 데이터를 포함해 대다수 금융 데이터는 역년曆年을 기준으로 산정한 것이다. 'OOOO년도의 시장 실적은 어떠했는가?' CNBC, 〈월스트리트저널〉 그리고 여러 다른 뉴스 채널에서 수시로 나오는 질문이다. 문제는 1월 1일부터 12월 31일까지의 시장 실적을 측정하는 데는 전적으로 재량적 판단이 많이 작용한다는 것이다! 역년을 기준으로 측정하는 것은 문화적으로는 근거가 있지만(즉 남들도 많이 쓰므로 사회적으로도 그것이 균형이 맞는 방법이기는 하다), 분석적으로는 그다지 좋은 기준이 되지 못한다.

나는 역년이 아니라 '롤링rolling' 기간을 이용한다. 이것은 '1일째'부터 미래의 어느 날까지 똑같은 기간을 구간으로 정해 시계열로 금융 데이터를 관찰하는 것을 말한다. 예를 들어 1월 1일부터 12월 31일까지의 1년은 시계열 데이터에서 첫 번째 롤링 구간이 되고, 1월 2일부터 다음 해 1월 1일까지는 두 번째 롤링 구간이고, 1월 3일부터 다음 해 1월

2일까지는 세 번째 롤링 구간이 되는 식이다. 측정 단위를 어떤 구간으로 끊을지는 정하기 나름이다. 일, 주, 개월, 연 등 원하는 대로 정하면 된다. 한 세기의 전체 데이터를 분석하고 싶다면 일별 데이터는 양이 너무 많아지므로, 1월~12월, 2월~1월, 3월~2월 등의 월별 롤링 윈도**window**(시계열에서 하나의 롤링 기간을 보여주는 창 – 옮긴이)를 정하는 것이 낫다.

임의성도 임의성이지만, 역년을 기준으로 하면 관찰되는 결과가 크게 줄어서 어떤 결론을 내리건 결론의 신뢰도가 희석된다. 대다수 분석가가 쉽게 얻어서 이용하는 미국 증시 데이터(구체적으로는 S&P500지수)는 1926~2017년까지의 데이터로, 92개 역년의 관찰값이 나온다. 이와 비교해서 1년을 측정 단위로 월별 롤링 윈도를 정하면 1090개가 넘는 롤링 구간이 나오고, 일별 윈도로 설정하면 수만 개의 롤링 구간이 나온다. 관찰값이 많을수록 분석의 신뢰도는 높아지게 된다. 다시 설명

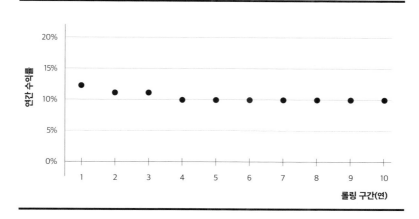

미국 증시의 1~10년 단위 롤링 구간에 따른 연평균 수익률

하면 이렇다.

211쪽의 그래프는 1~10년 단위의 롤링 윈도를 설정해 보여주는 미국 증시의 장기 평균 수익률이다.

이 그래프로만 보면 '약 10%'가 맞는다.[4] 1~2년을 단위로 하는 단기 롤링 구간에서는, 변동폭이 큰 단기 실적이 아무래도 평균값에 영향을 많이 주는 탓에 평균 수익률도 높게 나오는 편이다. 하지만 장기 구간으로 갈수록 단기 실적이 계산에 미치는 영향은 줄어든다. 어쨌거나 꽤 괜찮은 수익률이다.

하지만 안타깝게도 '약 10%'는 오도의 소지가 크다. 이것은 부를 향한 여정을 걷기 전에 우리가 세운 여러 원칙에 위배된다.

- 합리적인 기대치를 세우지 못하게 한다.
- 손실 회피 편향을 무시한다.
- 확률 질문을 생략하게 한다.
- 장기 결과에서는 투자자 행동이 중요한 역할을 한다는 것을 무시한다.

머리는 화덕에 넣고 발은 냉동고에 넣은 사람은 머리와 발의 평균 온도를 느낀다는 웃지 못할 격언이 있다. 인생 전체로 보면 결괏값의 범위가 매우 큰데도, 평균은 경험에 대한 기대치 설정을 크게 오도한다. 대다수 사람은 역년 평균을 즐겨 사용하지만, 주식시장의 최근 100년의 역사를 보면 시장이 '평균' 수익률은커녕 그것에 근접한 수익률을 제공한 해조차 거의 없었다는 사실을 유념해야 한다. 평균은 진짜 사람들이 겪는 진짜 경험은 알려주지 못한다.

투자는 감정의 롤러코스터를 타기 때문에 우리는 결과의 '범위'를 이해해야 한다. 8장에서 나온 확률 기반 마인드를 가지는 것이 중요하다. 211쪽의 그래프와 똑같은 데이터를 가지고 월별 롤링 윈도를 사용했더니 '현실적인' 시각에서 기대치를 설정하는 것이 무엇인지가 드러난다.

아주 다른 그래프가 나왔다! 롤링 구간이 단기일수록 잠재 결괏값의 범위가 굉장히 넓어진다는 사실이 확연히 드러난다. 1000개가 넘는 1년 단위 롤링 구간에서 미국 증시는 166%나 오른 해도 있었고 67%나 떨어진 해도 있었다. 이 둘은 아주 특이한 이상치일 뿐이지만, 구간을 짧게 잡은 롤링 윈도일수록 구간을 길게 잡은 롤링 윈도보다 결괏값

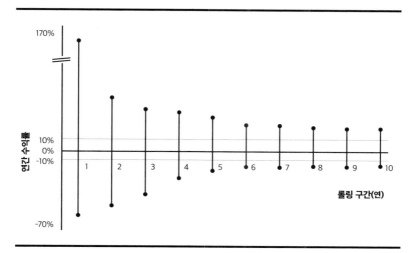

미국 증시의 1~10년 단위 롤링 구간에 따른 연평균 수익률

의 범위가 훨씬 크다는 것은 분명하다. 아래의 그래프에서 주목할 만한 부분은, 기간 설정을 길게 잡을수록 결괏값의 범위가 좁아진다는 점이다. 롤링 구간이 6년이나 7년이 되면 결괏값의 범위가 안정되면서 장기 투자자로서도 기대치를 설정하기가 더 쉬워진다. 그러나 더 쉽다는 것일 뿐 쉽다는 뜻은 아니다. 롤링 구간을 10년 단위로 잡는다고 해도 잠재적인 결괏값의 범위는 여전히 넓다.

　1년 단위 롤링 구간의 결괏값만 보여주는 분포도를 보면 조금 더 이해가 갈 것이다. 아래의 그래프는 213쪽 그래프에 나온 첫 번째 긴 수직선을 수평선으로 바꿔 그렸다고 생각하면 된다.

　이것은 '꼬리'가 짧고 가운데가 두터운 '정규'분포와 닮았다. 이 그래프에서 아무 1년이나 골라서 보면 미국 증시의 수익률은 대체로 -20%에서 +40% 사이의 넓은 범위가 나오는 것을 알 수 있다. 가장 통

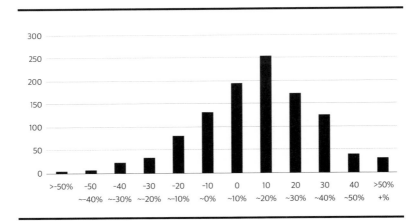

1년 단위 롤링 기간 수익률 분포도

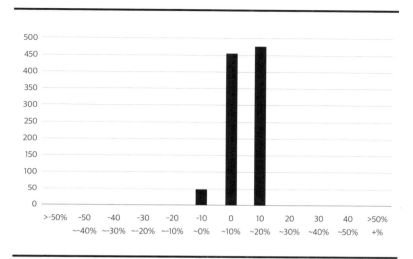

상적인 수익률은 0%에서 +20% 사이이다. 그러나 10년 단위 롤링 구간
에서는 전혀 다른 결과가 나온다.

10년 단위 롤링 구간 수익률 분포도에는 '꼬리'가 없다. 연평균 수
익률의 데이터 결괏값은 거의 모두 0~20% 사이이다. 10년 단위 롤링 구
간의 연평균 수익률이 마이너스로 나오는 구간은 일부다. 이번에도 고
위험 자산은 보유 기간이 길수록 장기 평균 수익률로 회귀할 가능성
이 높다는 결론이 나온다. 그렇긴 해도 이런 '장기' 단위의 롤링 구간에
서마저도 결괏값 범위는 굉장히 넓다. 10년 동안 연평균 수익률 3%와
10%의 차이는 우리의 머니 라이프에 굉장히 중대한 영향을 미친다. 적
절한 재무 계획을 세우고 실망스러운 결과를 피하려면 가능한 확률 기
반의 마인드를 유지해야 한다.

개별 종목

마지막으로, 여기에 세부 요소를 하나 더 입히면 자본 성장에 대한 기대치가 다듬어진다. 그러려면 광의의 '시장' 실적에서 개별 종목의 실적으로 옮겨 가야 한다. 증시는 결국 개별 종목들이 모여서 이루어진 시장이고, 상당수의 투자자는 인덱스펀드나 적극 운용 펀드(즉 뮤추얼펀드)가 아니라 개별 종목을 보유하려 한다.

기대치 설정의 마지막 요소는 투자의 이상한 수수께끼에서부터 출발한다.

- 주식시장 전체는 장기적으로는 현금 수익률을 초과하는 매력적인 수익률을 보였다.
- 상당수의 주식은 장기적으로는 현금 수익률을 넘는 실적을 내지 못한다.

대다수 주식의 개별 수익률은 형편없지만, 증시 '전체의' 실적은 훌륭한 편이다. 연구에 따르면, 1926년부터 지금까지 보통주의 58%는 현금 수익률을 대변하는 1개월물 미국 단기 국채보다도 낮은 수익률을 냈다.[5] 우리는 주식을 장기 보유하면 당연히 현금보다는 나은 수익을 낼 것이라고 기대한다. 그러나 현실은 그렇지 못했다.

왜 그럴까? 5장에서 나온 핵심 사항 중 하나를 떠올리면 된다. 고위험이 고수익을 낸다는 오래된 생각은 틀렸다. 오히려 위험이 높아지면 잠재적인 결괏값의 범위도 커진다.

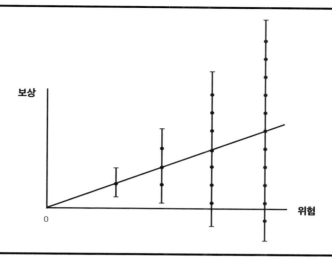

주식 1주를 산다는 것은 그 기업의 미래 기대이익 중 1주에 해당하는 몫을 산다는 뜻이다. 이익이 기대치에 미치냐 못 미치냐에 따라 투자자는 이득을 볼 수도, 손해가 날 수도 있다. 문제는 상당수 회사들이 기대치에 미치지 못하는 이익을 낸다는 것이다. 우리에게 잘 알려진 대기업들은 기대치를 이미 달성했고(통계학에서 말하는, 데이터를 잘못 선택해서 생기는 '표본 편향**sample bias**'의 좋은 예다), 사다리를 오르지 못한 회사들은 데이터에 포함되지 못한다.

실제로 지난 90년 동안 미국 증시 순상승에 기여한 회사들은 전체 상장기업의 4%에 불과하다.[6] 그리고 (총 2만 6000개 기업 중) 상위 86개 기업이 이 기간에 창출된 32조 달러의 부 중에서 50%를 차지했다. 충격적인 수치였다.

이 부분을 더 자세히 이해하려면 데이터가 한쪽으로 치우친 왜도skewness라는 다소 까다로운 통계 개념을 살펴보아야 한다. 첫 단계로 간단한 가상의 예를 하나 들어보자. 우리 딸은 매년 쿠키 판매 행사를 여는 걸스카우트 부대의 대원이다. 쿠키 판매 행사를 여는 단원은 10명인데, 그중 9명은 쿠키를 50달러어치만 팔았지만 내 딸은 100달러어치를 팔았다(아마도 누군가가 쿠키 상자를 여러 개 사준 덕분일 것이다). 이 걸스카우트 부대는 총 550달러를 벌었고, 대원 한 명의 평균 매출액은 55달러이므로, 대원 9명은 '평균 이하의' 실적을 올렸고 한 명만 '평균 이상의' 실적을 거두었다. 우스꽝스러운 예이지만, 왜도의 영향을 잘 보여주는 예이기도 하다. 극단적 이상치가 포함된 집단 전체의 평균은 집단 구성원 하나하나의 실적을 대표하지는 못한다.

미국 개별 종목들의 역사도 비슷한 성격을 가지고 있다. 앞서도 말했듯이 현대 증시 역사에서 개별 종목들의 절반 이상은 현금보다도 못한 수익률을 냈다. 그러나 일부 종목은 환상적인 실적을 기록했다. 시장의 역사적 총수익률 중 일부 기간을 그린 다음의 그래프는 그 사실을 잘 보여준다.[7]

종 모양 곡선과는 전혀 반대되는 모양새다! 사건의 대다수가 양극단에 몰려 있다. 증시의 모든 역사적 데이터와 마찬가지로, 이 기간에 전체 종목 절반 이상이 현금 수익률을 밑돌았다. 그리고 이 표는 고급 데이터와 단순한 평균치에만 의존해서 시장을 분석하는 사람이 겪을 만한 감정적 경험이 무엇인지를 잘 보여준다.

이 모든 도표와 그래프를 관찰하는 이유는 기대치를 관리하기 위해서다. 따라서 주식 수익률이 '약 10%'라고 말한다면, 집단 전체의 결과를 집단에 속한 특정 항목의 결과로 해석하는 실수를 저지르는 것이다.

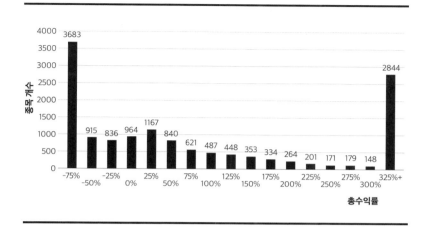

미국 1만 4455종목 주식의 역사적 총수익률, 1989~2015

종목 개수 (y축)
총수익률 (x축)

3683, 915, 836, 964, 1167, 840, 621, 487, 448, 353, 334, 264, 201, 171, 179, 148, 2844

-75%, -50%, -25%, 0%, 25%, 50%, 75%, 100%, 125%, 150%, 175%, 200%, 225%, 250%, 275%, 300%, 325%+

이런 실수를 '생태오류ecological fallacy'라고 한다. 불발탄이 되는 주식도 있을 수 있고(지난 10년 동안의 제너럴일렉트릭), 로켓을 발사하는 주식도 있을 수 있다(지난 10년 동안의 아마존). 게다가 지금까지의 설명은 주식시장에 참여하는 모든 투자자가 갖춰야 하는 가장 중요한 전술이 무엇인지를 알려준다. 바로 '분산투자'다. 하늘로 날아오르기 직전에 아마존을 선택할 능력이 없다면 시장 전체를 소유하는 것이 최고의 전술이다.

▬ 직관적 체크: 이것이 왜 중요한가? ▬

이 부분에서 일부 독자들은 먹고살기에 충분하다는 만족감을 얻기 위한 여정을 걷는 것이 아니라 삼천포로 빠졌다는 느낌이 들 수도 있다. 하지만 우리는 길을 잘못 들지 않았다. 지금 우리는 자본 성장에 대한 명확한 기대치를 설정하는 중이고, 올바른 기대치 설정은 단순화에서 가장 중요한 행동이다. 사각형은 우리가 초점을 맞춰야 할 중요 요소의 개수를 줄여 대원칙인 단순 적응 시스템을 유지하는 데 필요한 정신 에너지를 더 효과적으로 관리하게 해준다. 그리고 결과적으로는 우리를 진정한 부를 얻는 길목으로 이끌어준다.

채권

포트폴리오의 또 한 축은 채권이다. 주식과 달리 채권에 대해서는 성장 기대치를 설정하기가 비교적 쉽다. 대부분의 전통적 채권시장에서는, 특히 표준 회사채와 정부채 시장에서는 채권의 시작수익률**starting yield**이 만기 시점의 총수익(채권 가격 상승과 보유 기간 발생한 이자를 더한 금액)을 예상하는 합리적인 예측 지표다.(채권 수익률**bond yield**은 간단히 말해 채권의 할인율로, 예금이자와 비슷한 개념이라고 생각하면 된다. 채권 가격을 결정하기 위한 사전 예측적인 수익률이며, 실제로 거두는 수익과는 다르다. 그리고 채권 총수익액은 간단하게는 만기까지 받게 되는 이표利票이자이고, 할인채로 샀다면 액면가에서 할인가를 빼고 여기에 그동안 발생한 채권 이자를 더한 금액으로, 채권 수익률과 달리 채권 총수익은 사후 결산의 의미를 지닌다. – 옮긴이) 채권 투자는 상당히 까다로운 분야이기 때문에 수익률과 총수익액의 관계는 한 종목의 채권보다는 분산 투자된 채권 포트폴리오 전체에 적용하는 것이 맞다고 봐야 한다.[8] 다음 그래프는 채권 수익률과 채권 총수익의 관계를 대략적으로 보여준다.

채권은 제3자인 정부나 기업에 돈을 빌려주었음을 나타내는 증서라는 사실을 잊어서는 안 된다. 확정이자부 채권의 수익률 계산 방식은 상당히 복잡하다. 그렇더라도 채권시장에 투자할 때 제일 먼저 고려해

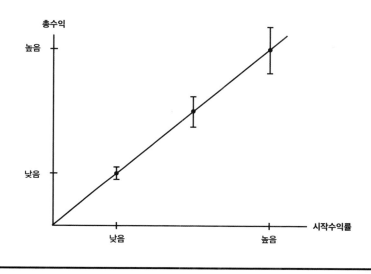

야 하는 항목은 거의 언제나 차입자인 채권 발행자의 신용등급이다. 다시 말해 '신용위험'이 얼마나 되는지부터 봐야 한다. 미국 정부나 스위스 정부에 빌려주는 돈은 떼어먹힐 염려가 없다. 반면에 베네수엘라 정부나 재무 상태가 부실한 자동차 부품 회사에 돈을 빌려준다면? 이자는커녕 원금도 돌려받지 못할 공산이 크다. 위의 그래프가 보여주듯이, 채무자의 신용도가 낮을수록 잠재적 결과의 범위도 늘어나게 된다. 거듭 주장하는 말이지만, 감수하는 위험이 커질수록 미래에 발생할 결과의 변동성도 그만큼 늘어난다. 썩 유쾌한 일은 아니다.

성장의 큰 그림

금융 자산의 성장에 대한 기대치를 관리할 때는 절대 규칙 한 가지를 명심해야 한다. 장기 실적의 최대 결정 변수는 투자 원금이라는 사실이다. 구체적으로 말하면, 비싼 가격에 살수록 얻을 이익은 줄어든다는 것이다. 반대로 싸게 살수록 가치 성장의 여지는 더 많아진다.

다른 대다수의 소비 경험과 일치하지 않는 경험이다. 나는 매년 아이들을 데리고 시카고 모터쇼를 보러 간다. 자동차광은 아니지만, 아이들이 모터쇼 구경을 좋아하고 어떤 차는 감탄이 나올 만큼 멋지긴 하다. 분명히 비싼 돈을 치를수록 엔진도 크고, 디자인도 잘빠지고, 엔지니어링도 훌륭하고, 첨단 기술을 갖춘 차를 살 수 있다. 비싼 만큼 제값을 하고 성능도 좋다. 우리는 그런 기본 가정을 전제로 대부분의 소비

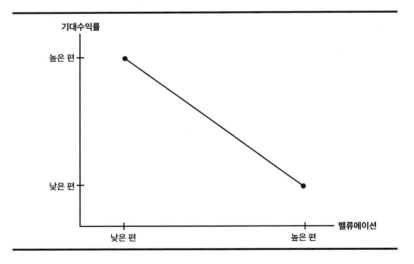

밸류에이션과 기대수익률의 관계

를 결정한다. 하지만 투자상품을 사는 것은 정반대다. 다른 조건이 동일하다면 비싼 것일수록 나쁜 실적을 거둘 가능성이 높아진다. 비싼 투자 수수료도 문제지만, 더 중요한 문제는 밸류에이션**valuation**이다. 기업의 이익에, 채권 수익률에, 또는 다른 내재 가치에 얼마만한 가치를 할당할 수 있을 것인가?

222쪽의 그래프는 밸류에이션과 기대수익률의 기본적 관계를 단순화해서 보여준다. 밸류에이션이 높을수록 기대수익률은 낮아진다. 1장에서 살펴본 맥킨지의 데이터에 반영되었듯이, 현재의 통상적인 시각에서는 주식시장도 채권시장도 상당히 고평가되어 있다. 이것은 미래의 투자 환경은 저수익 기조가 될 확률이 더 높다는 뜻이 된다. 미래가 어떨지는 모르지만, 성장에 대한 전반적 기대치를 설정할 때는 역사적 데이터만이 아니라 합리적 확률을 근거로 삼는 신중한 자세가 필요하다.

> ☐ ▎ **자본 성장에 대한 합리적 기대치를 유지하라.**

고통 ▬

가지고 있는 것을 중고로 내놓는 가격은 시간이 지날수록 변한다. 자동차, 책, 집, 옷, 야구카드, 봉제인형의 중고 가격은 1개월 뒤에도 달라지고 1년 뒤에도 달라진다. 매일같이 소유물을 중고시장에 내놓는 것은 아니기 때문에 헐값을 받는다고 해도 그다지 심란한 일은 아니다. 또한 내놓은 물건의 가격이 언제나 투명하게 매겨지는 것도 아니다. 이베이에 내놓을 때의 가격과 다른 온라인 시장에 내놓을 때의 가격이 다르지만, 우리는 상품 가격이 매번 그렇게 오르락내리락한다고는 생각하지 않는다.

투자는 예외다. 투자상품의 가격은 매일, 심하면 하루에도 여러 번 변한다. 그렇다고 해서 투자상품의 가치까지 매일 변한다는 소리는 아니지만, 가격 변동을 인식하는 순간 머니 라이프의 최대 난제 중 하나에 직면하게 된다. 자산의 기본 가치와 가격 변동성이 서로 따로 노는 상황을 감정적으로 어떻게 다루어야 하는가?

자산의 가치 성장이라는 최대 관심사에 가려져 있지만 가격 변동성은 자산의 두 번째 중요한 특징이다. 변동성은 투자상품의 가격이 크게 변하는 것을 말한다. 변동성은 근시안적인 ― 그리고 대개는 나쁜 ― 투자 결정을 결심하게 만든다. 투자자들은 변동성에 영향을 받아 비싸게 사고 싸게 팔면서 자신들의 재무적 미래를 약화한다. 앞에서도 여러 번 언급한 '행동 격차'의 증거는 투자자들이 단기 가격 등락을 버티지 못한다는 사실을 입증한다.

변동성은 우리가 고대하는 성장을 얻기 위해 치러야 하는 '감정 비용'이다. 주식시장과 채권시장의 장기 성장 그래프에서도 나타나듯이, 이 둘은 장기적으로는 가치가 크게 오른다. 그러나 그래프를 아무리 봐도 장기적 가치 성장을 얻기까지 무수히 많은 자갈밭을 걸으며 꾹 참고 투자를 유지하는 것이 얼마나 힘든지는 알 수 없다. 어떤 길일지가 중요하다. 기대치를 적절히 세우려면 길이 어떨지를 생각해야 한다. 얼마나 험한 길이 될 것인가? 그 값을 치를 만한 여정인가?

수익보다는 변동성에 대한 기대치를 세우기가 더 쉽다는 사실을 안다면 그나마 잠재적 고통을 이겨내기가 조금은 수월해진다. 그 이유는 변동성이 큰 성격을 가진 자산군도 있고, 그렇지 않은 자산군도 있다는 데 있다. 주식은 채권보다 변동성이 크다. 소형주일수록 대형주보다 변동성이 크다. 하이일드 채권, 즉 투기 등급 채권은 투자 적격 등급 채권보다 변동성이 크다. 대체적으로는 돈을 빌려주는 형태(채권 소유)에서 이익 참여(주식 소유)로 옮겨 갈수록 길은 더 험난해진다. 가까운 시일 안에 이익을 내는 능력보다는 채무 이자를 낼 능력이 있는지가 확인하기 훨씬 쉽다.

수익보다는 변동성이 예측하기가 조금은 쉬울지라도, 가격 급등은 (아무리 각오했어도) 탐욕(비싸게 사기)과 두려움(싸게 팔기)의 악순환에 휘말리는 나쁜 결정을 부추긴다. 변동성은 잠재적 이득을 얻기 위해 치러야 하는 '입장료'다.

직관적으로는 수긍이 가는 말이지만, '변동성과 위험은 같지 않다'라는 대중의 생각에 대치되는 말이기도 하다. 워런 버핏과 하워드 막스를 비롯한 투자의 대가들은 오래전부터 이것이 잘못된 신념이라는 사실을 설파했다. 투자 세계에서 버핏과 막스만큼 뛰어난 투자 철학과 글을 전하는 사람도 없지만, 이런 생각의 차이가 발생하게 된 것은 시장 대가들과 평범한 사람들의 목표가 상충한다는 데서 연유한다. 시장 대가들은 벤치마크를 초과하거나 차익을 극대화하는 것을 목표로 삼지만, 우리 개미들은 정해놓은 삶의 목표를 충족하는 것이 목표다. 물론 '더 많이'는 근사한 말이긴 하지만, 이제는 그 칭얼대는 아기를 잠재웠

기를 바란다.

위험은 다시 말해 재무적 목표를 달성하지 못할 가능성을 의미한다. 이런 정의에서 생각하면 변동성은 가장 중요한 위험 중 하나다. 적절히 예상하고 준비하지 못한 상태에서 닥친 투자상품의 가격 널뛰기는 우리를 무대 밖으로 튕겨낸다. 한번 나온 시장으로 다시 들어가기는 쉽지 않다. 2008년 금융위기 때 일반 투자자들이 어떻게 반응했는지를 기억하자. 그들은 시장이 바닥까지 떨어졌을 때 팔면서 영구 손실을 입었고, 그 후로도 오랫동안 시장으로 돌아오지 못했다.

숫자로 표현되는 변동성은 이해하기 쉬운 개념은 아니다(미국 증시의 역사적 변동성 지수는 '17' 안팎이었다. 직관적으로는 전혀 이해가 되지 않는 숫자다. (시카고 옵션거래소에서 제공하는 이 변동성 지수는 '20' 아래라면 변동성이 작고 '30'이 넘으면 변동성이 크다고 여겨진다. VIX 지수라고도 불리는 변동성 지수는 예를 들어 2000~2007년 평균값이 '19.6'이었지만, 2008년 리먼브라더스 파산 이후에는 최고 '89.96'까지 치솟았다. ─옮긴이)) 가격 급락과 급등을 감정적으로 쉽게 이해하려면 '낙폭drawdown'을 관찰하는 것이 가장 좋은 방법이다. 낙폭도 변동성과 관련이 있지만 개념은 훨씬 단순한데, 이것은 특정 시장이나 자산군, 투자상품이 실제로 하락하는 폭을 의미한다.

227쪽의 그래프는 4개 주요 자산군의 역사적인 최대 낙폭을 보여준다.[9]

평균만 보면 주식은 채권보다 낙폭이 훨씬 크다. 그러나 나쁜 결괏값의 범위는 보수적인 투자라고 해서 가파른 손실에 면역력이 있는 것은 아니라는 사실을 보여준다. 투자자들은 어떤 점에서는 채권 투자보다는 주식 투자에서의 손실을 더 담담히 받아들이는 편인데, 채권이 포

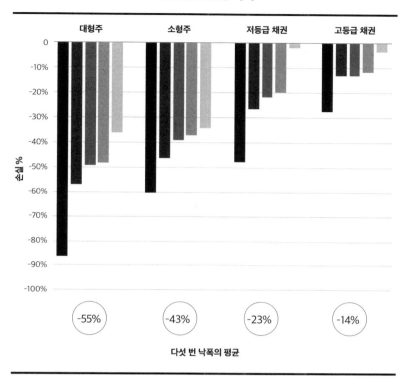

다섯 번 낙폭의 평균

트폴리오의 버팀목 역할을 한다고 생각하기 때문이다. 결국 기대치 관리가 중요하다는 말이 된다.

낙폭에도 행동 비용이 있다. 228쪽의 표는 솔직히 말해 과학적이지는 않지만, 투자자들이 손실에 어떤 반응을 보이는지를 내 나름대로 정리한 것이다.

손실이 늘어날수록 부정적인 감정이 커지고, 행동도 극단으로 치닫는다. 낙폭이 클수록 길을 걷는 고통도 심해진다.

위험에 대한 직관적 체크

낙폭의 크기	본능적 반응	나올 만한 행동
0~-5%	"기분은 안 좋지만, 큰 문제는 아니야."	더 주의 깊게 보지만, 행동은 하지 않는다.
-5%~-10%	"찜찜해. 무언가 잘못 됐어."	포트폴리오를 더 주의 깊게 살핀다. 일부 투자자는 초조해하면서도 아무 행동도 하지 않는다. 또 일부 투자자는 아무것도 하지 않는 것이 '용기'라고 생각한다.
-10%~-15%	"상황이 안 좋아."	포트폴리오를 보면서 무엇이 아직 '괜찮고', 무엇이 '안 괜찮은지' 살핀다. '조치'를 취하기 위해 매도 결정을 내린다. 이때는 고통을 줄이는 것이 목표다.
-15%~-20%	"상황이 진짜로 안 좋아."	포트폴리오를 헐값에 넘길 방법은 없는지 알아본다. 거래를 크게 늘린다.
>-20%	"내 능력 밖이야."	손실이 30~35%를 넘으면서 패닉 매도가 일어난다. 대부분의 투자자가 고통을 견디지 못한다.

> 성공 투자는 감정의 고통을 수반한다.

보완

나는 플리스 재킷이 많은 편이다. 궁금해하는 사람은 없겠지만 굳이 이유를 말하자면, 여름날 밤이든 12월의 추운 날이든 입기 편해서다. 변덕스러운 시카고 날씨에 편하게 지내는 데는 그만한 게 없다. 게다가 모양도 마음에 들고, 주머니도 넉넉하고, 여행가방에 쑤셔 넣기에도 좋다. 그래서 나는 필요 이상으로 플리스 재킷이 많다.

우리는 모두 습관의 동물이다. 우리는 좋아하는 것을 계속 좋아하고, 똑같은 가게에 가서 똑같은 물건을 계속 산다. 자동차, 화장품, 옷, 낚시용 플라이릴까지, 뭐든 그렇다. 우리는 투자도 소비의 한 형태이고, SUV와 아이라이너를 살 때의 행동과 습관 대부분은 자본시장에 투자할 때도 똑같이 적용된다는 사실을 자주 잊어먹는다.

우리는 선호하는 투자 스타일이나 성향이 있다. 우리는 '공격적' 또는 '보수적' 투자자를 자칭한다. 자신에게 적절하다고 생각하면서 선호하는 투자 섹터나 테마가 있다. 우리는 마음이 더 편해지기 위해 자신이 더 잘 안다고 생각하는 투자에 이끌린다. 당신이 다니는 회사의 주식을 보유한다거나(이것은 금융 자본과 인적 자본을 같이 투자하는 이중의 투자인 셈이다), 동종 업계 기업의 주식을 보유하는 것이 단적인 예다. 디지털 미디어 회사에서 일하는 사람의 주식 투자는 페이스북과 트위터에 편중되어 있다.

게다가 우리는 친숙한 곳에 이끌리는 성향이 있으며, 이런 '자국 편향home bias'은 투자자 행동에 깊숙이 배어 있다. 캐나다도, 오스트레일리아도, 영국도, 미국도, 그리고 다른 나라들도 자국 기반 주식 투자가 압도적으로 많다. 자국 편향은 눈앞에 보이는 것에 치중하고 보이지 않는 것은 무시하는 가용성 편향의 일종이다. 또한 이미 가지고 있는 것을 더 선호하고 과대평가하게 되는 편향인 소유 효과를 심화한다. 원래 가지고 있던 편향이 더욱 심해지면서 소유하고 있는 것에 대한 애착이 늘어난다.

좋아하지도 않는 것을 사는 것은 절대로 자연스러운 행동이 아니다. 내가 플리스 재킷과 '균형을 맞추려고' 데님 재킷이나, 방수가 되지 않는 룰루레몬 브랜드의 옷을 사는 일은 조만간은 절대로 없을 것이다. 하지만 투자에서는 그렇게 해야 한다. 가장 중요한 투자 원칙 중 하나는 비슷하지 않은 여러 투자를 동시에 진행하는 것이다. 서로 닮지 않을수록 좋다. 서로 관련성이 없는 투자로 포트폴리오를 구축할수록 어떤 풍파도 헤쳐나갈 수 있는 든든한 포트폴리오가 마련될 수 있다.

전문 투자자를 비롯한 모든 투자자에게 상관계수는 머리를 아프게 하는 문제다. 상관계수는 다양한 투자의 '공분산covariance(2개의 확률 변수가 선형적으로 상관하는 정도. 같이 상승한다면 양의 공분산이고, 하나는 상승하는데 다른 하나는 하락한다면 음의 공분산이다. - 옮긴이)'을 측정하는 복잡한 수학적 척도다. 투자에서 상관계수는 투자 종목들의 가격이 서로 어느 정도나 같은 방향으로 움직이는지를 보여준다.

상관계수가 왜 중요한가? 현대 재무학의 대표적이면서도 실용적인 발견 한 가지를 꼽자면, 상관계수가 낮은 자산들을 현명하게 묶어 구축한 포트폴리오일수록 조금은 더 순탄하게 수익률이 올라가기 때문이다. 가치의 성장이 늘어날수록 고통은 줄어든다. 그러므로 고려 중인 투자가 전체 계획을 얼마나 보완하는지 이해해야 한다. 이 새로운 투자는 내 포트폴리오를 얼마나 개선하는가? 투자할 만한 가치가 있는가? 다른 종류의 위험 감수인가, 아니면 기존 투자를 2배로 늘리는 것에 불과하지는 않은가?

이러한 관계는 육안으로는 보이지 않는다. 수학적으로 상관관계의 범위는 완벽한 양의 상관관계(상관계수 +1.00)에서 완벽한 음의 상관관계

(상관계수 −1.00)까지다. 완벽한 양의 상관관계는 두 자산의 가격이 완벽히 똑같이 움직인다. 내가 오른쪽이면 저쪽도 오른쪽이다. 음의 상관관계에서는 내가 오른쪽이면 저쪽은 왼쪽이다. 상관관계는 수학적으로 정밀한 계산식이지만 여러 기법이 끼어든다. 예를 들어 시한도 중요한 변수다. 상관계수를 일별, 주별, 월별, 연별로 측정할 수 있다. 시한은 임의적인 결정이지만, 무언가가 '비상관uncorrelated'인지 아닌지도 시한을 어떻게 설정하느냐에 따라 달라진다.

그리고 상관계수는 시간에 따라 변한다. 상관계수는 일정하지 않다. 주식, 채권, 부동산 등 같은 자산군 범주 안에서도 또는 다른 자산군 범주끼리도 상관계수는 상황에 따라 변한다. 이 점이 문제다. 아주 달갑지 않게도, 상관계수는 시장이 요동칠 때 같이 치솟기 때문이다. 상관계수는 변덕이 심한 친구다. 파티의 단골손님이지만 장례식 문상은 잘 가지 않는다.

232쪽의 표는 앞에서 본 4가지 주요 자산군의 평균 상관계수를 정리해서 보여준다(롤링 구간 단위는 3년이고, 대략 40년 전부터 시작한다).

상관계수 1.00은 두 자산군의 가격 변동이 완벽하게 일치한다는 뜻이다. 완벽한 대열을 이뤄 한 치의 오차도 없이 하늘을 나는 새떼를 상상하면 된다. 두 자산군이 아무 관련이 없으면 상관계수는 0이 된다. 다람쥐가 초원을 달리는 것과 새들이 하늘을 나는 것은 아무 상관도 없다. 사냥꾼은 새나 다람쥐 중 하나를 선택해 겨냥해야 한다. 둘을 동시에 쏘아 맞힐 수는 없다. 상관계수가 낮을수록 포트폴리오의 안전성은 높아진다.

232쪽의 표는 실제 자본시장의 가격 변동을 포착하지 못하기 때문

4개 주요 자산군의 평균 상관계수

	대형주	소형주	저등급 채권	고등급 채권
대형주	1.00			
소형주	0.80	1.00		
저등급 채권	0.57	0.54	1.00	
고등급 채권	0.12	-0.03	0.33	1.00

에 불완전하다. 233쪽의 그림은 상관계수의 값이 아니라 범위를 추정하기 때문에 조금 더 복잡한 편이지만, 대신에 기대치 관리에는 더 도움이 된다.

이 그림은 롤링 구간을 3년 단위로 잡아 대형주와 나머지 3개 자산군의 상관계수 범위를 보여준다. 평균 상관계수 주위로 결괏값 범위가 넓게 퍼져 있다. 수직선과 함께 그려진 상자는 모든 역사적 결괏값의 3분의 2를 나타내며, 이것은 '대부분 기간 동안의' 민감도를 의미한다. 몇십 년 전을 출발점으로 삼은 3년 단위 롤링 구간에서의 상관계수 최댓값과 최솟값도 나온다. 대형주의 경우 소형주와의 상관계수 범위가 비교적 좁은 편이지만, 저등급 채권과의 사이에서는 넓어지고, 특히 고등급 채권과의 상관계수는 범위가 굉장히 넓게 나온다.

234쪽의 그래프는 시간 경과에 따라 이 범위가 어떻게 달라지는지를 보여줌으로써 위의 분석을 보충해서 설명한다. 상관계수가 일정하지 않다는 것이 한눈에 보인다. 가장 눈에 띄는 부분은 고등급 채권과의 상관계수를 보여주는 선이다. 대형주와 고등급 채권의 상관계수는

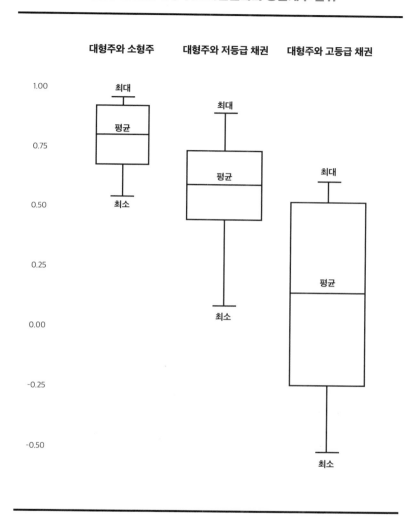

대형주와 소형주   대형주와 저등급 채권   대형주와 고등급 채권

1980년대와 1990년대에는 낮은 양의 상관계수 영역에서 움직였지만, 그 후 15년 동안은 다른 패턴을 보이고 있다.

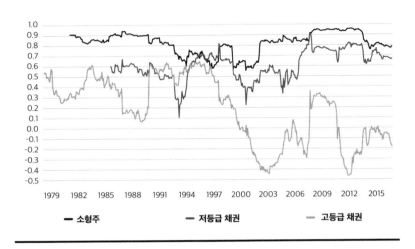

3년 단위 롤링 구간으로 본 대형주와 다른 3개 자산군의 상관계수(1월 기준)

— 소형주　　　　— 저등급 채권　　　　— 고등급 채권

　　위의 그림과 그래프는 자산군들의 상관관계를 정적으로 보여주는 도표는 신뢰성이 떨어진다는 것을 보여준다.

　　위의 모든 데이터는 오히려 혼란을 불러올 수도 있다. 그렇다면 투자자가 '진짜로' 원하는 것은 무엇인가? 투자자는 상관관계가 낮다는 식의 이론적 개념이 아니라, 시장 여건이 좋지 않을 때는 서로 상관없이 움직이는 자산군으로 이뤄진 포트폴리오를 원한다. 우리는 강세장에서는 다 같이 오르고 약세장이나 하락장에서는 방어를 잘하는 자산들로 포트폴리오를 구축하고 싶어 한다. 안타깝게도 그런 포트폴리오는 거의 없으며, 오히려 정반대로 움직인다. 시장 위기일수록 자산군의 상관계수는 오르는데, 두려움이 팽배한 시기에는 유동성이 씨가 마르고 많은 투자자가 현금 보전을 위해 무차별적 매도 행렬에 동참하기 때

234

문이다. 상관계수의 우정이 얼마나 변덕스러운지는 2008년 금융위기 때 가장 잘 드러났다. 당시 주요 자산군과 하위 자산군의 가격은 동시에 일제히 급락했다.

마지막으로, 같은 방향으로 움직이지 않고 다른 자산군을 보완하는 투자상품들로 포트폴리오를 구축한다는 것은 감정적으로는 유쾌하지 않은 일이다. 상관계수가 진짜로 낮은 투자상품들로 포트폴리오를 구성하고 있다면, 다른 투자들이 수익을 내고 있을 때 어떤 투자는 '비실대고' 있을 공산이 크다는 뜻이다.

상관계수는 포트폴리오 구축을 위한 가장 합리적 수단인 분산투자라는 마법을 움직인다. 그렇다. 합리적이긴 하다. 그러나 분산투자는 짜증이 나는 도구이기도 하다. 투자자는 자신이 분산 포트폴리오를 원한다고 믿도록 조건화되어 있지만, 분산투자의 현실은 그다지 좋아하지 않는다. 채소처럼 분산투자도 건강에는 좋지만 언제나 맛이 있는 것은 아니다. 진짜 분산투자 포트폴리오에는 냄새나는 음식이 언제나 한두 개쯤은 있기 마련이다.

매력적으로 보이는 투자여도 보완 기능이 없으면 쓸모가 없다. 이미 보유하고 있고 익숙하다고 생각하는 투자에 자신도 모르게 똑같은 위험을 2배로 늘린다면, 이것만큼 안전한 포트폴리오를 구축했다고 착각하게 만드는 확실한 지름길도 없다. 수익률과 마찬가지로 상관계수도 시간과 상황에 따라 변하기 때문에 보완의 문제에 대해서는 답을 찾기가 힘들다. 그렇기에 역사적 결괏값의 범위를 이해하는 것이 우리가 할 수 있는 최선이다.

유연성

투자의 네 번째이자 마지막 요소는 유동성이다. 좁은 의미에서 유동성은 무언가를 매매하기 어렵거나 쉬운 정도를 의미한다. 나는 아마존에 들어가서 곧바로 엘모어 레너드Elmore Leonard의 소설 하나를 골라 결제를 하고 익일 배송을 선택할 수 있다. 하지만 집은 오늘 당장 팔고 싶다고 해서 팔리지는 않는다. 아내와 내가 아이를 입양하고 싶다면, 길고 까다로운 심사 절차를 거쳐야 한다. 오늘 저녁에 해먹을 식료품을 당장 사는 데는 아무 문제도 없다. 레너드의 책과 식료품 시장은 유동성이 높지만, 주택시장과 입양은 그렇지 못하다.

원클릭 온라인 증권사들(슈와브나 피델리티, 이트레이드 등)의 약진은 쉽고 빠른 투자가 언제나 가능하다는 인상을 준다. 실상은 아니다. 투자 종류에 따라 어떤 투자는 쉽지만, 또 어떤 투자는 어렵다. 전문 투자자들이 보는 투자의 세상은 매매호가 스프레드, 시장 조성자, 슈퍼컴퓨터로 이루어져 있다. 증권도 발행사가 어디인지에 따라 유동성이 높을 수도 있고, 낮을 수도 있다.

그러나 평범한 사람들에게 유동성은 유연성을 의미한다. 유연성은 결정을 번복할 수 있는 역량을 의미한다. 방향을 바꾸는 것이 가능한

가? 그대로 밀고 나가야 하는가? 밀고 나가는 게 잘못된 결정은 아닌가?

방향 선회 능력은 생존 본능에서도 중요한 자리를 차지한다. 방향 선회는 우리가 대단히 중요하게 여기는 통제 능력을 대변한다. 제한받지 않는 자유, 그리고 원하는 대로 경로를 설정할 수 있는 자유는 강력한 동기부여 요인이다. 제약되기를 갈망하는 사람은 거의 없다.

실제로도 단순 적응 시스템 원칙은 결심을 바꿀 수 있는 능력을 전제로 한다. 원을 다룬 장에서 기본 전제는 필요, 기회, 변화 대응 능력이었다. 이와 동시에 단순 적응 시스템은 계획을 꾸준히 실천할 것도 요구한다. 유연성을 발휘하느냐, 원칙을 고수하느냐, 둘 사이에서 균형을 맞춰야 하지만 결코 쉽지 않은 일이다.

유연성의 장점을 이해하는 한 가지 방법은 그것을 포기하는 대가로 무슨 보상을 얻을 수 있는지를 알아보는 것이다. 중요하게 생각하는 무언가를 포기했을 때 그 보답으로 얻게 되는 보상은 무엇인가? 사모자본, 부동산, 에너지 투자회사 등 고도의 전문성이 필요한 분야의 투자자들이 전통적 관점의 유동성을 고려하며 매일같이 던지는 질문이다. 지금 고민 중인 곳에 몇 년간 자본을 투자한다면 완전히 유동적인 시장에 투자했을 때보다 월등히 높은 수익을 벌어들일 수 있을까? 그것을 알아내는 것이 이 말쑥한 양복 차림 전문가들의 본업이다. 다시 말해, 그들은 선택성**optionality** 또는 기회비용에 가치를 배분하고 있다.

그러나 나는 이런 재무학 측면의 내용보다도 더 중요하게 강조하고 싶은 문제가 있다. 우리는 유연성이 부족할 때 얻는 '행동적' 보상에 대한 질문도 던져야 한다. 7장에서 나온 두 종류의 뱅가드 뮤추얼펀드 (자유재량 펀드와 자동운용 펀드)는 포트폴리오 구성은 똑같았지만 운용 체계는 달랐다. 자유재량 펀드의 계좌는 원하면 언제라도 투자를 바꿀 수 있다. 은퇴 계좌로 묶이는 자동운용 펀드는 임의대로 투자를 바꾸기도 어렵고, 보통은 자동 투자를 포함한다(설정 후 자동 매매). 설계가 살짝 다르지만 투자자가 얻은 결과는 크게 달랐다. 유연성이 부족한 펀드가 오히려 결과는 더 좋았다.

25세에 한 펀드에 돈을 넣어두고, 은퇴하는 65세까지 이 돈을 건드리지 못했다고 가정해보자. 지구가 멸망하지 않는 한, 40여 년 동안 이 돈에는 복리 수익이 붙었을 것이다. 펀드는 시장이 최고조일 때 돈을 차곡차곡 불렸을 것이고, 시장의 단기 부침을 이겨내려고 애쓰는 전문 펀드매니저들의 실적을 너끈히 앞질렀을 것이다.

사각형의 유연성 모서리는 결국 굳건한 자산 성장을 위해 자신의 통제권을 어느 정도나 포기할 수 있느냐는 문제다. 장기적으로 좋은 결과로 가려고 할 때 사용할 수 있는 '결정 준칙'은 2가지가 있다. 첫 번째 준칙은 오디세우스 시나리오로, 사이렌의 노래에 저항할 수 없으니 몸을 미리 돛대에 묶어놓으라는 규칙이다. 자본시장에 이 규칙을 적용하면, 변동성에 지레 겁먹을 것이 뻔하므로 아예 사전 위임 약정을 맺어 경로를 유지하는 전략을 실행해야 한다는 뜻이다. 바꿔 말해, 재량권을 없애야 한다는 것이다. 이것의 반대 스펙트럼인 두 번째 준칙에서는 완전한 유연성을 유지하면서 인내심을 가지고 원칙에 따라 행동해야 한다고 요구한다. 두 번째 준칙의 장점은 본인이 적절하다고 생각할 때 변화하고 적응할 수 있다는 것이다.

우수한 장기 실적을 진심으로 원하는 투자자라면, 여러 형태의 사전 위임 전략을 고민해야 한다. 여러 증거로도 입증되었듯이, 직장인 은

퇴연금 제도를 통해 자동 투자 전략을 실행하는 투자자들은 시간이 지날수록 저축률뿐 아니라 수익률도 높아진다.[10] 침체 장에서는 자동 적립식 투자가 높은 효과를 보이는데, 모든 것의 가격이 떨어진 시장에 자동으로 투자하는 셈이 되기 때문이다. 또 다른 사전 위임 전략은 은퇴를 원하는 연도를 (예를 들어 2040년으로) 정하고, 그때까지 몇십 년 동안 펀드를 전적으로 자동운용하는 '목표 시점 펀드**Target Date Fund, TDF**'다. 포트폴리오 재조정과 동적 자산 배분이 자체적으로 설정된 TDF는 뒤로 갈수록 주식 위주에서 채권 위주로 포트폴리오 중심을 옮긴다.

핵심은 간단하다. 투자자로서는 '원칙 유지'와 '발 빠른 대응' 중 어느 쪽이 더 좋을지 사전에 판단하기가 힘들지만, 곤란한 처지에 빠지지 않기 위해서라도 두 준칙의 득실을 파악하고 있어야 한다.

> □ | 결정을 번복할 수 있다는 것은 양날의 칼이다.

●▲■

사각형의 네 모서리는 투자 기대치를 적절히 관리하도록 도와준다. 범주와 확률에 대한 통찰을 갖춘 투자자는 자신에게 맞는 추상화**abstraction**(컴퓨터공학에서 사용되는 말로, 복잡한 데이터나 시스템에서 핵심을 정리하는 작업을 의미한다. 이 책에서는 시장의 역사적 데이터를 자신의 투자에 맞게 정리하는 것을 의미한다. - 옮긴이) 수준을 정하고 적절한 질문을 던질 수 있다.

- 내 돈의 합리적인 성장 기대치는 얼마인가?
  - 가장 일반적인 추상화: 역사적 결괏값의 범위에 대한 질문을 준비한다.
  - 심층 레벨의 추상화: 지금의 구매력으로 시장에서 '살 수 있는 것'을 파악하는 데는 인플레이션 조정된 '실질' 수치가 더 중요하다는 사실을 이해한다.
- 나는 자본 성장을 즐길 수 있는가, 아니면 투자 종목의 가격 등락에 감정적으로 불안해하면서 팔게 될 것인가?
  - 가장 일반적인 추상화: 낙폭의 역사에 대한 질문을 준비한다.
  - 심층 레벨의 추상화: 자산군의 변동성은 장기적으로 어떻게 변했는지를 이해한다.
- 나는 다양한 투자로 포트폴리오를 구축하고 싶다. 그렇다면 나는 성장이 느리거나 '잘 불어나지' 못하는 듯 보이는 자산까지 포함하는 진정한 분산투자 포트폴리오를 구축했는가?
  - 가장 일반적인 추상화: 시장에 위기가 왔을 때 상관계수가 얼마나 늘어날 것인지 질문한다.
  - 심층 레벨의 추상화: 각각의 자산군이 포트폴리오 전체 수익률과 같은 방향으로 움직이는 정도, 또는 다른 방향으로 움직이는 정도가 나타내는 의미가 무엇인지 이해한다.
- 나에게는 개별 투자나 포트폴리오 구성을 재조정하는 것이 쉬운 일인가, 어려운 일인가?
  - 가장 일반적인 추상화: 재량권은 양날의 칼이라는 사실을 이해하려 노력한다.

- 심층 레벨의 추상화: 이 문제는 고도로 전문적인 영역이므로 신경 쓰지 않는다. 유동성의 기술적 부분이 아니라 자신의 성향을 이해하는 데 더 노력한다.

수익, 변동성, 상관계수, 유동성이라는 복잡한 재무적 개념은 투자자의 제한된 정신 에너지를 빨아들이는 잠재적 싱크홀이다. 그러므로 몇 가지 핵심 개념에 주력해야만 단순 적응 시스템 원칙을 잘 지키면서 먹고살기에 충분하다는 만족감을 향해 막판 스퍼트를 올릴 수 있다.

사각형의 중심으로

좀 더 확실히 보면, 사각형에서는 건드리지 않은 빈 공간이 대부분이다. 그리고 건드리지 않은 채로 넘어가는 것은 막판 스퍼트를 제대로 올리고 있다는 의미이기도 하다.

나로서는 앞에서 나온 사각형에 대한 자세한 설명이 시장의 변덕에도 꿋꿋하게 기대치를 설정하고 관리하는 데 요긴하게 도움이 되기를 바라는 마음이다. 하지만 사각형의 네 모서리를 정신적으로도 감정적으로도 이해한다고 해서 성공 투자의 정석이 완성되지는 않는다.

성공의 정석을 밟으려면, 합리적 계획이 자리를 잡은 후에는 '아무것도 하지 않는다'라는 개념도 이해해야 한다. 완전히 아무것도 하지 않거나, 거의 아무것도 하지 않아야 한다. 아무 행동도 하지 않는 순간, 비로소 복리의 마법이 살아나기 때문이다.

복리는 우리가 생각하는 것보다도 인류의 발전사에 묵묵하게 자주 등장하는 주인공이다. 아인슈타인은 복리를 세계에서 가장 강력한 힘이라고 말했고, 제프리 웨스트Geoffrey West의 위대한 저서《스케일Scale》에서는 종류를 불문하고 모든 복잡계(도시, 기업, 우리의 몸, 식물, 금융시장까지)를 복리와 지수성장, 비선형성의 렌즈를 통해 이해하는 방법을 자세히 설명한다.[11] (확률에 야유를 보내는 사람도 비선형성에는 찬사를 보낼 것이다.)

복리는 무언가가 시간이 지날수록 성장에 탄력이 붙어 기하급수적으로 자라나게 된다는 수학적 기본 개념이다. 찰리 멍거는 이렇게 설명했다. "복리의 첫 번째 규칙. 절대로 필요도 없이 복리를 방해하지 말라." 이 규칙은 우리가 좋아하는 모든 것, 이를테면 돈에도 적용된다. 그리고 빚처럼 우리가 좋아하지 않는 모든 것에도 적용된다. 물론 이때는 나쁜 복리를 방해하는 것을 최우선으로 삼아야 한다.

다음의 그래프는 2가지 중요한 교훈을 알려준다. 100달러의 돈에 매년 8%의 복리가 붙는다고 가정해보자. 첫 번째 교훈은 한 자릿수 성장률일지라도 시간이 제법 지나면 돈이 꽤 불어난다는 사실이다. 이 100달러는 25년 뒤에는 7배로 불었다. 돈의 성장을 직관적으로 쉽게 이해하려면 '72의 규칙Rule of 72(7.2%의 복리에서는 돈이 2배로 불어나는 데 10년이 걸리고, 반대로 10%의 복리에서는 7.2년이 걸린다는 규칙 – 옮긴이)'을 유념하면 된다. 72의 규칙은 복리 수준에 따라 돈이 2배로 늘어나는 데 얼마나 걸리는지를 알려준다. 72를 수익률로 나누면, 원금이 몇 년 뒤에 2배로 불게 되는지가 나온다. 여기서는 8%의 복리이므로 대략 9년이 걸린다(72÷8).

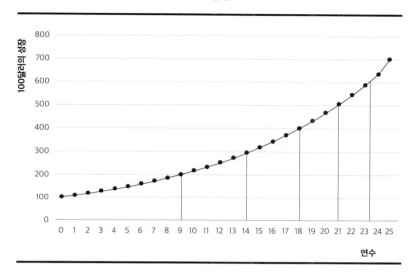

지수성장

100달러의 성장 / 연수

더 흥미로운 것은 두 번째 교훈이다. 성장이 진행될수록 '가속도'가 붙어 성장 속도가 점점 빨라지게 된다. 위의 그래프에서 수직선은 처음 100달러였던 원금이 이후에 100달러씩 늘어난 시점을 표시한다. 100달러씩 늘어나는 데 걸리는 시간이 점점 줄고 있다. 성장 궤도에서 한 단계 올라갈 때마다 더 큰 숫자가 곱해진다. 다시 말해 유기적 성장에 가속이 붙는다. 이것이 지수함수이고 비선형성이다.

워런 버핏이 거대한 부를 쌓은 방법을 설명한 책만 해도 수천 권은 될 것이다. 내용이 꽤 흥미로운 책도 있다. 하지만 유명 블로거 모건 하우절Morgan Housal은 버핏이 아주 젊어서부터 투자를 시작했고, 복리로 부를 불렸다는 가장 유익한 교훈을 말하는 책은 거의 없다고 단적으로 지적한다.[12] 하우절은 "어이없을 정도로 작은 시작"의 중요성을 역설한다. 위대한 것은 거의 모두가 처음에는 아주 작게 시작한다.

초등학생 때 투자를 시작하는 사람은 거의 없다. 고등학생 때도, 대학생 때도, 이십 대일 때도 우리는 투자를 시작하지 않는다. 그러나 투자에서는 일찍 시작하는 것만큼 확실한 왕도가 없다. 일찍 시작하는 투자는 놀라운 우위를 만들어준다. 투자에서는 시작하기에 너무 늦었다는 말은 통하지 않는다. 나무는 20년 전에 심었다면 가장 좋았겠지만, 두 번째로 좋은 시기는 지금이라는 중국 격언도 있다.

그러나 고개가 완전히 끄덕거려지지는 않을지 모른다. 복리의 마법을 이해하기는 어렵다. 물리학자 앨버트 바틀릿**Albert Bartlett**의 말마따나 "지수함수를 이해하지 못한다는 것이 우리 인류의 가장 큰 결점이다." 지수성장은 말은 간단하지만 직관적으로 이해하기는 힘들다. 처음에는 성장 속도가 잘 확인되지 않을 정도로 느려서 성장하고 있는 것이 맞는지 의심이 들기 때문이다. 인간은 선형적으로 생각하기 때문에 "어이없을 정도로 작은 시작"이 눈이 휘둥그레질 정도로 커진다고는 상상하기가 힘들다.[13] 그러나 여러 해가 지나고 성장에 가속이 붙은 후에야 우리는 복리의 작용을 직관적으로 깨닫게 된다.

심지어 우리는 머리로는 복리의 힘을 완벽하게 이해한다고 자부하면서도 실제로는 복리의 마법을 피할 궁리를 한다. 그러면서 우리는 관찰하고, 관여하고, 더 배우고는 어설프게 수정하고 방해한다. 결과적으로 우리는 우리 자신을 방해하고, 우리가 원하는 변화를 방해한다. 무언가를 하려는 충동이, 더 좋은 것을 만들기 위해서나 가만히 있을 수 없다는 이유만으로 무언가를 하려는 충동이 생겨난다. 제이슨 츠바이크는 이렇게 말했다. "투자자들이 해야 하는 행동에서 가장 중요한 하나를 꼽는다면, 99%의 순간에는 절대로 아무것도 하지 않아야 한다는 것이다."¹⁴ 아무 행동도 하지 않는다는 것은 통제를 포기한다는 뜻이다. 통제 포기는 고민의 대상조차 되지 못한다.

투자에서 가장 위대한 기술 하나는 인내심이다. 스토아학파에서 인내심이란 의도적으로 아무것도 하지 않는 능력이다. 만족 지연의 기술을 터득한 사람들은 단순히 머니 라이프의 영역을 넘어 여러 분야에서 더 뛰어난 결과를 내게 된다.

스탠퍼드대학교 아동발달학 교수 월터 미셸Walter Mischel은 놀라운 연구들을 통해 자제력이 뛰어난 아이가 있는 반면에 인내심이 약한 아이도 있다는 것을 보여주었다. 미셸은 연구실에 모인 아이들에게 간식을 주면서(그 유명한 '마시멜로 실험'이었다), 지금 먹으면 하나만 먹을 수 있고 조금 기다리면 2개를 먹을 수 있다고 했다. 몇몇 아이는 꾹 참고 기다렸다가 2개를 얻어먹었지만, 몇몇 아이는 허락이 나자 곧바로 간식을 먹었다. 미셸과 동료들은 그 후 수십 년 동안 실험에 참가한 아이들의 인생을 추적·조사했다. 자제심이 강했던 아이들은 아동기를 잘 이겨내고 유능한 어른으로 자라 있었다. "그들은 어른이 되어서도 체질량지수가 더 낮았고, 자긍심이 높았으며, 목표를 더 성공적으로 추구했고, 좌절과 스트레스에도 더 적절하게 대응했다."¹⁵

인내심은 중요하지만, 인류에게 그것은 언제나 만만치 않은 도전이었다. 성경에 나오는 최초의 인간에 대한 이야기는 아담과 하와가 유혹을 잘 이겨내지 못했다고 전한다. 끝없는 정보의 물결과 집중을 흐트러뜨리는 것이 많은 오늘날에는 그때보다도 상황이 훨씬 안 좋다. 고대에 사과가 있었다면, 현대의 그 자리에는 아이폰이 있다.

심지어 닥터 수스의 '위대한 장소'가 저 멀리 뚜렷하게 보인다고 해도, 그곳까지 도착할 수 있는 묘수가 무엇인지는 확실하지가 않다. 적절한 마인드를 갖춰야 하지만, 그 마인드를 갖추는 것 자체가 힘들 수 있다. 우리는 갈팡질팡한다. 다 관여하면서 모든 것을 통제하고 싶은 마음이 든다. 하지만 또 한편으로는, 계획을 잘 짜고 그 계획이 저절로 굴러가게 하는 것이 지혜로운 행동이라는 사실도 모르지 않는다. 아무것도 하고 싶지 않은 마음이 굴뚝같지만, 그렇게 하는 데는 아주 많은 선구안과 의지력이 필요하다. 아무것도 하지 않는 것은 지금이라는 유혹적인 힘을 거부하는 것이다.

●▲■

이 책의 결론부인 다음 장에서는 아무것도 하지 않는 것과 무언가를 하는 것 사이의 알력을 설명한다. 실용서는, 특히 재무 관련 책은 대부분 리본을 곱게 두른 포장지에 결론을 감싸서 제시하려 한다. 그런 책들은 독자가 실전에서 응용할 수 있도록 몇 가지 체크리스트나 워크시트를 제공한다.

전통을 뒤집고 정반대 방향에서 접근하고, 현실의 어수선함을 포용하고 있는 그대로 현실을 다뤄보자. 그러면서 인정할 건 인정해야 한다. 여행이 끝날 때까지 그렘린(영화 〈그렘린〉에 등장하는 괴물로, 평소에는 순한 '기즈모'이지만 물이 닿는 순간 기계의 오작동을 일으키고 사람을 괴롭히는 '그렘린'으로 변신한다. - 옮긴이)은 우리 발목을 물고 늘어지면서 갈 길을 가로막는다. 그렘린은 수시로 나타나 찌르고 쏘아댄다. 그것의 정체가 무엇인지 짐작이 간다. 바로 시간이다.

우리와 시간의 관계는 – 더 정확히 말하면 일시성과의 관계는 – 철학, 심리학, 경제학, 신경과학에서도 가장 흥미롭고 매혹적인 논쟁이 펼쳐지는 주제다. 인간에게는 정신적 타임머신을 타고 과거(기억), 현재, 미래(상상)를 오가면서 여행을 하는 독특한 능력이 있다. 우리 인간은 자신의 현재 자아와 미래 자아의 긴장된 관계를 어떻게든 항해해야 하는 시간여행자들이다. 이런 긴장 관계를 인정하고 다양한 모습으로 표출되는 긴장 관계 사이에서 – 더 많이 원하는 마음과 충분하다는 마음, 전진과 현재에의 충실함, 존재being와 생성becoming 사이에서 – 균형을 맞춰야 한다. 그것이 부를 향한 여정의 종착지다.

PART 5

부를 향한
여정에서
얻을 수 있는 것

The
Geometry
of
Wealth

도형을 넘어서

CHAPTER 10

나아갈 것인가,
머무를 것인가

"충분한 것이 너무 적은 인간에게는 아무것도 충분하지 않다."
– 에픽테토스

"마음챙김의 기적은 무엇보다도 당신이 여기 있게 된다는 것이다."
– 틱낫한

떠 있기만 할 것인가, 헤엄칠 것인가?

"탐욕은 좋은 것이다." 아마데미상을 수상한 영화 〈월스트리트Wall Street〉는 이 대사 한마디로 인간의 탐욕을 아주 훌륭하게 묘사했다. 금융 자본가 고든 게코가 수백 명의 군중에게 던지는 이 말에는 번지르르한 허세와 깊은 의미가 동시에 담겨 있다. 왜 허세인지는 굳이 설명하지 않아도 된다. 더 깊은 의미는 게코가 단정해서 하는 말에 있다. 게코는 인생의 좋은 것은 모두(돈만이 아니라 예술과 사랑, 지식까지도) 우리가 지금 가진 것에 만족하지 않고 경계를 넘어 더 많은 것을 추구하는 데서 나온다고 단정한다(영화 속 기업인 텔다 제지의 중역들은 별로 깨달은 게 없었던 것 같기는 하다).

이 유명한 대사를 더욱 두드러지게 하는 것은, 그만큼 알려지지는 않았지만 의미는 그에 못지않게 중요한 한 장면이다. 게코와 그의 제자라고 할 수 있는 버드 폭스가 격렬하게 논쟁을 벌인다. 자신의 순진한 태도 때문에 게코가 떼돈을 벌었고 가족이 피해를 입었다는 것을 알게 된 폭스는 과거 멘토로 삼았던 게코에게 울분을 토한다.

— 폭스: 얼마나 해야 충분한 겁니까, 고든? 끝이 있긴 한가요? 수상스키 타는 데 요트가 그렇게 많아야 하나요? 얼마면 충분한 겁니까?

　　게코: 그건 충분하고 말고의 문제가 아니지. 이건 제로섬 게임이야. 이기는 사람이 있으면 지는 사람도 있어. 돈 자체는 잃는 것도 버는 것도 아니야. 한 개념에서 다른 개념으로 옮겨 가는 거지.

두 장면은 영화의 긴장감을 고스란히 전달할 뿐 아니라 머니 라이프 전반에서 발생하는 긴장 관계도 극명하게 보여준다. 우리는 더 원해야 하는가, 아니면 이만하면 충분한가?

게코는 더 많은 것을 갈망하는 극단적 사례다. 월스트리트의 큰손인 게코가 말하는 '제로섬'은 돈은 승패의 기록을 담을 뿐이라는 메시지를 전달한다. 게코는 쾌락의 쳇바퀴를 타는 것을 즐겼고(우연의 일치일지 모르지만, 실제로 영화에서 게코가 러닝머신을 타는 장면이 나온다), 그는 순식간에 폭발하는 쾌락과 고통에 익숙하다. 당연하지만 돈을 위해 돈을 숭배하는 사람은 게코만이 아니다. 우리 모두가 약간은 다 그렇다. 돈은 우리가 세상에서 느끼는 자긍심과 위상에 언제나 영향을 미친다. 더 많이 가지는 것은, 특히 남보다 더 많이 가지는 것은 심리적으로 중요한 의미가 있다. 그렇지 않다고 생각하면 세상사를 모르는 사람일 것이다.[1]

그렇다고 해도 게코처럼 구는 사람은 거의 없다. 우리 대부분은 버드 폭스와 비슷하다. 원대한 열망은 있지만, 더 가지고 싶다는 욕구와 지금 가진 것을 소중히 하는 마음 사이에서 갈등한다. 이 갈등은 물질적인 것에만 해당하지 않는다. 가족과 공동체에 대한 사랑 그리고 만족감의 다른 원천도 포함된다. 부친의 마음을 아프게 한 것은 버드 폭스의 인생에서 가장 슬픈 순간이었다. 그는 바람둥이 생활을 하며 누린 즐거움의 몇 곱절이나 되는 충격을 받았다.

이 책을 통해 우리는 부란 의미 있는 삶을 누리는 능력인 먹고살기에 충분하다는 만족감이라고 정의했다. 진정한 부와 만족감은 다른 말로 자신에게 충분한 것이 어느 수준인지를 아는 것을 의미한다. 아리스토텔레스의 에우다이모니아, 달라이라마의 기쁨, 캔트릴 자기평가 척도의 최고점은 모두 깊은 만족감의 원천인 연결, 통제, 역량, 맥락이라는 4개의 기둥이 튼튼해야 세워진다. 3가지 모두 자신이 가진 것과 아직 가지지 못한 것에 대한 올바른 이해와 평가가 수반되어야 하는 성찰과 사색이다.

충분하다는 것은 아주 멋진 말이다. 에픽테토스는 "현자는 가지지 않은 것에 대해서는 슬퍼하지 않으며, 가진 것에는 기뻐할 줄 아는 사람이다"라고 말했다. 노자도 한마디 거들었다. "족함을 알면 욕되지 않고, 멈춤을 알면 위태롭지 않으며, 이로써 영원할 수 있다." 오프라 윈프리의 말도 빼놓을 수 없다. "가진 것에 감사하면 결국 더 많이 가지게 될 것이다. 가지지 않은 것에 집착하면 충분히 가지는 날은 절대로 오지 않을 것이다." 크게 절망적인 일을 겪고 나서 자신이 가진 것과 가지지 않은 것을 다 따져보고는, '우리가 받은 축복이 얼마나 많은지' 절실히 느끼며 마음이 따뜻해지고 충만감이 들었던 순간이 누구나 한두 번은 있을 것이다.

그러나 '충분히' 가지기는 힘들다. 더 많이 가지는 것보다 더 힘들다. 더 많이 갖고 싶은 마음은 깊이 새겨진 진화적 생존 본능이다. 인간이 생존을 넘어 다른 종까지 지배하게 된 부분적 이유는 우리가 열망하는 천성을 가졌다는 데 있다. 우리는 위험을 방어하고 기회를 움켜쥔 덕분에 생존한다. 충분함을 느끼는 것은 대단히 중요하고 자성적 행복이 솟아나는 셈이지만, 동시에 불편한 느낌일 수도 있다. 그런 느낌에 빠지는 순간 우리 자신의 중요한 일부가 막을 내릴 것 같다는 느낌이 들어서다. 그것이 우리 인간이다.

우리 자신의 중요한 일부가 막을 내리고 있다는 느낌은 직장 생활의 막바지에 다다른 사람일수록 더 강렬하게 느낀다. 일하던 생활에서 은퇴 생활로, 모으던 생활에서 모은 것을 쓰는 생활로 옮겨 가는 것은 단순히 재무 계획의 다음 단계가 실행된다는 뜻이 아니다. 이런 이동에서는 존재의 방향이 바뀌고 목적마저 바뀌게 된다. 경쟁, 승리, 통제와 같은 동기부여가 상황에 안주하고 수긍하는 자세에 자리를 내줘야 한다. 연구에서도 입증되었듯이, 은퇴 기념 파티도 금시계도 이 순간에 거대하게 찾아오는 슬픔을 막지는 못한다.[2] 우리는 조용히 앉아 가진 것을 즐기기보다는 더 많이 가지려고 노력하도록 프로그래밍되어 있기 때문이다.

　　대다수 사람들은 한평생을 거의 언제나 조금만 더 가졌으면 좋겠다고 생각한다. 고지가 '눈앞에' 왔다고 생각한다. 줄리엣 쇼어 Juliet Schor의 《과소비에 빠진 미국인 The Overspent American》에는 1970년대부터 1990년대까지의 흥미로운 데이터가 소개된다. 이 자료는 다음 질문에 대한 설문조사를 반영하고 있다. '4인 가족이 지금 합리적으로 안락한 생활을 하는 데 필요한 연소득은 얼마라고 생각합니까?' 놀랍게도 지난 20년 동안 사람들의 응답은 한결같았다. 그들은 지금보다는 소득이 조금 더 늘었으면 좋겠다고 대답했다. 더 근래의 설문에서는 지금 가진

조금 더 원하는 마음

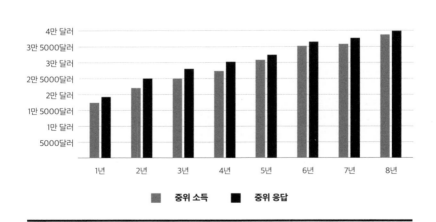

재산으로 행복을 이룰 수 있다고 믿는 사람은 거의 없다는 것이 입증되었다.[3]

헌터 S. 톰프슨**Hunter S. Thompson**의 "물살에 떠다닐 것인가, 목표를 향해 헤엄칠 것인가"라는 말처럼, 언젠가는 자신이 무언가를 원하는지 아닌지를 결정해야 하는 순간이 온다.[4] 우리에게는 2가지 욕구가 다 있다. 우리가 머무는 지금 이 순간을 감사히 여기고 소중하게 생각하는 마음도 있지만, 그러면서도 다음 목적지와 다음 위대한 장소에 가고 싶은 마음도 있다.

더 가지고 싶은 마음과 충분하다고 여기는 마음 – 전진할 것인가, 머무를 것인가 또는 헤엄칠 것인가, 떠다닐 것인가 – 사이에서 균형을 맞추는 것이 풍요로운 삶을 즐기기 위한 핵심 비결이다. 그렇다면 그 균형점은 어디에서 찾아야 할까? 시간의 괴물인 그렘린이 갈수록 심하게 방해하기 때문에 답을 찾기는 쉽지 않다. 오히려 더 많이 가져야 하는가, 아니면 이만하면 충분한가라는 질문을 진지하게 고민할수록, 이 고민은 훨씬 커다란 싸움터의 가장자리에서 치르는 작은 접전에 불과하다는 사실만 깨닫게 될 뿐이다.

시간조종사 ▬

이만하면 충분하다는 마음과 더 많이 원하는 마음의 줄다리기는 현재의 자신과 미래의 자신의 관계가 밀고당기기 싸움을 벌인다는 뜻이다. 우리를 이끄는 주인공인 적응하는 자아는 지금의 자아와 훗날의 자아가 나누는 대화를 통해, 그리고 자신이 생각하는 오늘의 자기 모습과 미래의 자기 모습 사이에서 벌어지는 대화를 통해 만들어진다. 여기서 돈이라는, 분석하기 복잡하고 감정적으로도 거북한 요소가 우리를 당황하게 한다. 또한 돈은 우리 뜻과 상관없이 자신을 온갖 모습으로 상상하게 만드는 타임머신이 되어 우리의 정신을 혼미하게 한다. 결코 달갑지 않은 혼란이다.

우리는 정신적인 시간여행자다. 우리가 느끼는 행복은 – 경험된 행복도, 자성적 행복도 – 정신이 과거와 미래를 오가며 지금 자신의 모습을 찾을 때 만들어진다. 유대교 신학자 에이브러햄 J. 헤셸은 이런 멋진 말을 남겼다. "진정한 개인은 끝도 시작도 아닌, 시기와 시기의 연결이며 기억이기도 하고 기대이기도 하다. 모든 순간이 역사라는 연속체 안의 새로운 시작이다. 순간순간을 따로 구분하거나, 순간은 과거와도 미래와도 관련이 있다는 사실을 이해하지 못하는 것은 잘못된 행동이다."[5] 우리는 계속 생성된다.

시간을 오가는 능력, 다시 말해 기억과 상상을 오가며 항해하는 능력이야말로 우리 인간이 다른 종과 구분되는 특징이다. 모든 야생동물은 위험이나 기회를 감지하는 본능이 있다. 먹잇감을 감지한 치타는 잽싸게 달려 나가기 위해 완벽한 순간을 기다린다. 가젤도 주위에 치타가 있다는 사실을 눈치채면 위험을 감지한 즉시 도망간다. 인간의 상상력은 눈앞에 보이는 상황 너머를 상상하게 해준다. 우리 인간은 다른 동물이 따라오지 못할 정도로 광대하고 복잡한 정신적 시간여행을 한다. 저명한 심리학자 집단의 주장처럼, 우리는 생각을 하는 호모 사피엔스이기도 하지만 미래를 상상하는 호모 프로스펙투스**Homo prospectus**

이기도 하다.[6]

정신적 시간여행은 계획 수립이라는 강력하고 독특한 능력을 만든다. 댄 포크Dan Falk는 "미래를 상상하는 그림이 없으면 우리의 문명은 존재하지 못할 것이다"라고 직설적으로 말한다.[7] 실제로도 정신의 시간여행 능력은 사회적 협력을 촉진한다. 4장에서 연결이 인간 심리에 대단히 중요하게 작용한다는 것을 자세히 설명했다. 언어에 의해 촉진되는 인간 고유의 사회성 능력 한 가지는 먼 미래를 계획할 수 있다는 것이다. 친구와 나는 돌아오는 화요일 아침 10시에 시내에서 만나기로 약속할 수 있다. 아무것도 아닌 약속일 수 있지만, 다른 동물종은 절대로 하지 못하는 약속이다.

시간은 비현실적으로 느껴지는 주제이지만, 돈의 세상에서 뜬금없는 주제도 아니다. 정해진 길을 밟아 조심스럽게 하는 여행의 막바지에 이르러서야 이야기보따리를 풀어놓는 식으로 시간을 다뤄서는 안 된다. 우리가 돈과 맺는 상호작용은 2가지 원칙에 따라 정의되고, 우리는 그 두 원칙이 말없이 벌이는 격전지 한가운데에 우리도 모르게 휘말린다. 재무적 원칙과 심리적 원칙, 이 두 원칙이 시간의 본질과 영향에 대해 내리는 가정은 서로 같지 않은 것을 넘어 양립조차 되지 않는다.

재무적 원칙이 바라보는 시간 개념은 선형적이다. 1일은 언제나 1일이다. 어느 시기의 5년이든 다 똑같은 5년이다. 재무적 원칙이 구분하는 시간은 획일적이기에, 우리는 현재에서 미래까지 일방통행으로만 시간을 경험한다. 심리적 원칙에서의 시간은 다르다. 인간이 경험하는 시간은 선형적이지도, 균질하지도 않다. 몇 초와 몇십 년이라는 기간은 경험과 함께 확장하기도 하고, 수축하기도 한다. 심리적 원칙에서의 시간은 탄력적이다. 트라우마 사건을 겪는 순간에는 시간의 속도가 느려지고, 나이가 들수록 시간의 속도는 빨라진다. 육아의 세상에서는 "며칠은 길지만 몇 년은 금방이다"라는 우스갯소리도 있다. 그것은 '마음시간mind time'이 작동하기 때문인데, 먹고살기에 충분하다는 만족감으로서의 부를 이루고자 할 때 중요한 것은 바로 이 마음시간이다.

전통적 재무 계획의 도르래 장치는 선형적 시간 개념으로 돌아간다. 우리는 미래의 몇 년 후 X만큼의 숫자를 달성하겠다는 '목표'를 계획한다. 우리는 달성하고 싶지만 달성 여부는 불확실한 미래의 일을 오늘 결정한다. 목표를 달성하면(보통은 정량적으로 측정할 수 있는 목표다) 행복해질 것이라고 생각한다. 이제 우리는 그렇지 않다는 사실을 알게 되었다.

시간 개념이 선형적이고 직선적인 재무에서 가장 중요하고 강력한 말은 '장기'다. 우리는 '장기' 포트폴리오를 구축한다. '장기 보유'하거나, '경로를 유지'한다. 우리는 인내심을 유지한다. 나중을 위해 지금을 희생한다. 여기서 한 가지 문제가 있다. 마음시간에서 장기간이라는 개념은 굉장히 애매하다. 현실적으로 말하면 먼 훗날은 오지 않을 수도 있다. 실제로는 무한정 연속되는 단기간을 상황과 선택별로 구분해서 모아놓은 것이 시간일 수도 있다. 머니 라이프에서는 미래의 그림자가 드리우지 않은 곳을 찾아보기 힘들지만, 우리 안에는 그 그림자를 온전히 다룰 만한 능력이 존재하지 않는다. 우리는 시간조종사이지만 언제나 유능한 조종사는 아니다.

지금과 나중

정신적으로 과거와 미래를 오가는 시간여행 능력은 우리가 가진 위대한 장점 중 하나이지만, 시간여행이 만족감에 미치는 영향은 복합적이다. 다음의 간단한 표는 정신적 시간여행에서 좋은 행동과 나쁜 행동을 보여준다.

시간여행의 좋은 행동과 나쁜 행동

	지금	나중
좋은 행동	현재 중시	전진
나쁜 행동	충동	쳇바퀴

위의 조합을 신중하게 오가는 능력이야말로 먹고살기에 충분하다는 만족감을 이루기 위해 가장 밑바탕에 깔려야 할 주춧돌이다.

지금

지금 이 순간 우리의 적은 충동이다. '마시멜로 실험'은 우리가 잘 아는 진실을 훌륭하게 입증한다. 순간의 만족감에 저항하기는 힘들다. 자제심과 인내심은 쉽게 생기지 않는다. 머니 라이프에서 이것은 큰 문제인데, 결정을 내리고 결과가 나오기까지, 그리고 소비를 하고 거기서 즐거움을 얻기까지는 시차가 존재하기 때문이다. 육즙이 흐르는 치즈버거를 맛있게 먹는다. 그리고 그 맛이 불현듯 기억난다… 30년 뒤에.

결국 머니 라이프에는 몰입의 즐거움을 안겨줄 요소가 많지 않다. 힘들게 일해 월급을 받고, 재미도 없는 저축을 하고, '장기' 투자가 잘될지 불안하다. 다 재미없는 일 일색이다. 한 가지 예외는 소비다. 다른 것과 달리 소비는 피드백을 즉시 얻는다. 현금을 내든 카드를 긁든 모바일 결제를 하든, 소비는 지금 당장 결과가 나온다. 소비자 연구에 따르면, 소비에서 위안을 얻는 '리테일 세러피**retail therapy**'는 진짜로 있다. 구매는 뇌의 도파민을 분비해 기분을 일시적으로 끌어올린다.[8] 쇼핑은 기분이 좋다.

시간여행으로 미래의 자아를 상상하는 능력에는 한계가 있다. 가장 근본적 한계는 우리는 미래를 할인해서 생각하기에 내일보다는 오늘을 더 높게 친다는 것이다. '시간할인**time discounting**'은 진화적 본능이다. 우리의 조상들은 내일 올지 안 올지 모르는 통통하게 살이 찐 사냥감 무리를 공격할 에너지를 아끼려고 지금 눈앞에 보이는 작은 동물을 그냥 지나치지는 않았다.[9] 우리는 오늘을 살아간다. 그것이 더 안전해 보이기 때문이다.

우리는 미래의 가치를 현재의 가치보다 약간 더 낮게 잡는 데 그치지 않는다. '시점 간 선택**intertemporal choice**(선택을 내리는 시점과 효용이 나타나는 시점이 떨어져 나타나는 의사 결정 - 옮긴이)' 연구를 통해 우리는 미래의 가치를 과도하게 폄하한다는 중요한 사실이 밝혀졌다.[10] 우리는 내일의 큰 이익보다 오늘의 작은 이익을 더 좋아한다. 미래에 얻을 수 있다고 생각되는 효익은 그 가치가 급격하게 감소한다. 충동적 결정에 마음이 쏠리게 되는 것도 이런 이유에서다.

더욱이 지금을 더 중시하고 미래의 가치를 과도하게 폄하하는 이른바 '쌍곡형 할인hyperbolic discounting'은, 미래의 행복과 관련해 잘못된 결정을 내리게 만드는 핵심 요인이기도 하다. 하버드의 심리학자 대니얼 길버트Daniel Gilbert의 말처럼, 우리는 "행복에 걸려 비틀거린다." 어디에서 행복을 찾아야 하는지조차 모르기 때문이다.[11] 행복해지는 순간도 있고, 그렇지 않은 순간도 있다. 인간은 미래의 사건에 대해 자신이 어떤 감정적 반응을 보일지를 예상하는 '정서 예측affective forecasting' 능력이 높지 않다. 우리의 뇌가 가진 미래에 대한 상상력은 그다지 강력하지 않기 때문이다. 뇌는 미래를 아주 모호하게만 예측하려는 경향이 있다.

그 결과 우리는 미래에 느낄 감정의 지속 시간과 강도도 엉뚱하게 예상한다. 친구의 생일파티와 동료의 장례식에서 어떤 감정을 느낄지 정확히 예상하는 것은 어렵지 않다. 결혼하고 아이를 낳고 병에 걸리는 등 우리 인생의 변환점이라고 할 수 있는 중대한 사건들은 생각만큼 우리에게 큰 영향을 던지지는 않는다.[12] 우리는 좋은 일에도, 나쁜 일에도 금세 적응한다. 우리가 원하는 쾌락도, 두려워하는 슬픔도 어느샌가 희미해진다.

지금을 높이 여기는 것의 단점이 충동적 결정이라면, 장점은 현재에 충실하다는 것이다. 즉 '여기'에 존재하게 된다. 현재에 대한 충실함은 정보와 집중을 방해하는 온갖 것들이 존재하는 불협화음의 시대인 오늘날 새롭게 부각되는 주제다.[13] 이전과 나중의 사이 어디쯤에는 섬세하고 부서지기 쉽지만 우리가 열심히 쌓아야 하는 지금이 존재한다.

명상과 마음챙김이 전 세계적으로 입지가 높아지고 있다는 사실은 관심이 없는 사람 눈에도 금세 드러난다. 우리가 선택하고 억지로 흡수해야 하는 정보량의 급증에 발맞춰 정신적으로 차분해지려는 욕구도 크게 늘어났다.

재무 생활에서 현재에 충실한 것과 인내심은 밀접하게 관련이 있다. 인내심이란 아무것도 하지 않아야 할 순간을 찾아내 의도적으로 가만히 있는 것을 의미한다. 의도도 계획도 없이 행동을 하지 않는 것은 안주에 불과하다. 안주하지 않고 인내심을 발휘하려면 준비 과정이 필요하다. 진정한 인내는 당신이 바로 여기에, 그리고 바로 지금 존재한다는 사실을 명백히 인정하는 것이다. 이런 마음챙김에 혼란스러울 수 있지만, 진정한 해방감도 같이 찾아온다. 이 책은 처음부터 지금까지 단순 적응 시스템 원칙을 바탕으로 적절한 마인드를 갖추기 위한 준비 작업이었다.

나중

만족을 지연하고 유혹에 저항하는 능력은 신의 축복이나 다름없지만, 여기에도 단점은 있다. 미래만을 바라보면 부를 향한 여정이 기반부터 흔들릴 수 있다. 심리학자 소냐 류보머스키는 "행복에 대한 그릇된 믿음"에 갇히면 "○○이 되면 나는 행복해질 수 있어"라는 거짓 약속을 하게 된다고 말한다. 이 빈칸에는 무엇이든 다 들어간다. 부자가 되면, 아름다워지면, 결혼하면, 성공하면 등등. '그때가 되면'이라는 문제는 우리의 머니 라이프 구석구석에서 출몰한다. 5장에서 자세히 말한 쾌락의 쳇바퀴는 '그때가 되면'이라는 문제에는 결코 끝이 없다는 사실을 잘 보여준다.

누군가는 머니 라이프의 목적을 언제나 '숫자'에 고정한다. 정해진 액수만큼 저축이 모이면 그때부터는 즐거움을 주지 못하는 것을 그만두고(아마도 일일 것이다), 하고 싶은 것을 하고 행복해질 것이라는 목표를 세운다. 심지어 '목표'라는 현실적인 표현조차도 은근하게 '그때가 되면'의 문제를 더욱 악화시킨다. 우리가 미래를 위해 재무 계획을 세우는 방식과 뇌가 수용할 수 있는 방식은 당연하면서도 눈에 보이지 않는 기세 싸움을 벌이기 때문이다.

과도한 계획 설정, 목표와 '올바른' 결정에 집착하는 태도, 그리고 쳇바퀴 위에서 전력 질주할수록 결승점에 가까워진다는 생각은 미래의 우리를 불행하게 하는 안타까운 행동이다. 바로 이 부분에서 우리는 더 많은 것을 원하고 훗날의 더 큰 행복을 원하는 마음에 애도를 표해야 한다. 우리의 뇌는 더 많이 원하는 습성이 있지만, 더 많이 가진다고 해서 더 행복해지지는 않는다. 그것이 부의 역설이다.

하지만 우리는 미래를 건설적으로 다룰 수 있다. 훗날에 시선을 집중하는 것은 자아를 실현하고, 적응하는 자아를 만들고, 발전하기 위한 씨앗이다. 인간은 의식적이고 의도적으로 성장하려는 욕구인 '내적 발달 성향innate developmental tendency'이 있다.[14] 조너선 하이트가 말하는 '전진의 법칙progress principle'도 있다. "목표를 달성할 때보다 목표를 향해 전진할 때 더 많은 쾌락이 얻어진다. 우리는 목표와 희망, 기대로 자신을 겹겹이 에워싼 다음, 전진할 때는 쾌락을 얻고 그러지 못할 때는 고통을 얻는다."[15] 경험된 기쁨은 대부분 과정과 관련이 있다. 다시 말

해, 목적지가 아니라 목적지를 향해 달려 나가는 것과 관련이 있다.[16]

자아가 어떻게 변하고, 그 변화의 과정을 얼마나 통제할 수 있는지는 답은 없고 논쟁만 가득한 주제다. 19세기 철학자 프리드리히 빌헬름 니체**Friedrich Wilhelm Nietzsche**는 "존재한다는 것은 공허한 허구다"라고 과격하게 말하면서 이 주제에 대해서는 손을 뗐다. 그는 "실체성과 본질과 영원함의 거짓"을 비웃는다.[17] 이런 과감한 표현은 철학자의 특권이자 도락이기는 해도, 더 좋은 자신을 추구하고 영원하지 않은 것에서도 장점을 찾는 것은 자연스럽고도 무의식적인 본능이다. 윈스턴 처칠**Winston Churchill**은 니체보다는 조금 점잖게 일침을 가한다. "개선하려면 변해야 하고, 완벽하기 위해서는 자주 변해야 한다."

변화의 작업에서는 현재의 자신과 미래의 자신이 벌이는 대화를 평가해야 한다. 할 허시펠드**Hal Hershfeld**와 동료들은 뇌과학과 심리학, 소비자 연구를 종합해 이 주제에 대해 새로운 연구 결과를 내놓고 있다. 예를 들어, 미래의 자아를 중요하게 생각하는 사람이 있는 반면에 이방인으로 바라보는 사람도 있다는 결과가 나왔다. 미래를 평가하는 태도인 시간할인의 차이가 개인의 행동에도 큰 영향을 미치는 것으로 드러났다.[18] 한 실험에서 허시펠드는 피험자의 사진에 디지털 이미징 기술을 적용해 수십 년 뒤의 모습으로 바꾸었다.[19] 사진 속 노인이 자신임을 알아본 피험자는 미래의 자신과 지금의 자신이 더 강하게 연결되어 있다고 느끼면서 더 열심히 저축을 했다. 현재의 자신이 아니라 미래의 자신에서 큰 보상을 얻으려는 태도를 만드는 것은 미래의 자신을 소중히 생각하는 마음이다. 다른 다수의 연구에서도 미래를 더 생생하게 상상할수록 행동이 개선된다는 것이 드러났는데, 저축만이 아니라 범죄,

무단결근, 흡연을 비롯해 '차선적' 행동에서도 같은 결과가 나왔다.[20] 미래의 자신을 중요하게 생각할수록 신중하고 계획적인 행동도 늘어난다.

또한 미래의 보상을 더 건설적으로 고민한다면 지금과 나중의 관계를 개선할 수 있다. 여러 연구에서 입증되었듯이, 기대감은 행복을 높인다.[21] 우리는 집중하기 힘든 시대에 살고 있지만 유례없이 많은 편의를 누리는 세상에 살고 있기도 하다. "전부 다, 지금 다 갖고 싶어"라고 말하는 〈찰리와 초콜릿 공장〉의 버루카 솔트처럼 많은 사람은 모든 것을 쉽게 누린다. 문제는 기대하는 마음은 말로 표현하기 힘든 기쁨을 안겨주지만, 우리는 그것을 내던지고 빠른 배송 서비스인 아마존 프라임 서비스를 이용한다는 것이다. 소비를 미루는 것에는 감정적 효익이 존재한다. 크지 않은 불확실성이나(서프라이즈의 힘) 건강에 좋지 않은 음식이나 음료, 약품을 자제하는 행동에서도 우리는 쾌락을 누릴 수 있다. 기대감을 잘 관리하고 효과를 누리는 한 가지 방법은 돈은 지금 치르고 소비는 나중에 하는 것이다.[22] 작년에 '예약 구매'한 물건을 올해까지도 기다리는 답답한 행동을 해야 하느냐고 반문할 수 있지만, 지금 돈을 내고 나중에 소비하는 것이 지금 소비하고 돈은 나중에 내는 신용카드 결제 방식보다는 행복에 훨씬 도움이 된다.

어떻게 페이스를 유지할 것인가

이런 상상을 해보자. 수영장으로 풀쩍 뛰어 들어가 선헤엄을 치기 시작한다. 그러다가 배영 자세로 바꿔 풀장을 가로지르지만 개헤엄 자세는 유지한다. 물에 가만히 떠 있기만 하거나 헤엄치거나 둘 중 하나만 선택해야 한다. 둘 다 할 수는 없다. 정지와 전진을 동시에 한다는 것은 답이 없는 질문이다. 그리고 이것은 현재에 대한 충실함과 미래를 향한 전진을 동시에 추구한다는 뜻이기도 하다.

존재할 것인가, 생성할 것인가? 이 원천적인 존재론적 질문에 대해 지난 몇천 년간 철학은 속 시원히 답을 내놓지 못했다. 나는 자신만의 관점에서 이 질문을 이해하고 존재와 생성이 벌이는 논쟁을 조율하기 위한 자신만의 리듬을 찾아내는 데 답이 있다고 생각한다. 나는 이 책이 당신 혼자만의 머릿속에서 벌어지는 대화에 머물지 않고 친구, 부모, 배우자, 그리고 자녀와도 이에 대한 대화를 나누는 데 필요한 지식을 조금이나마 제공했기를 바라는 마음이다.

TED 강연을 여러 번 한 하버드대학교 심리학자 대니얼 길버트는 아주 흥미로운 말을 남겼다. "인간은 자신을 완성품이라고 착각하는 미완성품이다."[23] 설명이 필요 없는 진실이다. 적응하는 자아를 있는 그대로 해석하면서 우리는 가끔은 스스로에게 이방인이 된다. 그리고 이내 발견과 재정의의 기쁨을 얻는다.

우리가 부를 향해 기어오르는 암벽에 숭숭 나 있는 작은 구멍들은 놀랍고 당황스러울 정도로 많은 돈을 흡수한다. 이 책의 제일 첫 부분을 떠올려보자. 내가 만난 사람들이 가장 많이 던진 질문은 '나는 괜찮을까요?'였다. 아주 위험한 질문이다. 이 질문은 강인한 영혼마저도 나약하게 만드는 힘이 있다. 무수한 말과 몸짓에서 정말로 괜찮은지 궁금하다는 의사가 은연중에 표현되기 때문이다. 그러나 답은 어디로 도망

가지 않고 이 자리에 있다. 우리는 – 당신도 나도 – '괜찮다'는 의미가 무엇인지에 방점을 두면서 질문에 대한 답은 이미 정해놓고 있다. 원에서 시작해 삼각형과 사각형으로 이르는 여행은 의미를 찾고 만들기 위한 과정이다. 행복을 얻는 수단으로써 돈을 활용하는 여정에 대한 것이다. 그 여행을 통해 당신에게 도움이 되는 관점과 도구, 요령을 발견했기를 바란다.

하지만 찰리 멍거의 충고처럼 이 질문의 방점을 '괜찮을까요?'가 아니라 '나'를 이해하는 데 둔다면 어떻게 될까? 이 지점에서 우리는 시간의 힘을 온전히 끌어와 행복한 삶에는 얼마의 돈이 필요하고, 부를 얻는다는 것이 무엇을 의미하는지, 그리고 부를 얻으려면 어떻게 해야 하는지에 대한 질문을 새롭게 설정할 수 있다. 다시 말해 성가시게 구는 그렘린이 방해는커녕 우리에게 도움을 주도록 이용할 수 있다. 그렘린에 목줄을 채움으로써 당신이 생각하는 지금의 당신과 앞으로 되고 싶은 미래의 당신을 연결할 수 있다. 우리는 전통적 관점에서 벗어난 새로운 재무 세상에 들어서게 된다.

이 책은 어떤 점에서는 인식에서 행동으로, 그리고 의지로 옮겨 가는 머니 라이프를 항해하기 위한 철학 교본이었다. 그 여행에서 가장 중요한 원칙은 자기인식과 자기통제였다. 마인드와 행동이 같은 방향으로 움직이게 하는 데 목표를 둔 단순 적응 시스템은 우리가 탄 배가 엉뚱한 방향으로 가지 않게 해주는 방향타였다. 단순 적응 시스템은 현재에 충실하려는 마음과 전진하려는 마음 사이의 긴장과 모순을 포용한다. 오히려 그런 포용을 통해 단순 적응 시스템은 추진하고 나아갈 에너지를 얻는다.

우리의 세상은 경이와 슬픔, 감탄과 고통이 난무한다. 이런 세상사를 인정할 때 이해가 생겨나고, 이해하면 통제할 수 있게 되고, 통제하면 균형과 리듬이 찾아온다. 그렘린은 순식간에 다가와 꼬집고는 또 재빨리 도망가지만 결국에는 우리 손에 붙잡힌다. 책의 제언으로 쓴 괴테의 "서두르지 말라, 쉬지도 말라"는 하루하루의 내용이 아니라 시간의 흐름을 강조한다.

속도를 유지하자. 그리고 즐기자.

눈만 돌리면 새로운 콘텐츠가 만들어지는 오늘날의 세상에서는 한눈에 들어오는 요약 정리가 필요하다. 그러므로 이런 용도에 맞게 다양한 장소에서 사용할 수 있도록 이 책에 나오는 내용을 간단하게 정리할 필요가 있다.

한마디로 설명하면

진정한 부는 먹고살기에 충분하다는 만족감이다. 올바른 마인드를 갖추고 올바른 계획을 세운 사람은 누구나 의미 있는 삶을 누릴 부를 얻을 수 있다.

많은 돈 vs. 충분한 돈

돈으로 행복을 살 수 있는가? 시간을 초월한 이 질문의 답은 돈이 많은 것과 부를 이루는 것을 명확히 구분할 수 있느냐에 따라 달라진다. 무조건 많은 돈을 추구할 것인가, 먹고살기에 충분하다는 만족감을 얻을 것인가? 현대 신경과학도 고대 철학도 더 많은 것을 추구하는 행위는 만족감과는 거리가 먼 쳇바퀴 타기라고 말한다. 반면에 올바른 마인드와 올바른 계획을 결합한 사람은 누구든 의미 있는 삶을 시작하는 능력을 얻을 수 있다. 이 책은 올바른 마인드와 올바른 계획을 위한 세 단계를 적응, 우선순위, 단순화에 집중해서 설명한다. 이것은 다시 말해 목적을 정의하되 유연함을 잃지 않으며, 적절한 전략을 사용하고, 올바른 결정에 집중하는 것을 의미한다. 세 도형(원, 삼각형, 사각형)은 이 세 단계의 세부 내용을 단순한 도형으로 바꿔서 설명한다.

도형 설명

목적   우선순위   전술

각 장을 요약하기

서문: 돈의 세상에서 길을 잃지 않기 위한 세 도형

돈은 행복한 삶에 얼마나 도움을 주는가? 원과 삼각형, 사각형은 뜻밖의 정답을 알려준다. 세 도형은 각각 여행의 3단계, 즉 목적을 정의하고, 올바른 우선순위를 정하고, 올바른 결정을 내리는 과정을 대변한다. 어쨌거나 부는 모두가 이룰 수 있다. 능력 밖이라며 절망하는 사람도 부를 이룰 수 있다. 하지만 올바른 인생의 목적을 정의하면서 신중하게 실천까지 하는 삶을 사는 사람만이 이룰 수 있는 것이기도 하다. 생각만 하고 실천하지 않거나, 생각 없이 행동 목록만 세우는 사람은 결코 진정한 부를 이룰 수 없다.

PART 1. 부의 설계에 도형이 필요한 이유
부를 키우고 유지하는 방법을 이해하기 위한 기본 바탕을 세우는 단계

CHAPTER 1. 재무적 문맹인 사람들

벌고, 쓰고, 저축하고, 투자하는 4개의 차원으로 이루어진 머니 라이프는 태생적으로 복잡하다. 생각만 해도 머리가 지끈거리고 유쾌한 감정이 들지도 않는다. 오늘날 우리는 3가지 도전을 넘어서야 한다. 첫째, 전통적 연기금의 몰락과 DIY식 은퇴계좌의 등장으로 우리는 자신의 머니 라이프에서 더 많은 부분을 알아서 통제해야 하는 부담을 떠안고 있다. 문제는 우리가 재무적 문맹이라는 것이다. 둘째, 인간의 뇌에는 합리적 재무 결정을 방해하는 온갖 인지적·감정적 편향이 내재한다. 셋째, 자본시장의 장기 수익률 전망이 안개에 가려져 있고 고용시장의 체질이 급속도로 변하면서 실수해도 만회할 여지가 줄어들었다.

CHAPTER 2. 단순 적응 시스템이라는 엔진에 올라타는 법

인간은 뛰어난 문제 해결 능력을 가지고 있다. 그런 뛰어난 능력이 생긴 것은 직관의 힘과 합리적 추론의 힘을 결합하는 이중 뇌를 가지고 있기 때문이다. 2장에서는 직관과 합리적 추론의 힘을 설명하면서 1장에서 소개한 문제점들을 극복하기 위한 마인드를 준비한다. 올바른 마인드를 가지기 위해 가장 중요한 것은 원에서 삼각형, 사각형까지 우리가 힘을 잃지 않고 이동하게 해주는 엔진인 '단순 적응 시스템' 원칙이다. 무조건 따라야 하는 대원칙인 단순 적응 시스템은 부로 향하는 여행을 무사히 완주하는 데 필요한 올바른 태도와 올바른 계획을 결합해 준다. 우리가 타고난 기질과 살아가면서 만나는 역경이라는 변수로 인해 성공 가능성이 언제 어떻게 바뀔지는 모르지만, 적절히 준비된 마인드와 계획만 있다면 결과를 통제하는 능력은 필요한 만큼은 남아 있을 것이다.

CHAPTER 3. 경험된 행복 vs. 자성적 행복

고대 철학자들도, 현대 행복학자들도 행복을 둘로 나눠 이해하기는 마
찬가지다. 한 가지 행복은 일상과 순간순간의 감정이나 정서를 중시하
는 경험된 행복이다. 뇌의 작동 방식에서는 경험된 행복이야말로 인간
의 행복을 확실하게 보여주는 것이라고 할 수 있다. 반대로 자성적 행
복, 또는 고대 그리스 철학자들이 말하는 에우다이모니아는 '덕'이 있
거나 '의미 있는' 삶을 사는 더 넓은 범위의 행복을 의미한다. 두 행복
의 차이를 이해하지 못한다면 돈과 의미가 공존하는 삶을 만드는 방법
을 이해하는 것도 불가능하다.

CHAPTER 4. 무엇이 우리를 행복하게 하는가

먹고살기에 충분하다는 만족감의 필수 재료인 의미 있는 삶은 4개의
시금석(4C)으로 이루어져 있다. 첫 번째 C는 연결이다. 인간은 소속 욕
구가 상존하는 사회적 동물이다. 두 번째 C는 통제로, 인간에게는 자결
권과 자기 정의에 대한 욕구가 뿌리 깊이 박혀 있다. 세 번째 C는 의미
있는 직업이나 일에 몰두하면서 기쁨을 얻는 능력을 의미하는 역량이
다. 마지막으로 맥락은 자기가 아닌 다른 것에서 삶의 목적을 찾으려는
욕구를 의미한다. 개개인마다 의미를 부여하고 발견할 수 있는 것은 다

다르다. 여기에는 정해진 대원칙이 없다. 그러나 인생의 부침을 헤쳐나가고 이겨내는 과정에는 공통점이 존재한다. 원은 그 과정을 단순화해서 보여준다.

CHAPTER 5. 돈으로 행복을 살 수 있는가

돈으로 행복을 살 수 있는가? 그럴 수도 있고, 아닐 수도 있다. 소득이 일정 수준을 넘어서면 일상의 감정과 돈은 크게 상관이 없지만, 에우다이모니아를 얻는 데는 소득이 많을수록 유리하다. 이것은 뇌의 3가지 기본적인 작용과 관련이 있다. 첫째, 우리는 일상의 안락함에는 금세 익숙해진다. 우리는 심리학에서 말하는 '쾌락의 쳇바퀴'에서 어느 정도는 벗어나지 못한다. 둘째, 돈은 행복도를 높이는 효력보다는 슬픔을 완화하는 효력이 더 큰 편이다. '부자가 더 행복하지는 않지만 슬플 일은 적다'는 말이 나온 것도 이런 이유에서다. 마지막으로, 현명하게 배분하는 돈은 의미 있는 삶의 시금석인 4C를 불러오는 힘이 있다. 준비된 마인드와 계획을 갖춘 사람은 의미 있는 삶을 돈으로 '살 수' 있다.

PART 3. 삼각형: 우선순위 세우기
체계적인 머니 라이프를 위한 우선순위를 정하는 단계

CHAPTER 6. 먼저, 우선순위를 정하라

사명에서 방법으로 넘어가고, 목적에서 실행으로 넘어가면서 삼각형은 우리가 머니 라이프를 항해하는 데 중요한 우선순위를 정해준다. 목표 실행 순서를 정확히 매기면 더 중요한 일에 집중하고 신경을 잠시 꺼놓아도 되는 일은 뒤로 제쳐둘 수 있다. 첫째, 가장 우선해야 할 목표는 우리를 잠재적 손실이나 영구 손실에서 보호하는 것이다. 우리는 '실수를 줄이려는' 마인드를 유지해야 한다. 둘째로, 우리는 지금 가진 것과 빚진 것의 목록을 작성해야 한다. 가진 것과 빚진 것이 균형을 이룰 때 머니 라이프도 안정적으로 진행될 수 있다. 2가지를 실행한 다음 마지막으로 실행해야 할 목표로 더 큰 꿈을 향해 노력하되 감사와 너그러운 마음이 만족감의 깊은 원천이라는 사실을 인정해야 한다.

CHAPTER 7. 자, 이제 결정의 순간이다

삼각형은 좋은 투자 결과를 얻는 데 결정적 역할을 하는 3가지 요소를 알려준다. 세 요소 중에서 가장 중요한 요소는 우리 자신의 행동 방식이다. 인간의 뇌는 잘못된 재무 결정을 내리도록 프로그래밍되어 있고, 이것은 투자 결과에 아주 심각한 영향을 미칠 수 있다. 잘못된 행동의 전형적인 예로, 투자자들은 시장이 급강하할 때 패닉에 빠져 매도한 뒤 영구 손실을 입고는 시장에 다시 돌아오기 힘들어 아쉬워한다. 두 번째 요소는 포트폴리오 전체의 구성이다. 포트폴리오 구성이 균형을 이루려면 시장 자산군에 적절히 자산을 배분해야 한다. 개별 주식 종목이나 채권·펀드가 우리의 눈을 잡아끌고 투자자의 맥박을 뛰게 하지만, 성공 투자 결과를 좌우하는 세 요소 중에서는 오히려 그 중요성이 가장 낮다.

뛰어난 투자 결과를 이루기 위한 길을 단순화하는 단계

CHAPTER 8. 우리 뇌에 새겨진 것들

우리의 뇌에 내재된 인지와 행동 편향을 극복하고 투자 결정을 위한 올바른 마인드를 갖추기 위해서는 세상을 인지하고 항해하는 2가지 근본적인 주제를 이해해야 한다. 하나는 범주 정하기이고, 다른 하나는 확률의 문제다. 투자와 금융 세계는 구분도 의미도 명확하지 않은 온갖 명칭과 용어가 난무하는 언어학 지뢰밭이다. '이것이 무엇입니까?'는 가장 기본적인 질문이지만, 복잡한 개념이나 투자 상품일수록 거론되지 않는 질문이기도 하다. 게다가 인간의 뇌는 확실성을 선호하고 확률적 관점에서 생각하는 것을 어려워한다. 그러나 확률적 사고를 할 수 있어야 적절한 기대치 관리를 향해 한 걸음 성큼 나아갈 수 있다. '가능성이 어떻게 됩니까?'라는 질문에도 요령이 있다. 전문가 냄새를 풀풀 풍기는 용어나 확률에 대해 솔직히 물어보고 의견을 구해야 한다. 단순 적응 시스템 원칙을 지키는 데는 꼭 필요한 행동이다.

CHAPTER 9. 투자의 네 모서리

사각형은 투자 결과에 대해 합리적 기대치를 설정한다. 인간의 마음은 이득을 얻기보다는 손실을 피하는 성향이 더 강하기 때문에, 사각형에서는 상승 최대화가 아니라 후회할 일을 최소화하는 데 중점을 둔다. 합리적 기대치 설정에서는 크게 4가지를 고려해야 한다. 첫 번째 모서리는 우리가 희망하는 성장이다. 두 번째 모서리는 성장을 얻는 데 따르는 감정의 고통이다. 세 번째 모서리는 지금 가진 것(또는 가지지 않은 것)에 추가로 투자를 보완하는 것이다. 마지막 모서리인 유연성은 필요하다 싶으면 투자 결정을 번복하는 능력을 의미한다. 투자에 대해 어떤 대화를 나누든 결국 그 대화의 주된 주제가 되는 것은 사각형의 이 네 모서리다.

PART 5. 부를 향한 여정에서 얻을 수 있는 것
지속적 부의 깊은 원천이 되는 시간을 항해하는 단계

CHAPTER 10. 나아갈 것인가, 머무를 것인가

인간이 기억과 상상을 도구로 시간을 여행하는 능력은 우리의 가장 중요한 장점 중 하나다. 시간여행 능력은 거대한 기회를 만들기도 하지만 동시에 바람직하지 않은 부작용들을 불러오기도 한다. 대표적인 부작용은 기쁨의 확실한 원천이 되는 현재에 충실하기 힘들어진다는 것이다(현재에 존재하는가, 미래나 과거에 존재하는가). 우리의 머니 라이프에서 이 문제는 서로 갈리는 두 마음인 '더 많이 원하는 마음과 이만하면 충분하다는 마음' 사이에서 계속 긴장을 불러일으킨다. 두 마음 모두 인간의 생존에 꼭 필요하고 유용한 동기를 부여한다. 그러나 두 마음이 양립하지 못하는 순간도 있다. 더 많이 원하는 마음과 충분하다는 마음 - 전진할 것인가, 현재에 충실한 것인가 - 의 균형을 맞추려는 부단한 노력이야말로 부가 있는 삶을 즐기기 위한 핵심이다.

책을 쓴다는 것은 재미있는 경험이다. 최종 원고가 나오기 전까지 몇 년을 계속 낙서처럼 끄적이고, 혼자 외로운 시간을 보내고, 원고를 처음부터 갈아엎는 작업을 수도 없이 반복한다. 그러면서 반은 다 쓸모없다는 생각에 빠지고, 반은 어차피 아무도 읽지 않을 것이라는 생각에 빠진다. 하지만 이런 심정이 정점에 달했을 때 글을 쓰는 경험을 성찰하는 순간 갑자기 다른 쪽 시야가 눈에 확 들어온다. 따뜻한 마음으로 도움과 지원을 아끼지 않는 사람들이 주위에 무수히 많다는 사실을 깨닫게 된다. 나는 잘 사는 삶의 비결을 말하는 책을 쓰고 있지만, 혼자 하는 고독한 작업이라고 생각했던 글쓰기에서도 타인의 중요성을 절실히 느끼게 되었다. 그리고 그들에게 고마움을 표할 수 있다는 것에 기쁨을 느낀다.

누구보다도 내게 큰 도움을 준 친구들이 있다. 짐 제섭과 엠마 사이먼은 내가 글을 쓰는 내내 훌륭한 파트너가 되어 조언과 격려를 하고 첨삭을 달아주었다. 두 친구의 도움에 정말로 감사한다. 그리고 원고 전체에 대해 꼼꼼한 비평을 달아준 분들에게도 감사한다. 말러 코먼스, 커리 호프스타인, 필 후버, 제이크 매케이브, 크리스 셸링에게 감사한다.

피드백을 주거나, 내 두서없는 글을 참고 읽어주거나, 어깨를 빌려준 친구들도 많았다. 앤드루 비어, 크리스틴 벤즈, 롭 블룸버그와 메리앤 블룸버그, 더그 본드, 더그 보타로, 엘리엇 부, 앨런 카터, 리즈 크리스천, 대니얼 크로스비, 필 턴, 조이 피시먼, 톰 프랭코, J. C. 가벨, 톰 골드스타인, 마크 굴드, 조 그린, 로렌스 햄틸, 벤 햅, 더그 힌틀리언, 조시 캔트로, 존 케니, 제프 크너프, 조지 로위, 마이크 마스트로마리노, 로스 미시킨, 캐런 문, 조 노턴, 척 페루치니, 베닌 이브라힘 프렌디빌, 가브리엘 프레슬러, 조시 로저스, 빌 류키저, 웨인 사프로, 제릴 샐먼드, 봅 시라이트, 테드 시즈, 난단 샤, 앤드루 스미스, 마이크 스미스, 리 스피로, 제이슨 라이트에게 감사한다.

이 책도, 지금까지의 내 커리어도 배리 맨디나크의 멘토링이 없었다면 존재하지 않았을 것이다. 오래전 처음으로 차를 같이 마시던 순간부터 비르투스 투자파트너스에서 함께 일하던 순간까지 배리는 언제나 타인에게 친절했고, 좋은 사람들을 위해 해야 할 일을 할 줄 아는 고집과 끈기를 잃지 않았다. 그리고 책을 쓸 기회를 마련해주고, 전문 재무자문들과 그들의 고객들에게 행동투자학에 대한 강연을 할 기회를 주고, 이 책에 소개할 아이디어를 추진할 수 있는 환경을 만들어준 조지 아일워드와 비르투스 경영진에게도 감사를 전한다.

내가 원할 때마다 도움과 격려를 베풀어준 해리먼 하우스 출판사의 팀에도 감사한다. 크레이그 피어스, 케이즈 보스웰, 샐리 티크너는 이 책을 세상에 탄생시키는 데 일조한 훌륭한 동업자들이다. 몇 년 동안

내 집필 작업을 응원해준 포지아 버크에게도 감사한다. 나의 끝도 없는 요청을 받아주고, 편집 작업을 하면서 훌륭한 파트너가 되어주고, 도표 작업도 도맡아준 섀넌 벨몬트에게도 감사한다.

아마도 내가 돈에 대해 쓰는 책은 이 책이 마지막일 것 같다(그러기를 희망한다). 그렇기에 만난 적 없고 앞으로도 만날 일은 없지만 내 커리어에 영감을 준 많은 분에게도 감사의 말을 전하고 싶다. 피터 번스타인, 잭 보글, 찰리 엘리스, 대니얼 카너먼, 하워드 막스, 조 만수에토, 찰리 멍거, 돈 필립스, 칼 리처즈, 제이슨 츠와이크에게 감사한다. 나는 자산 운용을 하며 이분들을 북극성으로 삼았다. 단순 적응 시스템 아이디어를 생각한 것도 20년 동안 이들의 책을 읽고, 그들의 투자 행동을 관찰하면서 얻은 결과였다. 여러 블로거와 팟캐스터가 모인 핀트윗FinTwit 에도 감사의 말을 빼면 섭섭하다. 이들과 함께 교류하고, 매일 무언가를 배우고, 가끔은 시시껄렁한 농담을 주고받은 것 모두가 내게는 아주 멋진 경험이었다.

개인적으로는 처가쪽 식구들인 돈 블레이크와 주디 블레이크, 에이미 블레이크 휴겔이 보여준 커다란 사랑과 많은 웃음에도 감사한다. 내 여동생 셰릴은 자신은 결코 모르겠지만 여러모로 내게 많은 영감을 주었다. 그분들만의 방식으로 격려와 지원을 보내주신 내 부모님께도 감사한다.

그러나 가장 큰 감사의 말은 내 아내와 세 아이에게 하고 싶다. 트레이시처럼 다정하고 자상한 사람을 또 만날 수 있을까 싶다. 그녀가 있기에 나는 조금 더 좋은 사람이 되어야겠다는 생각을 하게 된다. 그녀와 함께 인생을 나누고 가족이 되어 벤, 재크, 사라라는 멋진 아이들까지 얻게 된 것은 내가 평생을 감사해도 모자랄 축복이다. 아내와 아이들은 내게 진정한 부의 의미를 가르쳐주었다. 트레이시와 벤, 재크, 사라에게 이 책을 바친다.

주

PART 1. 부의 설계에 도형이 필요한 이유

CHAPTER 1. 재무적 문맹인 사람들

1 Katie Hafner, "Researchers Confront an Epidemic of Loneliness," *New York Times*, 5 September 2016.

2 에른스트 & 영 보고서(Ernst & Young, bit.ly/2FtkTOt)에 따르면, 연기금의 73%는 폐쇄되었거나 동결되었다. 타워스 왓슨(Towers Watson) 분석에서도 2013년 말에 <포천> 500대 기업 중에서 확정급여형 연금을 새로 채용하는 직원에게 제공하는 회사는 24%인 118개에 불과했다. 15년 전의 299개 회사(60%)보다 한참이나 떨어진 수치였다. 노후 생활 위기를 명확하게 핵심을 짚어 설명한 책을 원한다면 Charles D. Ellis, Alicia Haydock Munnell, Andrew Eschtruth, *Falling Short: The Coming Retirement Crisis and What to Do about It* (Oxford University Press, 2014)를 참고하라.

3 Employee Benefit Research Institute(EBRI), 2017 Retirement Confidence Survey, bit.ly/2nK0cYv.

4 EBRI 2017.

5 Chris Taylor, "The Last Taboo: Why nobody talks about money," Reuters. com, 27 March 2014.

6 Daniel Crosby, "Why Do We Hate to Talk About Money?" 13 May 2016, bit.

282

ly/2F2rQs1.

7 Magali Rheault, "Lack of Money tops list of American's financial worries," Gallup, 22 July 2011.

8 Joan D. Atwood, "Couples and Money: The Last Taboo," *The American Journal of Family Therapy* 40(1), 2012.

9 Ron Lieber, *The Opposite of Spoiled*(Harper Collins, 2015).

10 답은 각각 A, C, '거짓'이다. 올리비아 미첼(Olivia Mitchel)과 애나 마리아 루사디(Anna Maria Lusardi)는 "사람들이 효과적인 경제 의사결정자로 기능하는 데 필요한 기본 지식을 갖추고 있는지를 알아보기 위해" 세 질문을 만들었다. 잘 사는 나라의 고학력자들 사이에서도 재무 문맹률은 높은 편이었다. bit.ly/2BOreUI.

11 Carl Richards, *The Behavior Gap: Simple Ways to Stop Doing Dumb Things with Money*(Portfolio 2012).

12 Investment Company Institute, *Fact Book 2016*.

13 Martin Ford, *Rise of the Robots: Technologies and the Threat of a Jobless Future*(Basic Books, 2015)(국내 출간: 《로봇의 부상》, 이창희 옮김, 세종서적, 2016); Mitchel Chui, James Manyika, and Mehdi Miremadi, "Where Machines Can Replace Humans—And Where They Can't(Yet)," *McKinsey Quarterly,* July 2016; David Ignatius, "The Brave New World of Robots and Lost Jobs," *Washington Post*, 11 April 2016; Alec Ross, *The Industries of the Future*(Simon & Schuster, 2016); Jaron Lanier, *Who Owns the Future?*(Simon and Schuster, 2013).

14 McKinsey Global Institute, "The Digital Future of Work," July 2017.

15 Ford, *Rise of the Robots*.

16 Joseph Schumpeter, *Capitalism, Socialism and Democracy*(Harper Perennial, 1942); Lawrence Hamtil, "You Can't Have Creation Without the Destruction," 31 March 2016, bit.ly/2EQh2xV.

17 Neal Gabler, "The Secret Shame of Middle-Class Americans," *The Atlantic*, May 2016.

18 Maggie McGrath, "63% of Americans Don't Have Enough to Cover a $500

Emergency," Forbes.com, 6 January 2016.

19 McKinsey Global Institute, "Diminishing Returns: Why Investors May Need to Lower Their Expectations"(McKinsey & Company, 2016).

20 1980년부터 2015년까지 바클레이스 종합채권지수(Barclays Aggregate Bond Index)의 연간 수익률은 7.8%였다. 장기 자본시장의 실적은 Elroy Dimson, Paul Marsh, and Mike Staunton, *Triumph of the Optimistics: 101 Years of Global Investment Returns*(Princeton University Press, 2002)를 참조하라. 또한 "The Low-Return World," Elroy Dimson, Paul Marsh, and Mike Staunton, *Credit Suisse Global Investment Returns Yearbook, 2013*도 참조하라.

21 노벨경제학상 수상자 로버트 실러(Robert Shiller)가 제공하는 장기 수익률 전망 데이터를 참조하라. 2018년 초에 세계 최대 투자중개사인 뱅가드의 CEO 팀 버클리(Tim Buckley)는 다가올 10년 동안 주식과 채권 비율이 60/40인 포트폴리오의 수익률은 4.0~4.5%일 것이라고 전망했다. bit.ly/2DJAuM4.

22 David Rolley, "Institutional Investor Return Expectation Could be Overinflated," Natixis Investment Managers, bit.ly/2FXGJtI; Lisa Abramowicz, "5% Is the New 8% for Pension Funds," *Bloomberg Businessweek*, 2 August 2017.

23 Portnoy, *The Investor's Paradox: The Power of Simplicity in a World of Overwhelming Choice*(St. Martin's Press, 2014).

CHAPTER 2. 단순 적응 시스템이라는 엔진에 올라타는 법

1 Timothy Wilson, *Strangers to Ourselves: Discovering the Adaptive Unconscious*(Belknap Press, 2004).

2 Daniel Kahneman, *Thinking, Fast and Slow*(Farrar, Straus and Giroux, 2011). (국내 출간: 《생각에 관한 생각》, 이창신 옮김, 김영사, 2018).

3 Kahneman, *Thinking, Fast and Slow*, p. 106.

4 시스템 1과 시스템 2로 나뉜 사고 체계에 대한 자세한 설명은 다음을 참고하라. Lisa Feldman Barrett, *How Emotions Are Made: The Secret Life of the Brain*(Houghton Mifflin Harcourt, 2017).

5 Roy F. Baumeister and John Tierney, *Willpower: Rediscovering the Greatest Human Strength*(Penguin, 2011).

6 Dan Ariely, *Predictably Irrational: The Hidden Forces That Shape Our Decisions*(HarperColins, 2009).

7 Kahneman, *Thinking, Fast and Slow*, p. 25. 시스템 1과 시스템 2의 분업은 먼 미래일수록 가치를 낮게 평가하는 시점 할인(temporal discounting)의 발사대 역할을 한다. 우리 뇌가 몰두하는 대상은 거의 모두 이곳과 지금에 치중되어 있다. 먼 미래의 일일수록 뇌는 예측을 어려워한다. 그것은 시간과 비례하지 않고 기하급수적으로 어려워진다.

8 애니 더크(Annie Duck)는 결정과 결과의 차이를 날카롭게 구분한다. *Thinking In Bets: Making Smarter Decisions When You Don't Have All the Facts*(Portfolio, 2018).

9 Sonja Lyubomirsky, K. M. Sheldon, K. M. and D. Schkade, "Pursuing Happiness: The Architecture of Sustainable Change," *Review of General Psychology* 9, 2005, pp. 111-131; K. Sheldon and Sonja Lyubomirsky, "Change Your Actions, Not Your Circumstance: An Experimental Test of the Sustainable Happiness Model," in A. K. Dutt and B. Radcliff(eds.), *Happinessm Economics, and Politics: Toward a Multi-Disciplinary Approach*(Edward Elgar, 2009), pp. 324-42. 류보머스키의 책은 이 프로젝트에 지대한 영향을 미쳤다. *The How of Happiness: A Scientific Approach to Getting the Life You Want*(Penguin, 2008); *The Myths of Happiness: What Should Make You Happy but Doesn't, What Shouldn't Make You Happy but Does*(Penguin, 2013). 그녀가 제시한 3가지 요소는 사회심리학 분야 전반에서 활발히 논의되는 주제이기도 하다. 예를 들어 Jonathan Haidt, *The Happiness Hypothesis: Finding Modern Truth in Ancient Wisdom*(Basic, 2006) p. 90의 '행복 공식'을 보라.

10 Lyubomirsky, *How*.

11 Lyubomirsky, *How*. Cf. David Epstein, *The Sports Gene: Inside the Science of Extraordinary Athletic Performance*(Penguin, 2013).

12 Lyubomirsky, *How*, p. 55.

13 Jonathan Haidt, *The Righteous Mind: Why Good People Are Divided by Politics*

and Religion(Vintage, 2012).

14 Sonja Lyubomirsky, "Hedonic Adaptation to Positive and Negative Expe-
rience," in Susan Folkman(ed.), *The Oxford Handbook of Stress, Health, and
Coping*(Oxford University Press, 2011), pp. 200-224; Timothy D. Wilson and Daniel
T. Gilbert, "Explaining Away; A Model of Affective Adaptation"(2008), *Perspec-
tives on Psychological Science* 3: 370-86; Jane Ebert, Daniel T. Gilbert, and
Timothy D. Wilson, "Forecasting and Backcasting: Predicting the Impact of
Events on the Future"(2009), *Journal of Consumer Research* 36; Sarit A. Gol-
ub, Daniel T. Gilbert, and Timothy D. Wilson, "Anticipating One's Troubles:
The Costs and Benefits of Negative Expectation"(2009), *Emotion* 9(2): 277-81,
Lyubomirsky, *How*, p. 41ff.

15 Lyubomirsky, *How*.

16 Edward Deci and Richard, "Self-Determination," *International Encyclopedia
of the Social & Behavioral Sciences* 2015(21), 2nd edition, pp. 486-91. 두 저자는
인간에게는 의식적이고 의도적으로 성장을 추구하려는 "내재한 발달 성향"이 있다고
주장한다(p. 486).

17 Karl Marx and Daniel De Leon, *The Eighteenth Brumaire of Louis Bona-
parte*(International Pub. Co., 1898).

18 Kathryn Schultz, "Pond Scum," *The New Yorker*, 19 October 2015.

19 Lyubomirsky, *How*, p. 67.

20 Lyubomirsky, *How*; Lyubomirsky, *Myths*; Rosamund Stone Zander, *Pathways
to Possibility: Transforming Our Relatinship with Ourselves, Each Other, and
the World*(Penguin, 2016); Brene Brown, *Braving the Wilderness: The Quest for
True Belonging and the Courage to Stand Alone*(Random House, 2017); Ed Diener
and Robert Biswas-Diener, *Happiness: Unlocking the Mysteries of Psycholog-
ical Wealth*(Blackwell, 2008).

21 Timothy Wilson, *Redirect: Changing the Stories We Live By*(Little, Brown and
Company, 2011), p. 66. (국내 출간: 《스토리: 행동의 방향을 바꾸는 강력한 심리 처방》, 강유리 옮김,

웅진지식하우스, 2012).

22 Wilson, *Redirect*.

23 Anthony Bastardi and Eldar Shafir, "On the Pursuit and Misuse of Useless Information," *Journal of Personality and Social Psychology* 1998, 75(1): 19-32; Gerd Gigerenzer, *Gut Feelings: The Intelligence of the Unconscious*(Penguin, 2007); Ron Friedman, "Why Too Much Data Disables Your Decision Making," *Psychology Today*, 4 December 2012; Bob Nease, "How Too Much Data Can Hurt Our Productivity and Decision-Making," *Fast Company*, 16 June 2016.

24 Loran Nordgren and Ap Dijksterhuis, "The Devil Is in the Deliberation: Thinking Too Much Reduces Preference Consistency," *Journal of Consumer Research*, Vol. 36, No. 1(June 2009), pp. 39-46.

25 Sonja Lyubomirsky and Lee Ross, "Changes in Attractiveness of Elected, Rejected, and Precluded Alternatives: A Comparison of Happy and Unhappy Individuals," *Journal of Personality and Social Psychology* 1999, 76(6), 988-1007; Elizabeth Dunn, Daniel Gilbert, and Timothy Wilson, "If Money Doesn't Make You Happy, Then You Probably Aren't Spending It Right"(2011), *Journal of Consumer Psychology* 21: 115-25.

26 Lyubomirsky et al., "Pursuing Happiness".

PART 2. 원: 목적을 정의하기

CHAPTER 3. 경험된 행복 vs. 자성적 행복

1 usat.ly/2sQdAO1에서 언급함.

2 Richard M. Ryan and Edward L. Deci, "On Happiness and Human Potentials: A Review of Research on Hedonic and Eudaimonic Well-Being"(2001), *Annual Review of Psychology*, 52: 141-66; Luke Wayne Henderson and Tess Knight, "Integrating the hedonic and eudaimonic perspectives to more comprehensively understand wellbeing and pathways to wellbeing"(2012),

International Journal of Wellbeing 2(3), 196-221.

3   Aristotle, *The Nicomachean Ethics*, 1098a13.

4   Tali Sharot, *The Optimism Bias: A Tour of the Irrationally Positive Brain*(Pantheon; 2011), p. 76.

5   Ed Diener et al., "Subjective Well-Being: Three Decades of Progress," *Psychological Bulletin* 1999, 125(2): 276-302에서 인용.

6   상기한 행복론 도서 외에도 다음을 참고하라. Tal Ben-Shahar, *Choose the Life You Want: 101 Ways to Create Your Own Road to Happiness*(Experiment, 2012); Tal Ben-Shahar, *Happier: Learn the Secrets to Daily Joy and Lasting Fulfillment*(McGraw-Hill, 2007); Robert A. Emmons, *Thanks!: How the New Science of Gratitude Can Make You Happier*(Houghton Mifflin, 2007); Daniel T. Gilbert, *Stumbling on Happiness*(Knopf, 2006); Rick Hanson, *Hardwiring Happiness: The New Brain Science of Contentment, Calm, and Confidence*(Harmony, 2013); Stefan Klein, *The Science of Happiness: How Our Brains Make Us Happy–and What We Can Do to Get Happier*(Marlowe, 2006); Richard Layard, *Happiness*(Penguin, 2005); Ray Rahunathan, *If You're So Smart, Why Aren't You Happy*(Portfolio, 2016); Martin E. P. Seligman, *Flourish: A Visionary New Understanding of Happiness and Well-being*(Free Press, 2011); Emma Seppala, *The Happiness Track: How to Apply the Science of Happiness to Accelerate Your Success*(Harper Collins, 2016).

CHAPTER 4. 무엇이 우리를 행복하게 하는가

1   Dalai Lama and Desmond Tutu, *The Book of Joy: Lasting Happiness in a Changing World*(Penguin, 2016), pp. 29-30.

2   Sebastian Unger, *Tribe: On Homecoming and Belonging*(Twelve, 2016).

3   Matthew D. Lieberman, *Social: Why Our Brains Are Wired to Connect*(Crown, 2013), p. 9. (국내 출간: 《사회적 뇌: 인류 성공의 비밀》, 최호영 옮김, 시공사, 2015).

4   Hugo Mercier and Dan Sperber, *The Enigma of Reason*(Harvard University Press, 2017).

5   자세한 내용은 다음을 참조하라. Ichiro Kawachi and Lisa F. Berkman, "Social Ties and Mental Health"(2001), *Journal of Urban Health* 78(3): 458-67.

6   Wilson, *Redirect*, p. 49.

7   Ruth Whipman, "Happiness is other people," *New York Times*, 27 October 2017.

8   Ed Diener and Martin E. P. Seligman, "Very Happy People"(2002), *Psychological Science* 13(1): 81-4.

9   John Cacioppo, *Loneliness: Human Nature and the Need for Social Connection*(W. W. Norton and Company, 2008). Gillian Mathews et al., "Dorsal Raphe Dopamine Neurons Represent the Experience of Social Isolation"(2016), *Cell* 164: 617-31도 참조하라.

10 Katie Hafner, "Researchers Confront an Epidemic of Loneliness," *New York Times*, 5 September 2016.

11 Kawachi and Berkman, "Social Ties and Mental Health"; Dhruv Khuller, "How Social Isolation Is Killing Us," *New York Times*, 22 December 2016; Jacqueline Olds and Richard S. Schwartz, *The Lonely American: Drifting Apart in the Twenty-First Century*(Beacon Press, 2009).

12 Robert D. Putnam, *Bowling Alone: the Collapse and Revival of American Community*(Simon & Schuster, 2000).

13 Joshua Greene, *Moral Tribes: Emotion, Reason, and the Gap Between Us and Them*(Penguin, 2014). (국내 출간: 《옳고 그름》, 최호영 옮김, 시공사, 2017) Jonathan Haidt, *The Righteous Mind*에는 다음과 같은 말이 나온다. "우리는 집단의 동물이다. 집단끼리 하는 경쟁은 현대사회의 가장 무자비한 특징 중 하나이며, 신경학적 차원에서도 의심의 여지 없이 개인 정체성의 주된 원천이다".

14 Yuval Harari, *Sapiens: A Brief History of Humankind*(HarperCollins, 2015), p. 171. (국내 출간: 《사피엔스》, 조현욱 옮김, 김영사, 2015).

15 Isaiah Brlin, "Two Concepts of Liberty," *Four Essays on Liberty*(Oxford University Press, 1969).

16 Maarten Vansteenkiste, Willy Lens, and Edward L. Deci(2006), "Intrinsic Versus Extrinsic Goal Contents in Self-Determination Theory," *Educational psychologist, 41*(1): 19-31.

17 Ronald Inglehart et al.(2008), "Development, Freedom, and Rising Happiness A Global Perspective(1981-2007)," *Perspectives on Psychological Science* 3(4): 264-285; Esteban Ortiz-Ospina and Max Roser(2017), "Happiness and Life Satisfaction," ourworldindata.org/happiness-and-life-satisfaction.

18 Erich Fromm, *Escape from Freedom*(Penguin, 1941).

19 Victor Frankl, *Man's Search for Meaning*(Beacon, 2006 (1946)) (국내 출간: 《빅터 프랭클의 죽음의 수용소에서》, 이시형 옮김, 청아출판사, 2020); Alexander Solzhenitsyn, *The Gulag Archipelago*(The Harvill Press, 2003(1973)) (국내 출간: 《수용소 군도》, 김학수 옮김, 열린책들, 2020); James Stockdale; "Courage Under the Fire: Testing Epictetus' Doctrines in a Laboratory of Human Behavior," Speech delivered at King's College, London, 15 November 1993, hvr.co/1PURTQb.

20 "이런 스토리 서사를 가진 사람, 즉 자신의 삶에 통제감을 느끼고 자신이 선택한 목표가 있으며 목표를 향해 전진하는 사람은 그렇지 않은 사람보다 행복하다." (*Redirect*, p. 69).

21 Baumeister and Tierney, *Willpower*; Kahneman, *Thinking, Fast and Slow*, p. 41.

22 Mark D. Seery, E. Holman, Alison Silver, and Roxane Cohen, "Whatever Does Kill Us: Cumulative Lifetime Adversity, Vulnerability, and Resilience," *Journal of Personality and Social Psychology* 99(6), December 2010, pp. 1025-41; Mark D. Seery, "Resilience: A Silver Lining to Experiencing Adverse Life Events," *Current Directions in Psychological Science* 20, December 2011, pp. 390-4.

23 Farah Stockman, "Being a Steelworker Liberated Her. Then Her Job Moved to Mexico," *New York Times*, 14 October 2017.

24 Studs Terkel, *Working: People Talk About What They Do All Day and How They Feel About What They Do*(New Press, 1997). (국내 출간: 《일: 누구나 하고 싶어 하지만 모두들

하기 싫어 하고 아무나 하지 못하는》, 노승영 옮김, 이매진, 2007).

25 Pink, *Drive: The Surprising Truth About What Motivates Us*(Riverhead Books, 2011). p. 109에서 인용. (국내 출간: 《드라이브》, 김주환 옮김, 청림출판, 2011).

26 이 연구와 통찰에 대한 개괄은 다음을 참조하라. Pink, *Drive*.

27 Deci and Ryan, "Self Determination," 2015.

28 Carol Dweck, *Self-Theories: Their Role in Motivation, Personality, and Development*(Psychology Press, 2000), p. 41.

29 Aaron Crouch, "Martin Luther King's Last Speech," *Christian Science Monitor*, 4 April 2011, bit.ly/2EZMrxd.

30 Seligman, *Flourish*, p. 12. 다음도 참조하라. Mihaly Csikszentmihalyi, "자신보다 더 위대하고 더 영속적인 무언가에 소속되어 있다는 감정을 느끼지 못한다면, 인간은 진정으로 뛰어난 역량을 발휘하는 삶을 살 수 없다." Pink, *Drive*, p. 142에 인용.

31 Abraham Joshua Heschel, *God in Search of Man*(Farrarm Straus and Giroux, 1976), p. 162.

32 Jonathan Haidt, "The New Synthesis in Moral Psychology"(2007), *Science* 316, p. 1001.

33 Richard Dawkins, *The Selfish Gene: 40th Anniversary Edition*(Oxford University Press, 2016) (국내 출간: 《이기적 유전자(40주년 기념판)》, 홍영남·이상임 옮김, 을유문화사, 2018); David Sloan Wilson, *Does Altruism Exist? Culture, Genes, and the Welfare of Others*(Yale University Press, 2015); Seligman, *Florush*, pp. 22-3.

34 Brown, *Braving the Wilderness*.

CHAPTER 5. 돈으로 행복을 살 수 있는가

1 다음 자료에 나오는 데이터를 참조하라. Mas Roger and Esteban Ortiz-Ospina, "Global Extreme Poverty," bit.ly/2FvAe3E; Angus Deaton, "Income, Health, and Well Being around the World: Evidence from the Gallup World Poll"(2008), *Journal of Economic Perspective* 22(2): 53-72.

2 기대수명 데이터와 출처는 다음을 참조하라. en.wikipedia.org/wiki/Life_Expectancy.

3 여기에 대해서는 주장이 크게 엇갈렸다. 다음의 자료를 참조하라. Deaton, *The Great Escape: Health, Wealth, and the Origins of Inequality*(Princeton University Press, 2015); Steven Pinker, *Enlightenment Now: the Case for Reason, Science, Humanism, and Progress*(Viking, 2018); Matt Ridley, *The Rational Optimist: How Prosperity Evolves*(Harper Perennial, 2010); Yuval Harari, *Sapiens: A Brief History of Humankind*(HarperCollins, 2015). 궁핍으로부터의 자유에 대해서는 다음을 참조하라. Amartya Sen, *Development as Freedom*(Knopf, 1999).

4 Daniel Kahneman and Angus Deaton, "High Income Improves Evaluation of Life but Not Emotional Well-being"(2010), PNAS 107-38: 16489-93.

5 학계는 GDP를 위주로 해서 거시경제적 통계수치와 개인이 직접 말하는 행복 수준의 관계를 검토했다. 2017년 통계조사에 대한 자료는 다음을 참조하라. OECD, "How's Life? Measuring Well-Being," biy.ly/1Oo1mzM. 다른 중요한 자료로는 다음이 있다. Esteban Ortiz-Ospina and Max Roser(2018), "Happiness and Life Satisfaction," bit.ly/2FgdV2x; Ed Diener and Robert Biswas-Diener, *Happiness: Unlocking the Mysteries of Psychological Wealth*(Wiley-Blackwell, 2008); Ed Diener and Martin E. P. Seligman(2004), "Beyond Money: Toward an Economy of Well-Being," *Psychological Science in the Public Interest* 5(1): 1-31. 고전 논문은 다음을 참조하라. Richard Easterlin, "Does Economic Growth Improve the Human Lot? Some Empirical Evidence," in Paul A. David and Melvin W. Reder, *Nations and Households in Economic Growth*(Academic Press, 1974).

6 Kahneman and Deaton, "High Income Improves Evaluation of Life but Not Emotional Well-being".

7 두 학자는 자신들이 '감정적 행복'이라고 부르는 경험된 행복의 3가지 척도를 이용한다. 그들이 측정한 것은 긍정적 감정(좋은 기분), 우울한 감정(슬픔), 스트레스다.

8 Hadley Cantril, *The Portrait of Human Concerns*(Rutgers University Press, 1965).

9 Betsey Stevenson & Justin Wolfers(2008), "Economic Growth and Subjective Well-Being: Reassessing the Easterline Paradox," *Brookings Peters on Eco-*

292

nomic Activity 39(1).

10 Lyubomirsky, *How*, p. 37.

11 Philip Brickman, Dan Coates, and Ronnie Janoff-Bulman, "Lottery Winners and Accident Victims: Is Happiness Relative?"(1978), *Journal of Personality and Social Psychology* 36(8): 917-927.

12 Maria Vultaggio, "16 Inspirational Stephen Hawking Quotes About Life, the Universe, and More," *Newsweek*, 14 March 2008, bit.ly/2q9GQM7.

13 Haidt, *The Happiness Hypothesis*, p. 86.

14 Kostadin Kushlev, Elizabeth W. Dunn, Ridhard E. Lucas(2015), "Higher Income Is Associated with Less Daily Sadness but not More Daily Happiness," *Social Psychological and Personality Science* 6(5), p. 483.

15 Kushlev, Dunn, Lucas, "Higher Income".

16 가난할수록 상황을 통제할 수 없다고 느끼는 사람들에 대한 연구는 다음을 참조하라. Wendy Johnson and Robert F. Kreuger, "How Money Buys Happiness: Genetic and Environmental Processes Linking Finances and Life Satisfaction"(2006), *Journal of Personality and Social Psychology*. 90(4): 680-91; Michael W. Kraus, Paul K. Piff, and Dacher Keltner, "Social Class, Sense of Control, and Social Explanation"(2009), *Journal of Personality and Social Psychology* 97(6): 992-1004. 자기통제감과 슬픔의 관계는 다음을 참조하라. Albert Bandura, "Self-Efficacy: Toward a Unifying Theory of Behavioral Change"(1972), *Psychological Review* 84(2): 191-215; Ira Roseman, A. Antoniou, and P. Jose, "Appraisal Determinists of Emotions: Constructing a More Accurate and Comprehensive Theory"(1996), *Cognition & Emotion*, 10: 241-77. 통제감 상승과 기쁨 증가의 무관함은 다음을 참조하라. Roseman et al., 1996. 종합적으로, 돈은 행복을 늘리는 효과보다는 슬픔을 줄이는 효과가 크다.

17 Dunn, Gilbert, and Wilson, "If Money Doesn't Make You Happy, Then You Probably Aren't Spending It Right," p. 115.

18 Elizabeth Dunn and Michael Norton, *Happy Money: The Science of Happier*

Spending(Simon & Schuster, 2013), Chapter 1; Leaf Van Boven and Thomas Gilovich, "To Do or To Have? That Is the Question"(2003), *Journal of Personality and Social Psychology* 85(6): 1193-202; Carl Richards, "More Money, More Success, More Stuff? Don't Count on More Happiness," *New York Times*, 2 July 2016; Leonardo Nicolao, Julie R. Irwin, and Joseph K. Goodman, "Happiness for Scale: Do Experimental Purchases Make Consumers Happier than Marterial Purchases?"(2009), *Journal of Consumer Research* 36: 188-98. 이들 모두 물질적 재화보다는 경험이 긍정적 결과를 이끄는 힘이 더 크다고 말한다. 그러나 경험은 부정적 결과를 이끄는 힘이 더 큰 것도 사실이다. 저자들의 주장에 따르면, 소비자는 물질보다는 경험에 적응하는 속도가 느리기 때문에 행복이나 실망감도 더 오래 지속된다.

19 토머스 델레이어(Thomas DeLeire)와 애리얼 칼릴(Ariel Kalil)은 십여 가지 영역에서 행복과 소비의 관계를 조사했다. "Does consumption buy happiness? Evidence from the United States"(2010), *International Review of Economics* 57(2): 163-76.

20 Lyubomirsky, "Hedonic Adaptation to Positive and Negative Experiences".

21 류보머스키는 이렇게 주장한다. "그러므로 행복을 늘리고 지속하는 비결은 긍정적 적응 과정을 늦추거나 막는 행동을 의도적으로 하는 것이다. 우리가 세운 가설에서 이런 활동은 적응을 효과적으로 방지하는 몇 가지 특성을 공유한다. 이런 활동은 역동적이고, 단편적이며, 참신하고, 주의를 끌어모은다." sonalyubomirsky.com에서 인용.

22 Richard Thaler and Eric Johnson, "Gambling with House Money and Trying to Break Even: The Effects of Prior Outcomes on Risky Choice"(1990), *Management Science* 36(6): 643-60; "Interrupted Consumption: Disrupting Adaptation to Hedonic Experiences"(2008), *Journal of Marketing Research* 45(6): 654-64.

23 Ed Diener et al., "Happiness Is the Frequency, Not the Intensity, of Positive Versus Negative Affect," in F. Strack et al.(eds), M. Argyle, & N., *Subjective Well-Being: An Interdisciplinary Perspective*(Pergamon, 1991), pp. 119-39; Dunn and Norton, *Happy Money*.

24 대다수 성인은 물건 구매가 아니라 경험 구매가 자신을 더 많이 정의한다고 생각한다. 우리는 물질보다는 경험에, 즉 '가진' 것이 아니라 '행동'에 우리의 정체성을 더 많이 부여한다. 다음을 참조하라. Van Boven and Gilovich, "To Do or To Have?".

25 그래서 일부 심리학자들은 중요한 경험을 배가하는 물건에 별도로 지출을 늘리는 것도 좋다고 말한다(예컨대 좋은 서핑보드, 산악자전거, 낚싯대, 체스용 시계 등).

26 Dunn and Norton, *Happy Money*, Chapter 5.

27 Dunn and Norton, *Happy Money*.

28 Diener and Seligman, "Very Happy People".

29 Elizabeth Dunn, Lara Ankin, and Michael Norton, "Spending Money on Others Promotes Happiness"(2008), *Science* 319(5870), pp. 1687-8.

30 Tim Kasser and Kennon M. Sheldon, "Time Affluence as a Path toward Personal Happiness and Ethical Business Practice: Empirical Evidence from Four Studies"(2009), *Journal of Business Ethics* 84(2): 243-55; Kennon M. & Tim Kasser, "Psychological Threat and Extrinsic Goal Pursuit"(2008), *Motivation and Emotion* 32: 37-45.

31 Hal Hershfield, Cassie Mogilner, and Uri Barnea, "People Who Choose Time Over Money Are Happier"(2016), *Social Psychological and Personality Science* 7(7): 697-706.

32 시간적 빈곤은 현재에 존재할 수 있는 능력을 방해하는 인지 과부하와 압박감을 발생시킬 수도 있다. Kirk Warren Brown and Richard M. Ryan, "The Benefits of Being Present: Mindfulness and Its Role in Psychological Well-Being"(2003), *Journal of Personality and Social Psychology* 84(4): 822-848. 또한 시간적 빈곤은 시간과 공간마저 잊고 무언가에 완전히 몰두하는 정신적 상태를 의미하는 '몰입' 내지는 '집중 지대에 존재하는' 능력에도 방해가 된다. 무언가에 몰입하는 것은 깊은 행복감의 원천이다. Mihaly Csikszentmihalyi, *Flow: The Pschology of Optimal Experience*(Harper & Row, 1990).

33 Emily Badger, "How Poverty Taxes the Brain," Citylab.com, 29 August 2013.

1 en.wikipedia.org/wiki/Pascal's_Wager.

2 Roy F. Baumeister et al., "Bad is Stronger Than Good"(2001), *Review of General Psychology* 5: 323-70.

3 Carl Richards, "Overcoming an Aversion to Loss," *New York Times*, 9 December 2013.

4 위험과 보상에 대한 이와 같은 설명은 하워드 막스에게서 영감을 얻었다. Howard Marks, *The Most Important Thing Illuminated*(Columbia Business School Press, 2013).

5 Bill Carmody, "Why 96 Percent of Businesses Fail Within 10 Years," Inc.com, 12 August 2015.

6 Marks, *The Most Important Thing Illuminated.* 다음도 참조하라. Peter Bernstein, *Against the Gods: The Remarkable Story of Risk*(Wiley, 1996).

7 Charley Ellis, "The Loser's Game"(1975), *Financial Analyst Journal* 31(4): 19-26. (국내 출간: 《패자의 게임에서 승자가 되는 법》, 이혜경 옮김, 중앙북스, 2020).

8 Maria Lamagna, "Americans Are Now In More Debt Than They Were Before the Crisis," marketwatch.com, 23 December 2016.

9 Natixis, 2016 Global Survey of Individual Investors, bit.ly/2IdVEjZ.

10 Daniel Goldstein, Hal Hershfield, and Shlomo Benartzi, "The Illusion of Wealth and Its Reversal"(2015), *Advances in Consumer Research* 43. 노후 생활 자금을 연속된 소득 흐름(매달 3300달러)이 아니라 뭉칫돈(100만 달러)으로 생각할 때 '부의 착각(illusion of wealth)'은 더 커진다.

11 자산을 소득으로 전환하는 일은 전문가의 도움이 가장 필요한 일이다.

12 Jordi Quoidbach, Daneil T. Gilbert, Timothy D. Wilson, "The End of History of Illusion"(2013), *Science* 339, pp. 96-8.

13 Robert A. Emmons, *Thanks! How Practicing Gratitude Can Make You Happier*, 2007; Emmons and M. McCullough, "Counting Blessings Versus Burdens:

An Experimental Investigation of Gratitude and Subjective Well-Being in Daily Life"(2003), *Journal of Personality and Social Psychology* 84: 377-89.

14 Emmons, *Thanks!*, pp. 4-5.

15 Kristin Layous et al., "Kindness Counts: Prompting Prosocial Behavior in Preadolescents Boots Peer Acceptance and Well-Being"(2012), *PLos ONE* 7(12); S. Katherine Nelson et al., "Do Unto Others or Treat Yourself? The Effects of Prosocial and Self-Focused Behavior on Psychological Flourishing"(2016), *Emotion* 16(6): 850-61.

CHAPTER 7. 자, 이제 결정의 순간이다

1 현대 투자학의 아버지인 벤저민 그레이엄도 《현명한 투자자(The Intelligence Investor)》에서 비슷한 말을 했다. "투자자의 주된 문제이자 최악의 적은 아마도 그 자신일 것이다." 츠바이크의 말은 다음 사이트를 참조하라. jasonzweig.com/from-the-archives-daniel-kahneman.

2 다음에서 인용했다. Jason Voss, "How Mediators Can Overcome Behavioral Finance Bias," Enterprising Investor(CFA Institute), cfa.is/2opEZC1.

3 Quantitative Analysis of Investor Behavior, 2016, DALBAR, Inc., www.dalbar.com. 주식 투자자의 평균 실적은 Investment Company Institute 데이터를 이용해서 계산했다. 투자자 수익률은 매도, 현금화, 교환을 제외한 총 뮤추얼펀드 자산의 변화를 의미한다. 이 계산법은 실현·비실현 자본이득, 배당, 이자, 매매 비용, 매도 수수료, 수수료, 기타 비용을 포함한다. 투자자 수익률을 금액으로 전환하면 해당 기간에 나오는 수익률은 2가지로, 투자자 총수익률과 투자자 연간 수익률이다. 총수익률은 해당 기간의 순매도량, 상환액, 교환 금액을 차감한 후 총수익 금액을 퍼센트로 전환해서 계산한다. 기간은 2015년 12월 31일까지 20년이다.

4 기술적으로 정확히 구분하면 이것은 평균 투자자가 아니라 평균 금액을 의미한다. 명확하게 하려면 투자자 개개인에 대해 말해야 한다.

5 2018년 1월 27일 기준.

6 데이터 출처는 Moningstar.com이고, 날짜는 2016년 4월 30일이다. 이 책을 쓰는 중

간에 모닝스타가 제공하는 데이터가 바뀌었고, 나는 그 후로는 VINIX 투자자 수익을 업데이트하지 못했다.

7 Alessandra Malito, "Nobel Prize Winner Richard Thaler May Have Added $29.6 Billion to Retirement Account," MarketWatch.com, 6 January 2018.

8 Thomas Stanley and William Danko, *The Millionaire Next Door*(RosettaBooks, 2010). (국내 출간: 《백만장자 불변의 법칙》, 홍정희 옮김, 리드리드출판, 2017).

9 Gary P. Brinson, L. Randolph Hood, and Gilbert L. Beebower, "Determinants of Portfolio Performance"(1986), *Financial Analysts Journal* 42(4): 39-44.

10 Roger G. Ibbotson and Paul D. Kaplan, "Does Asset Allocation Policy Explain 40, 90, or 100 Percent of Performance"(2000), *Financial Analysts Journal* 56 (1): 26-33.

11 Michael Mauboussin, Dan Callahan, and Darius Majd, "Looking for Easy Games," Credit Suisse, 4 January 2017.

12 금융, 수학, 컴퓨터과학 분야에서 세계 최고 전문가들이 프로그래밍한 초고속 슈퍼컴퓨터를 이용하는 알고리즘 거래가 증시에서 빠른 속도로 늘어나고 있다. Joshua M. Brown, "Who Are You Competing With?," www.thereforemedbroker.com, 6 March 2017.

13 이 5년 동안 대형주 펀드매니저의 84%, 중형주 매니저의 77%, 소형주 매니저의 90%가 시장 벤치마크보다 뒤진 실적을 거두었다. 10년 실적을 비교하면 이 수치는 각각 82%, 88%, 88%였다. 더 자세한 자료는 다음을 참조하라. SPIVA U.S. Scorecard published by S&P Dow Jones Indices, bit.ly/2FsoNGq.

PART 4. 사각형: 전술을 단순화하라

CHAPTER 8. 우리 뇌에 새겨진 것들

1 그때는 손 씻기를 받아들이는 분위기가 아니었다. 오히려 제멜바이스는 빈 종합병원 간부들의 비난을 받았는데, 그들은 그의 엉성한 연구는 아무것도 입증하지 못했다고 비난했다. 그는 물론이고 당시의 의사들도 수십 년 뒤에나 등장하는 미생물의 병원균설은

고사하고 박테리아의 존재조차 알지 못했다. 제멜바이스의 동료들 대부분은 손 씻기 실천을 거부했다(그들은 손 씻기가 보기 좋은 품행은 아니라고 생각했다). 강력한 증거에 대해 반대 입장을 취하며 거부감을 보이는 태도에 제멜바이스 반사(Semmelweis Reflex)라는 이름이 붙은 것도 여기서 연유한다.

2　Donald A. Norman, *Living with Complexity*(MIT Press, 2010). (국내 출간: 《심플은 정답이 아니다》, 이지현·이춘희 옮김, 교보문고, 2012).

3　David Foster Wallace, "This is Water," bit.ly/1g1U1QY.

4　George Lakoff, *Women, Fire, and Dangerous Thing: What Categories Reveal About the Mind*(University of Chicago Press, 1987), p. 5.

5　Nassim Nicholas Taleb, *Fooled by Randomness: the Hidden Role of Chance in Life and in the Markets*(Random House, 2005). (국내 출간: 《행운에 속지 마라》, 이건 옮김, 중앙북스, 2016).

6　Kahneman, *Thinking, Fast and Slow*, pp. 79, 118.

7　Kahneman, *Thinking, Fast and Slow*, p. 436.

8　Howard Marks, *The Most Important Thing*.

CHAPTER 9. 투자의 네 모서리

1　중요하게 다뤄야 할 정성적 주제들도 있는데, 무엇보다도 신뢰라는 넓은 범위의 주제가 있다. 이 주제는 전작인 《투자자의 역설》에서 폭넓게 다루었으므로 여기서는 정량 평가에 집중할 것이다.

2　또 하나의 중요한 상품은 소득이다. 이 책에서는 다루지 않는다.

3　예를 들어 다음 자료를 참조하라. Elroy Dimson, Paul Marsh, and Mike Staunton, *Triumph of the Optimistic: 101 Years of Global Investment Returns*(Princeton University Press, 2002); John C. Bogle and Michael W. Nolan Jr.(2015), "Occam's razor redux: Establishing reasonable expectations for financial market returns," *Journal of Portfolio Management* 42(1); Brian D. Singer and Kevin Terhaar, *Economic Foundations of Capital Market Returns*, Research Foundation of the Institute of Chartered Financial Analysts, 1997; State Street Global

Advisors, Long-term Asset Class Forecasts(released quarterly). Jeremy J. Sie-gel, *Stocks for the Long Run: The Definitive Guide to Financial Market Returns and Long-term Investment Strategies*(McGraw-Hill Education, 2014).

4 이번 9장에 나온 도표 작성에 참조한 시장 데이터 출처는 다음과 같다. Morning-star, Ned Davis Research, Robert Shiller's online database(www.econ.yale. edu/~shiller/data.htm), portfoliovisualizer.com.

5 Hendrik Bessembinder, "Do Stocks Outperform Treasury Bills?," *Journal of Financial Economics*, forthcoming; working draft, 21 November 2017, bit. ly/2kYSl3K.

6 Bessembinder, "Do Stocks Outperform Treasury Bills?".

7 이 자료는 벤 칼슨(Ben Carlson)의 블로그(awealthofcommonsense.com)에 인용된 보고서 J. B. et al. "Why Indexing Works?"(May 2017)에서 가져왔다.

8 더 정확히 말하면 개별 채권의 총수익을 예측할 때는 최저수익률(yield-to-worst)이 더 나은 척도이고, 만기상환채(non-callable bond, 수의 상환 금지 채권)에는 만기수익률(yield-to-maturity)이 더 나은 수단이다.

9 대형주는 S&P 500 지수 종목을 의미한다. 소형주는 러셀 2000 지수(Russell 2000 In-dex)를 가리킨다. 고등급 채권은 블룸버그 바클레이스 미국 종합채권 지수를 가리키며, 저등급 채권은 바클레이스 미국 하이일드 기업채권 지수(Barclays U.S. Corporate High-Yield Bond Index)를 뜻한다.

10 Richard Thaler and Schlomo Benartzi, "Save More Tomorrow: Using Be-havioral Economics to Increase Employee Savings"(2004), *Journal of Political Economy* 112 (1): S164-S187.

11 Geoffrey Weat, *Scale: The Universal Laws of Growth, Innovation, Sustainability, and the Pace of Life in Organisms, Cities, Economics, and Companies*(Penguin, 2017). (국내 출간: 《스케일》, 이한음 옮김, 김영사, 2018).

12 Morgan Housel, "The Freakishly Small Base," bit.ly/2A1VMON.

13 Housel, "The Freakishly Small Base".

14 Jason Zweig, "Saving Investors from Themselves," *Wall Street Journal*, 28

June 2013.

15 Walter Mischel, *The Marshmallow Test: Why Self Control is the Engine of Success*(Back Bay Books, 2015), p. 5.

PART 5. 부를 향한 여정에서 얻을 수 있는 것
CHAPTER 10. 나아갈 것인가, 머무를 것인가

1 물질주의의 심리적 고통에 대한 자료는 굉장히 방대하다. 예를 들어 다음을 참조하라. Tim Kasser, *The High Price of Materialism*(MIT Press, 2002); James A. Roberts and Aimee Clement, "Materialism amd Satisfaction with Overall Quality of Life and Eight Life Domains"(2007), *Social Indicators Research* 82: 79-92; Tim Kasser and Richard M. Ryan, "The Dark Side of the American Dream: Correlates of Financial Success as a Central Life Aspiration"(1993), *Journal of Personality and Social Psychology* 65(2): 410-22; Erich Fromm, *To Have or to Be?*(Harper & Row, 1976); Joseph Chancellor and Sonja Lyubomirsky, "Happiness and Thrift: When (Spending) Less is (Hedonically) More"(2011), *Journal of Consumer Psychology* 21: 131-8; E. Solberg, Ed Diener, and M. Robinson, "Why Are Materialists Less Satisfied?" in T. Kasser, & A. D. Kanner(eds.), Psychology and Consumer Culture: The Struggle for a Good Life in a Materialist World(American Psychological Association, 2004), pp. 29-48; K. D. Vohs, N. L. Mead, and M. R. Goode, "The Psychological Consequences of Money"(2006), *Science* 314: 1154-6; T. Carter and Thomas Gilovich, "The Relative Relativity of Experimental and Material Purchases"(2010), *Journal of Personality and Social Psychology* 98: 146-59.

2 Olivia Mellon and Sherry Christie, "The Secret Sadness of Retired Men," ThinkAdvisor.com, 30 July 2014; Brenda Bouw, "Men Vulnerable to Boredom, Depression in Retirement," *The Globe and Mail*, 25 March 2017.

3 다음 자료에 인용되어 있다. Daniel Crosby, www.nocturnecapital.com.

4 Shane Parrish, Farnam Street blog, bit.ly/1IMXXGO에서 가져왔다.

5 Abraham Joshua Heschel, *Who is Man?*(Stanford University Press, 1965).

6 Martin E. P. Seligman et al., *Homo Prospectus*(Oxford University Press, 2016).

7 Dan Falk, *In Search of Time: The History, Physics, and Philosophy of Time*(St. Martin's Griffin, 2010).

8 Bret Stetka and Kit Yarrow, "Why We Shop: The Neuropsychology of Consumption," *Medscape*, 22 November 2013.

9 Alex Kacelnik, "The Evolution of Patience," in George Loewenstein, Daniel Read, and Roy F. Baumeister, eds., *Time and Decision: Economic and Psychological Perspectives on Intertemporal Choice*(Russell Sage Foundation, 2003).

10 David Laibson, "Golden Eggs and Hyperbolic Discounting," *Quarterly Journal of Economics 112*(1997), 443-77; Gregory Berns, David Laibson, and George Loewenstein, "Intertemporal Choice: Toward an Integrative Framework," *Trends in Cognitive Sciences* 11(11): 482-8; Richard Thaler, "Some Empirical Evidence on Dynamic Inconsistency," *Economic Letters* 8(1981), 201-7; George Ainslie and N. Haaslma, "Hyperbolic Discounting," in George Loewenstein and Jon Elster, eds., *Choice Over Time*(New York: Russell Sage Foundation, 1992); George Ainslie, "The Cardinal Anomalies that Led to Behavioral Economics: Cognitive or Motivational?"(2016), *Managerial and Decision Economics* 37: 261-73.

11 Gilbert, *Stumbling on Happiness*; Timothy Wilson and Daniel Gilbert, "Affective Forecasting"(2003), *Advances in Experimental Social Psychology* 35: 345-411; Daniel Gilbert and Timothy Wilson, "Prospection: Experiencing the Future," *Science* 317, 7 September 2007; Daniel Gilbert and Timothy Wilson, "Why the Brain Talks to Itself: Sources of Error in Emotional Prediction"(2009), *Philosophical Transactions of the Royal Society B: Biological Sciences* 364(1521): 1335-41.

12 Gilbert, *Stumbling on Happiness*.

13 Kirk Warren Brown and Richard M. Ryan, "The Benefits of Being Present: Mindfulness and Its Role in Psychological Well-Being"(2003), *Journal of Personality and Social Psychology* 84(4): 822-48.

14 Deci and Ryan, "Self-Determination," p. 486.

15 Haidt, *The Happiness Hypothesis*, pp. 84-6.

16 심리학에서는 '목표 달성 전의 긍정적 감정'과 '목표를 달성한 후의 긍정적 감정'을 구분한다.

17 Friedrich Nietzsche, *Twilight of the Idols*(Hackett, 1997 (1989)).

18 Hal Ersner-Hershfield, G. Elliott Wimmer, and Brian Knutson, "Saving for the Future Self: Neural Measures of Future Self-Continuity Predict Temporal Discounting"(2009), *Social Cognitive and Affective Neuroscience* 4(1): 85-92.

19 Hal Hershfield, "You Make Better Decisions If You 'See' Your Senior Self," *Harvard Business Review*, June 2013.

20 Jean-Louis van Gelder, Hal E. Hershfield, and Loran F. Nordgren, "Vividness of the Future Self Predicts Delinquency"(2013), *Psychological Science* 24(6): 974-80; Jean-Louis Van Gelder et al., "Friends with My Future Self: Longitudinal Vividness Intervention Reduces Delinquency," *Criminology*, 2015, 53(2): 158-79.

21 Cf. Van Boven and Gilovich, "To Do or To Have?"; Karim S. Kassam et al., "Future Anhedonia and Time Discounting," *Journal of Experimental Social Psychology*, 2008, 44: 1533-7; Jordi Quoidbach and Elizabeth Dunn, "Give It Up: A Strategy for Combating Hedonic Adaptation," *Social Psychological and Personality Science*, 2013, 4(5): 563-8. 편의성의 부정적 영향은 다음을 참조하라. Tim Wu, "The Tyranny of Convenience," *New York Times*, 18 February 2018.

22 Dunn and Norton, *Happy Money*.

23 www.ted.com/talks/dan_gilbert_you_are_always_changing.

행동투자학에서 찾아낸 3가지 진정한 부의 법칙

부를 설계하다

1판 1쇄 인쇄 2021년 7월 28일
1판 1쇄 발행 2021년 8월 4일

지은이 브라이언 포트노이
옮긴이 조성숙
펴낸이 고병욱

책임편집 유나경 **기획편집** 윤현주 장지연
마케팅 이일권 김윤성 김재욱 이애주 오정민
디자인 공희 진미나 백은주 **외서기획** 이슬
제작 김기창 **관리** 주동은 조재언 **총무** 문준기 노재경 송민진

펴낸곳 청림출판(주)
등록 제1989-000026호

본사 06048 서울시 강남구 도산대로 38길 11 청림출판(주) (논현동 63)
제2사옥 10881 경기도 파주시 회동길 173 청림아트스페이스 (문발동 518-6)
전화 02-546-4341 팩스 02-546-8053
홈페이지 www.chungrim.com **이메일** cr1@chungrim.com
블로그 blog.naver.com/chungrimpub **페이스북** www.facebook.com/chungrimpub

ISBN 978-89-352-1359-7 03320